大爱陪伴成长

广东省少年儿童践行社会主义核心价值观主题征文活动巡礼

羊城晚报出版社

·广州·

图书在版编目（CIP）数据

大爱陪伴成长：广东省少年儿童践行社会主义核心价值观主题征文活动巡礼／广东省关心下一代工作委员会编. -- 广州：羊城晚报出版社，2024.11. -- ISBN 978-7-5543-1322-0

Ⅰ.H194.4

中国国家版本馆CIP数据核字第2024HM8033号

大爱陪伴成长——广东省少年儿童践行社会主义核心价值观主题征文活动巡礼

DAAI PEIBAN CHENGZHANG——GUANGDONG SHENG SHAONIAN ERTONG JIANXING SHEHUI ZHUYI HEXIN JIAZHIGUAN ZHUTI ZHENGWEN HUODONG XUNLI

责任编辑	王晓娜　姚纪芳
责任技编	张广生
执行编辑	黄嘉晖
装帧设计	谭向阳
出版发行	羊城晚报出版社
	（广州市天河区黄埔大道中309号羊城创意产业园3-13B　邮编：510665）
	发行部电话：（020）87133053
出版人	陶　勇
经　销	广东新华发行集团股份有限公司
印　刷	东莞市翔盈印务有限公司
规　格	787毫米×1092毫米　1/16　印张16　字数300千
版　次	2024年11月第1版　2024年11月第1次印刷
书　号	ISBN 978-7-5543-1322-0
定　价	78.00元

版权所有　违者必究（如发现因印装质量问题而影响阅读，请与印刷厂联系调换）

编辑委员会

主　任

林木声　张培忠

副主任

黄小玲　苏　毅　吴子刚　王玉学　倪木炎

编　委

张　岚　蔡春逢　鹿　麟　肖　秀　曾庆丰　熊锦华　吕晓霞

联合出品

广东省关心下一代工作委员会　广东省作家协会
广东省教育系统关心下一代工作委员会

编辑单位

《少男少女》杂志社

主　编

曾庆丰

副主编

吕晓霞

前　言

从 2019 年开始，广东省关工委联合省作家协会、省教育系统关工委和《秋光》杂志社、《少男少女》杂志社等单位，在全省少年儿童中持续组织开展践行社会主义核心价值观主题征文活动，致力于促进少年儿童向上向善、健康成长。

主题鲜明的征文活动，始终呈现着旺盛的活力。广大少年儿童向着梦想和远方，在征文活动的赛道上奋力奔跑。他们走出课堂，走进田间、工厂、商店、军营和居民小区，融入丰富多彩的社会生活，用别样的方式去观察、体验和思考，写出一篇篇在自己成长历程中有标志意义的作文。不论是获奖的还是没有获奖的小作者，通过参加征文活动，都不断加深对社会主义核心价值观丰富内涵的理解，增强对博大精深的中华优秀传统文化的热爱之情，获得了思想的进步和语文素养的提升。社会各界人士心怀大爱与责任，像园丁呵护幼苗一样深情陪伴着下一代成长。他们当中，不论是各级党政部门领导、各级关工委的"五老"、各地作家协会的作家、教育部门和各类学校的老师、学生的长辈，还是媒体的记者编辑、各行各业的志愿者、民营企业家，都心往一处想，劲往一处使，用实际行动助力征文活动的蓬勃开展，共同在关心下一代的广阔舞台上释放着光和热，为孩子们向阳生长增添了强大正能量。

开展主题征文活动，是新时代青少年教育工作一次崭新的探索。为了集中反映征文活动的推进过程和生动实践，帮助读者了解征文活动在以文育人方面取得的新鲜经验和丰硕成果，我们编写了《大爱陪伴成长——广东省少年儿童践行社会主义核心价值观主题征文活动巡礼》一书。希望本书的出版，对宣传典型、培育品牌、示范带动关心下一代工作的创新发展，对激励广大青少年追求新知、勇毅前行，谱写出无愧于新时代的青春篇章，能够起到积极的作用。

《少男少女》杂志社
2024 年 6 月

综 述

《秋光》杂志社

百万少年挥笔书写青春，以文言志，以文培智；全省"五老"践行初心使命，以文育人，以文化人；学校、家长全力投入，社会各界倾力支持，集火成炬，聚光成芒……造就和联结这一切的，是广东省少年儿童践行社会主义核心价值观主题征文活动。

自2019年以来，广东省少年儿童践行社会主义核心价值观主题征文活动已连续举办五届，近251万少年儿童参与，社会影响力逐年跃升。征文活动逐步成为在少年儿童中广泛深入地开展社会主义核心价值观教育的有力抓手，成为南粤少年儿童一年一度翘首以盼展现才华的盛事，成为汇聚社会关爱力量的有效平台。

铸魂育人

"我们要在全社会牢固树立社会主义核心价值观，全体人民一起努力，通过持之以恒的奋斗，把我们的国家建设得更加富强、更加民主、更加文明、更加和谐、更加美丽，让中华民族以更加自信、更加自强的姿态屹立于世界民族之林。"2014年5月4日，习近平总书记在北京大学师生座谈会上的讲话中，对全社会树立和践行社会主义核心价值观提出了新的要求。

坚持用社会主义核心价值观教育青少年，一直是我省各级关工委工作的重要任务。如何将社会主义核心价值观教育常态化、具体化？怎样让少年儿童对其真正理解并自觉转化为日常行动？是否可以结合关工委工作的特点，探索创新开展社会主义核心价值观教育的方式？

经过深入调查研究、座谈讨论，省关工委领导班子达成共识：征文活动是开展社会主义核心价值观教育的有力抓手和一种行之有效的方式，通过征文活动可以找到学校课堂教育与课外教育之间的连接点，促进语文教育和思想政治教育相结合，把思想政治教育寓于语文教学之中，从而达到春风化雨的育人效果，形成以文化人、以文育人的长效机制。

2019年,适逢中华人民共和国成立70周年,省关工委以此为契机,联合《秋光》杂志社,在全省少年儿童中开展了以"腾飞新中国 辉煌七十年"为主题的征文活动。活动历时半年,共收到作品1.6万篇,全省各地少年儿童踊跃投稿,用文字献上对中华人民共和国成立70周年的美好祝愿。活动圆满成功,省关工委坚定了以征文活动深化青少年社会主义核心价值观教育的决心,决定把征文活动打造为叫得响的工作品牌、小作家的培育园地和青少年接受教育的崭新平台。

2020年起,省关工委联合省作家协会、省教育系统关工委共同主办征文活动,《秋光》杂志社承办,《少男少女》杂志社协办。

省关工委对征文活动高度重视,将其确定为重要工作品牌进行打造。省关工委主任林木声多次召集主办单位和承办单位的负责人,反复研究论证,探索行之有效的工作方案。2020年"中国梦·家风美",2021年"用青春拥抱时代",2022年"劳动创造幸福",2023年"科技引领我成长"……征文活动始终围绕社会主义核心价值观的基本内容,一年一主题,以中小学生为重点,持续在全省少年儿童中组织开展,形成了一个有整体设计的系列性活动。

征文活动参与单位各司其职、各尽其能。省关工委发挥组织优势,主导协调社会力量推进工作;省教育系统关工委发挥阵地优势,组织学校参加活动;省作家协会发挥专业优势,引导青少年提高写作水平。2022年起,主办单位和承办单位充分发挥资源优势,从教育、文化、新闻出版等领域筛选省内知名作家、教育专家和资深编辑组建评审专家库,邀请专家策划命题,参与评审工作,准确把握征文评选的导向性、思想性、文学性,推动征文活动高质量发展。承办单位《秋光》杂志社、协办单位《少男少女》杂志社共同发挥媒体效用,大力宣传征文活动。

全省各地的"五老"以极大的热情积极投入征文活动中。他们不辞劳苦,深入基层宣传发动,将活动信息点对点传达到学校、社区和家庭,充分调动了学生、教师、家长参与征文活动的积极性与主动性。各地关工委因地制宜,探索出许多推动征文活动开展的好点子、好方法。广州、阳江等市关工委深入学校开展工作,促使征文活动融入学校德育工作和语文教学工作之中,并围绕征文活动开展形式多样的读书活动,充分调动学生的写作热情;潮州市关工委以点带面,以示范性家长学校和开展朝阳读书活动的学校作为开展征文活动的示范校,组织师生代表开展征文培训辅导,采用实地参观和学习培训等形式培养写作骨干;梅州市关工委与市教育局关工委、梅州日报社、社会公益组织联合发出通知,在《梅州日报》大篇幅刊登征文启事,在全市掀起了征文活动的热潮;深圳市关工委利用公安基层所队关工委组建全覆盖的契机,大力推动干警子女参与征文活动;珠海市关工委联合市教育局、澳门民众建澳联盟等各方力量开展征文活动,鼓励在珠青少年广泛参与;中山市关工委为扩大覆盖面,发动民办学校学生参与征文活动,并与市教体局联合在全市教育系统结合征文主题开展"劳动创造幸福"系列教育活动;普宁市关工委联合教育局、团委和红色文化研究中心部署征文活动,将往届部分获奖征文作品汇编成册,送给各校师生,扩大影响;韶关市关工委组织130多名"五老"走进校园,向学生宣讲征文的主题和意义;湛江市赤坎区教育局关工委在组织"中国梦·家风美"主题征文活动中发动学生采访长辈、查阅家谱,寻找有教育意义的写作素材;茂名市关工委组织作家到各学校举办讲座,还因应"劳动创造幸福"主题,邀请广东省劳动模范王如晓、邓振权等到各学校现身说法;肇庆市关工委、茂石化关工委等以征文活动为抓手,组织青少年走进党史、国史教育基地,寻访革命英烈、时代英模、抗疫英雄,为征文活动提供了丰富的写作素材。

从2020年开始,征文活动规模不断扩大,参与的少年儿童年年大幅增加,由各地市关工委组织征稿和初评,工作量也连年大幅增加。各地"五老"会同当地作家、专业人士,对收集的作品进行认真细致的初评和整理上报。许多老同志既当组织者,又当宣传员,还当辅导员、把关员,在活动中"打满全场"。阳江市关工委副主任岑有植在第二届征文评选工作中带病坚持审稿;深圳市教育局关工委主任金依俚参加第二届征文评选工作时,亲自联系10位专家级中小学语文教师组成评审团,"优中选优"评选上报;廉江市河唇镇关工委主任赖玉隆带领师生到风梢村黄皮果园,让他们在实地参观中加深体会,学生吴华静经指导写出《黄皮果致富了风梢村》一文,获2022年"劳动创造幸福"征文活动二等奖,学生吴琳琳的作品《成长,在家乡科技种果之路启程》获2023年"科技引领我成长"征文活动三等奖。在各地关工委、作家协会、教育部门和广大"五老"的努力下,征文活动各环节工作得以落实落细、有序推进、成效斐然。

主题鲜明的征文活动,得到了全省少年儿童的积极响应。从2019年征集作品1.6万篇,到2020年的7.8万篇,2021年近40万篇,2022年108万篇,2023年93.6万篇,少年儿童参与热情越来越高,活动关注度和影响力逐年提升。

向阳生长

五年来,征文活动陪伴、见证、激励了数百万少年儿童的成长。

少年儿童参加征文活动,不仅是学习写作的重要历练,更是思想境界的升华。写作中观察、思考、取材、表达的过程,也是少年儿童深入社会、了解生活、感知时代的过程。开展社会主义核心价值观主题征文活动,就是借助文学创作的形式,给少年儿童讲好"人生第一课",帮助他们扣好人生第一粒扣子。匠心独运的征文主题设计,为这种学习和成长导引了方向、铺展了路径。

2019年的"腾飞新中国 辉煌七十年",小作者们执笔畅言,说山河壮丽,说家国情怀,说革命精神,说幸福生活,说雄心壮志,通过写作实践,树立正确的历史观、民族观、国家观、文化观,不断增强做中国人的志气、骨气和底气,展现了向上向善的精神风貌。

2020年的"中国梦·家风美",小作者们紧紧围绕家的主题,溯寻家脉传承,书写家国情怀。深圳的曹孝彧写一家四代的传承:太爷爷是私塾先生,将耕读强国、耕读传家的家训延承给后代;爷爷是参加过上甘岭战役和白马山战役的志愿军战士,铁血担当铸国魂;父亲是科技工作者,为建设科技强国日夜辛勤钻研;自己深受祖辈爱国精神的影响,立志要当外交家,为中华民族伟大复兴贡献力量。高二学生戴卫写外婆那双"手背青筋凸显、皱纹铺满,手掌划痕交错、老茧包裹"的手,在八十年人生岁月中,从放羊的小手,到接生的妙手、做饭的能手、绣花的巧手。他们的记录和描写,也是一个传承的过程,传承爱国、传承勤劳、传承勇敢、传承智慧、传承奉献……传承美好的家风。

2021年的"用青春拥抱时代",小作者们或赞颂中国共产党为国家富强、人民幸福作出的伟大贡献;或讲述祖辈、父母的奋斗经历对自己的启迪;或记录成长故事,书写属于自己的青春篇章;或放飞梦想,立志把实现个人梦想融入中国梦之中。透过这些文字,可以看到当代少年儿童爱党爱国的真挚情怀,意气昂扬的青春自信,勇立潮头的锐气担当,强国安民的远大志向。

2022年的"劳动创造幸福",小作者们以广阔天地为课堂,去观察,去实践。从城市到乡村,从学校到家庭,从工地到工厂,从街道到防疫一线,出现在小作者笔下的劳动者既有袁隆平、张桂梅等公众楷模,也有街头巷尾的小贩、外卖员、清洁工等普通劳动者。更多的小作者记叙自己通过参加各式各样的劳动,亲身体验劳动之美、劳动价值,真正认识到劳动创造幸福生活的深刻含义。

2023年的"科技引领我成长",小作者们深刻把握科技兴国、科技强国的重要意义,展现了把个人理想融入国家、社会、人类发展伟业的不凡抱负,笔触遍及未来都市、广袤土地、辽阔海洋、浩瀚宇宙,关注和书写科技如何造福人类、提升生活质量、抚慰心灵。更可喜的是,很多小作者已经投身到科学实践中,不少还获得市级、省级甚至国家级科技创新大赛的大奖,比如手握四项国家专利的许曦予,发明会"点名"的校车的韩道梁,创造"新型救援航标"的邱柏睿等,他们身体力行地诠释了"科技引领我成长"的主题,展现了热爱科学、追求真理、勇于探索、积极创新的新时代少年儿童风采。

参加征文活动的孩子都是那么单纯、那么热情、那么向上、那么优秀,"羊城小市长""新时代好少年",省级、国家级科技创新大赛的优胜者……他们畅谈成长故事和感悟,诠释着新时代的"少年强"。

一些看似"平凡"的孩子同样闪亮。一个"小胖墩"意识到有强健体魄才能建设国家，立志"为中华崛起而锻炼"；另一个孩子因为邻居老兵的鼓励，立志参军保家卫国，他们不约而同地开始了每一天朝阳下的奔跑。这样真挚鲜活的少年意气同样动人。

还有一些孩子，他们的路比其他人走得更艰辛。东莞市康复实验学校的赵赢是患有中重度多重残疾的脑瘫学生，他写奋斗的意义，写自己的作家梦，写坚持的决心。佛山市启聪学校的肖铭涛18岁才离开轮椅走路，他写自己通过劳动获得人生第一笔收入的经历，平实朴素却感人励志；珠海市特殊教育学校的田耀星是盲童，她写自己在妈妈的教导和鼓励下，努力学习劳动技能、学会生活自理的过程。他们的乐观、豁达、坚韧，让成年人也动容、感佩不已。

某种意义上，征文活动也是一个传播媒介，青少年通过这个平台记录成长、抒发心声，他们的声音被听见，他们的光芒被看见。赵赢获得2021年征文活动初中组一等奖后，多家媒体竞相采访，极大地鼓舞了他在写作路上坚定地走下去，一年间已完成了5万字的小说创作。

在征文写作中，青少年不断深化对社会主义核心价值观的理解和认同，将其内化于心、外化于行；树立对中华优秀传统文化的认同感和归属感，延续精神血脉，增强文化自信。无论得奖与否，他们都在学习和领悟社会主义先进文化的过程中获得思想的进步、语文能力的提高和人文素养的提升，通过征文写作实践收获了最宝贵的成长。

共筑关爱

征文活动自开展之初，便得到社会各界的关注和肯定，取得了良好的社会效益。五年来，活动发动面越来越广，影响力越来越大，形成了主办单位积极主导、学校热情参与、家长主动尽责、社会各界大力支持的"大关工"格局。

每年的征文活动颁奖大会，主办单位的领导、省委老干部局等单位的领导都会出席支持。羊城晚报报业集团连续三年将征文活动列入集团年度重点工作项目，并对征文活动提供全平台宣传支持。2022年的征文活动以线上总结大会形式举办，羊城晚报报业集团提供羊城派、金羊网等直播平台，当天就有超过200万人次收看。

现在，每年征文活动颁奖大会已成为各大主流媒体关注报道的聚焦点。"学习强国"学习平台、新华社客户端、光明日报客户端、广东广播电视台、《南方日报》、南方+、《羊城晚报》、羊城派客户端、金羊网、《广州日报》、新花城客户端、《深圳特区报》等主流媒体平台都对征文活动进行报道，腾讯、新浪、搜狐、网易等门户网站也转载了多篇征文活动报道。省关工委自办媒体平台更是大力推广宣传征文活动，《秋光·关心下一代》杂志连续三年以10~14个版的大篇幅推出征文活动特别报道，开辟专栏征集、刊登征文故事，省关工委网站、微信公众号及时报道各地关工委推进征文活动的新举措、新方法。每年征文活动从启动到颁奖大会圆满落幕，刊网号宣传接连不断，活动热度常年不减，形成了长期、立体的征文活动宣传体系。《少男少女》杂志特辟"中国梦·家风美"和"科技引领我成长"等专栏，刊登优秀获奖文章；推出"中国梦·家风美"中小学生"抖音"视频征集令活动，宣传家风内涵；推出"朝气男孩""风采女孩"栏目，采写获奖学生的优秀事迹。

由于主办单位的规格、组织工作的严谨，征文活动的权威性、专业性广受赞誉。《秋光》杂志社每年都会围绕征文活动开展问卷调查，面向学生、教师、家长及关心下一代工作者等，对征文活动的主题、成效等开展调查。连续几年的问卷调查中，"通过征文活动，培育学生践行社会主义核心价值观""平台专业，活动权威""学生获得锻炼写作和展示作品的机会"等几个选项，均有超过98%受访者表示肯定，"是否愿意继续参加"的选项更是获得100%的肯定。

实践证明，开展社会主义核心价值观主题征文活动是学校、家庭、社会协同育人的有效举措。各级党政部门领导、各级关工委的"五老"、各地作家协会的作家、教育部门和学校的老师、学生家长、媒体工作者、来自各行各业的志愿者、企业家等等，无不对征文活动倾心倾力倾情支持，大家将关爱之情拧成一股绳、汇成一股劲、合成一股力、聚成一条心，为青少年筑造起培德增慧的崭新平台和青春出彩的广阔舞台。

唯有创新，方能致远。青少年的成长与发展是动态变化的，对青少年的教育引导也应该是动态变化的。省关工委、省作家协会、省教育系统关工委决定，要坚持与时俱进，继续发扬改革创新精神，按照每年举办一届的节奏把主题征文活动办下去。我们相信，经过总结经验、宣传典型、深入探索，主题征文活动一定会越办越好，取得更加丰硕的育人成果。

目 录

01 领导关心

让广东少年儿童得到先进文化的滋养	2
帮助广东少年儿童精神成长	4
以征文活动为抓手　塑造孩子灵魂	6
培根铸魂　弘扬科学家精神	8
征文活动展现少儿爱国情与文学才华	11
征文活动为关心下一代事业添薪加火	12
征文活动亮点突出	14
培养堪当时代重任的时代新人	17
培养德智体美劳全面发展的社会主义接班人	18
传承好家风　共筑中国梦	20
唱响青春之歌	21
新时代呼唤新的劳动	23
帮助青少年扣好人生第一粒扣子	24
科技之光照亮成长路	25
百花齐放　情感深厚	26

02 润物之声

听，花开的声音	28
坚守与奉献	31
唯有真情动人心	33
不断学习，奔赴下一个远方	35
一片丹心育桃李　立德树人写春秋	37
用写作育时代新人	40

家里的"稀客"	42
征文活动丰富了我们的校园生活	45
榜样	47
朝着青春梦想的方向	49
点亮生命灯火	53
一次独特的"开挂"之旅	57
阅稿札记	59

03 / 旭日初升

肖铭涛：18岁才会走路的他，想当中国霍金	62
阿卜杜萨拉木·乌热依木：南疆少年的精彩岭南行	66
李禹辰：少年自有凌云志	70
莫凯欣：文艺少女的科技之旅	75
钟家文：文字与棋局的奇妙交响	78
石莉：璀璨星空的追光者	82
叶淑桦：浇灌一棵文学之树	86
张悦：在自信中成长	89
叶颖宜：热爱生活，与幸福劳动握手	92
何韦漪：斜杆少女中华魂	96
田耀星：夜空中最亮的星	100
梁盈玮："小姐姐"的三个梦	105
巴桑玉珍：绽放在海滨的雪域格桑花	109
李思奇：生命以痛吻我，我却报之以歌	113
林怡钰：向着光，安静地长大	117
美合日阿依·艾斯凯尔：新疆少女的"三个家"	120
詹惠琳："藕"遇青春，蓬勃向上	124
贺文骏：编程少年成长记	128

文铭：科学新星的文学奇遇 132
陈梓扬：少年眼中的自然之美和科技之慧 136
高择鑫：蹀躞万里少年行 140
詹承睿："吃"出一项国家级专利 144

04 百花齐放

爷爷奶奶的柳暗花明 150
崛起的见证者——黄河 152
给孙中山先生的一封信 154
修路 156
家风·担当 159
周家训·心中莲 161
流淌在血液里的红 163
秉承好家风　奉献传久远 165
感恩时代　立志前行 167
奋斗第二个百年　从我做起 169
活出青春该有的样子 171
南山脚下 173
茶香一缕品苦乐 175
劳动的春与秋 177
一树阳桃，劳动如歌 179
采采苯苢　生生不息 181
会"点名"的校车 183
插着"翅膀"的田野 185
千斤重的奖杯 187
摘果神器诞生记 189

05 媒体声音

"腾飞新中国 辉煌七十年"2019年广东省少年儿童庆祝中华人民共和国成立70周年征文活动新闻报道选登　192

"中国梦·家风美"2020年广东省少年儿童践行社会主义核心价值观主题征文活动新闻报道选登　193

"用青春拥抱时代"2021年广东省少年儿童践行社会主义核心价值观主题征文活动新闻报道选登　195

"劳动创造幸福"2022年广东省少年儿童践行社会主义核心价值观主题征文活动新闻报道选登　197

"科技引领我成长"2023年广东省少年儿童践行社会主义核心价值观主题征文活动新闻报道选登　200

06 大地花开

大地花开（精简版）　206

附录

"腾飞新中国 辉煌七十年"2019年广东省少年儿童庆祝中华人民共和国成立70周年征文活动获奖名单　223

"中国梦·家风美"2020年广东省少年儿童践行社会主义核心价值观主题征文活动获奖名单　226

"用青春拥抱时代"2021年广东省少年儿童践行社会主义核心价值观主题征文活动获奖名单　229

"劳动创造幸福"2022年广东省少年儿童践行社会主义核心价值观主题征文活动获奖名单　232

"科技引领我成长"2023年广东省少年儿童践行社会主义核心价值观主题征文活动获奖名单　235

后记　238

领导关心

五载春秋，共织华章。2019—2023，历时五年持续推进的广东省少年儿童践行社会主义核心价值观主题征文活动能够取得丰硕成果，是与广东省关工委、广东省作家协会、广东省教育系统关工委等单位领导的关心支持分不开的。

这一章节汇集了五年来各主办单位领导在颁奖典礼上的讲话。这些讲话，充分体现了领导同志对征文活动的高度重视和坚定支持，凝聚着对青少年成长的深情关怀和殷切期望。

让广东少年儿童得到先进文化的滋养

□ 林木声

广东省关工委执行主任林木声在颁奖大会上讲话

　　围绕社会主义核心价值观基本内容而开展的征文活动，是一个有整体设计的系列性的活动。去年，利用庆祝中华人民共和国成立70周年的契机，省关工委联合《秋光》杂志社，在全省少年儿童中开展了"腾飞新中国　辉煌七十年"征文活动，引起强烈反响，社会各界也给予了高度评价。今年，省关工委又联合省作家协会、省教育系统关工委以及《秋光》杂志社、《少男少女》杂志社，开展了"中国梦·家风美"广东省少年儿童征文活动。与去年一样，今年的征文活动取得了显著成效。一方面，征文活动得到了广大少年儿童的积极响应，催生出了一批佳作。本次征文共收到7.8万篇作品，这些作品主题集中，题材广泛，内容丰富，呈现了我省少年儿童爱国爱家的赤子情怀和较高的写作水平；另一方面，征文活动牵动了学校、家庭和社会，产生了广泛影响，营造了老师、长辈以及社会各界人士热爱青少年、关心下一代的良好氛围。

　　开展社会主义核心价值观教育必须从小抓起。因为青少年处于世界观形成的关键时期，扣好人生第一粒扣子至关重要。对青少年进行社会主义核心价值观教育，要有多种形式、多种办法，而开展征文活动就是一种卓有成效的方法。这是因为，语文作为最重要的交际工具，作为人类文化的重要组成部分，是工具性和人文性的有机统一，正如人们所说的那样，"文以载道，文道合一"。文学作品的鲜明特点是通过形象化的表现手法，把抽象的、深刻的道理转化为一个个鲜活的事件、人物和画面，使读者跟随作者所描写的事件、人物和画面去体验和思考，从中受到潜移默化的启迪。在青少年特别是中小学生中开展征文活动，可以找到学校课堂教育和课外教育之间的连接点，将语文教育和思想政治教育相结合，把思想政治教育融入生动的语文教学之中，从而达到春风化雨般的育人效果。正因如此，省关工委决定，今后继续联合省作家协会、省教育系统关工委以及《秋光》杂志社、《少男少女》杂志社，围绕社会主义核心价值观的基本内容，每年确定一个主题，以中小学生为重点，持续在全省少年儿童中开展征文活动，并争取将其打造成叫得响的工作品牌、小作家的培养园地和青少年接受教育的崭新平台。

　　语文能力是塑造人的综合素质的基石。我们热切希望同学们要热爱母语，热爱规范的中国语文，不断提高语文运用能力，为其他学科的学习提供基础支撑，为提高自己的人文素养不懈努力；热切希望老师们切实担负起教书育人的重任，着眼于学生的全面发展，坚持工具性和人文性相统一的原则，科学实施语文教学，既"解惑"又"传道"，让学生在学习语文的同时，也学习做人；热切希望各级关工组织、教育部门和作家协会携手并进，辛勤耕耘，将征文活动组织得越来越好，让一批又一批广东少年儿童得到先进文化的滋养而茁壮成长。

　　（在"中国梦·家风美"2020年广东省少年儿童践行社会主义核心价值观主题征文活动颁奖大会上的讲话摘录）

帮助广东少年儿童精神成长

□ 林木声

广东省关工委主任林木声在总结大会上讲话

今年征文的主题是"劳动创造幸福"。在创作过程中，同学们走出课堂，把视野延伸到乡村、街道、工地、田间、商店……延伸到社会生活的方方面面，描写了袁隆平、张桂梅等先进模范人物可亲可敬的形象，书写了人民教师、医护人员、产业工人、种地农民、售货员、清洁工、外卖小哥等劳动者所呈现的劳动之美。同学们还对照自己、剖析自己，对劳动精神作了深入思考，对自身的劳动体验作了真情表达。这些都说明，同学们在很努力地感知"劳动最光荣、劳动最崇高、劳动最伟大、劳动最美丽"的道理。

弘扬劳动精神，必须明白道理，但更重要的是，必须坚持知行合一。希望同学们手脑并用，在家里积极参加家务劳动，学会自己的事情自己做，学会洗衣做饭，做家长的好帮手；在学校积极参与课内外劳动项目，努力掌握必要的劳动技能；在社会积极参加各种社会劳动，培养公共服务能力。总之，希望同学们从小养成热爱劳动的好习惯，长大以后在辛勤劳动、诚实劳动、创造性劳动中成就梦想。

践行社会主义核心价值观主题征文活动，是帮助少年儿童精神成长的有效途径。人们常说，少年儿童是祖国的未来、民族的希望。这个道理，今天十分具体地、十分鲜明地摆在同学们面前。习近平总书记在党的二十大报告中明确指出:"深入开展社会主义核心价值观宣传教育,深化爱国主义、集体主义、社会主义教育,着力培养担当民族复兴大任的时代新人。"少年儿童处在世界观、人生观、价值观形成和确立的关键时期,自觉学习、树立和践行社会主义核心价值观,扣好人生第一粒扣子,形成好思想、好品行、好习惯,对于成长为祖国和人民事业发展的接班人有着重要意义。人们还常说,腹有诗书气自华,这说明语文素养对人生发展的特殊作用。语文是最重要的交际工具,是人类文化的重要组成部分,具有工具性和人文性相统一的特点。提高语文运用能力,可以为其他学科的学习提供基础支撑,可以促进启智增慧、涵育人文精神。希望同学们以参加主题征文活动为动力,亲近母语、热爱母语,多读书、好读书、读好书,多写作、好写作、写好作,从博大精深的中华优秀传统文化和革命文化中汲取养分,树立理想、砥砺品格,做社会主义核心价值观的积极践行者,努力实现德智体美劳全面发展,沿着党指引的方向健康成长。

广东省少年儿童践行社会主义核心价值观主题征文活动,是一个有整体设计的主题系列活动。这个活动至今已经举办了四届,今后还要按照每年举办一届的节奏继续办下去。我们说过,要通过学校、家庭、社会相结合,把主题征文活动打造成叫得响的工作品牌、小作家的培育园地和青少年接受教育的崭新平台。关工委的爷爷奶奶,各级作家协会、《秋光》杂志社和《少男少女》杂志社的老师,学校的老师和家里的长辈,将会携手共进,为同学们参加征文活动创造更好的条件,用大爱之心陪伴同学们成长。我们热切希望,同学们要当好学习的主人,用新的努力、新的进步,回应我们的期待。

(在"劳动创造幸福"2022年广东省少年儿童践行社会主义核心价值观主题征文活动总结大会上的讲话摘录)

以征文活动为抓手　塑造孩子灵魂

□ 张培忠

广东省作家协会党组书记、专职副主席张培忠
在颁奖大会上讲话

习近平总书记指出，社会主义核心价值观有深厚的历史底蕴和坚实的现实基础，它所倡导的价值理念具有强大的道义力量，它所昭示的前进方向契合中国人民的美好愿景。培育和弘扬社会主义核心价值观，增强中国特色社会主义道路自信、理论自信、制度自信、文化自信，是保持民族精神独立性的重要支撑。

近年来，省关工委、省作家协会和省教育系统关工委积极探索以文学形式面向少年儿童开展常态化的社会主义核心价值观教育，以社会主义核心价值观征文活动为抓手，形成以文化人、以文育人的有效形式和长效机制，成果突出。一是形成庞大规模。今年征集活动覆盖全省21个地级以上市，广大师生踊跃参与，应征文章多达39.7万篇，规模之大，实属罕见。二是产生品牌效应。写作的过程，不仅是教孩子理解和运用语言文字，更是在建设他们的精神家园，塑造其灵魂。写作中的观察、思考、取材、表达，也是孩子深入社会、了解生活、感知时代、培养理想信念、增强奋斗精神的过程。征文活动连续举办三年，已经成为校园德育、文学美育相结合的活动品牌，深受广大师生欢迎和好评，发挥了校园文学引领风尚、凝心聚气的独特作用。三是涌现文学新苗。征文中脱颖而出的一批获奖作品，有家国情怀、壮丽山河，有人间烟火、生活点滴，有童心童趣、绚丽幻想，充分展现了新时代莘莘学子爱党爱国、开拓奋进的精神风貌，也彰显了全省少年儿童的艺术才情和文学潜质，其中的佼佼者有望成为"文学粤军"的接班人。

在庆祝中国共产党成立100周年的热烈氛围中，结合开展红色革命教育、传承红色基因，举办2021年广东省少年儿童践行社会主义核心价值观主题征文活动，具有特殊意义。总结工作经验，我谈三点看法，与大家交流：

第一，心怀国之大者，塑造"时代新人"。党的十九大报告明确指出，"要以培养担当民族复兴大任的时代新人为着眼点"的人才培养战略部署。在全国教育大会上，习近平总书记用六个"下功夫"，即在坚定理想信念上下功夫、在厚植爱国主义情怀上下功夫、在加强品德修养上下功夫、在增长知识见识上下功夫、在培养奋斗精神上下功夫、在增强综合素质上下功夫，明确了培养担当民族复兴大任的时代新人的方法论。当代中国少年儿童既是实现第一个百年奋斗目标的经历者、见证者，更是实现第二个百年奋斗目标、建设社会主义现代化强国的生力军。我们要教育、引导学生正确认识世界和中国发展大势，从我党探索中国特色社会主义历史发展和伟大实践中，认识和把握人类社会发展的历史必然性，认识和把握中国特色社会主义的历史必然性，不断树立为共产主义远大理想和中国特色社会主义共同理想而奋斗的信念和信心。要给孩子讲好"人生第一课"，帮助少年儿童扣好"人生第一粒扣子"，引导他们树立正确的历史观、民族观、国家观、文化观，不断增强做中国人的志气、骨气和底气，增强对伟大祖国的认同、对中华民族的认同、对中华文化的认同、对中国特色社会主义道路的认同，当好向上向善的时代新人。

　　第二，以社会主义核心价值观培育"文学新苗"。"少成若天性，习惯如自然。"国无德不兴，人无德不立。社会主义核心价值观，其实就是一种德，既是个人的德，也是一种大德，即国家的德、社会的德。少年儿童时期是价值观、人生观和世界观形成的关键期。文学润物无声般影响着少年儿童的理想信念、价值取向和思想道德，在社会生活、学校工作中都具有不可替代的作用。一方面，我们要以文学的形式引导少年儿童从小学习做人、从小学习立志、从小学习创造，树立正确的理想信念、陶冶高尚的道德情操，让社会主义核心价值观在祖国下一代的心田中生根发芽；另一方面，以征文活动为契机，打造校园文学活动的响亮品牌，为少年儿童课余活动提供新的文化选择，进一步形成好学乐读之风，形成勤奋写作之风，发现、培育更多文学新苗，期待广东校园文学、儿童文学不断焕发生机、补充新鲜血液，产生更多具有青春气息、岭南风格、广东特色的优秀文学作品。

　　第三，持之以恒传递好关心下一代的"接力棒"。十年树木，百年树人。习近平总书记强调，培养好少年儿童是一项战略任务，事关长远。我们要以高度的历史责任感和时代紧迫感，切实把少年儿童教育好、保护好、培养好，确保党的事业薪火不息、代代相传。今后，我们将继续坚持以立德树人为导向，积极引导少年儿童厚植家国情怀，不断涵养正气、砥砺风骨，努力成长为新时代中国特色社会主义建设的新生力量。也期待社会各界更多关注、支持征文活动，支持关心下一代事业，让真善美滋润孩子心灵，为孩子们撑起一片湛蓝的天空。

　　（在"用青春拥抱时代"2021年广东省少年儿童践行社会主义核心价值观主题征文活动颁奖大会上的讲话摘录）

培根铸魂　弘扬科学家精神

□ 张培忠

广东省作家协会党组书记、专职副主席张培忠
在颁奖大会上讲话

今年是省关工委、省作家协会、省教育系统关工委三家单位连续精诚合作，联合举办广东省少年儿童践行社会主义核心价值观主题征文活动的第五年。今年的征文主题是"科技引领我成长"，旨在鼓励少年儿童挖掘生活中的科技素材进行文学写作，润物无声地弘扬创新意识，涵养科技学风，增强科技素质。全省各地学生踊跃投稿，参与征文活动的青少年达93.6万人，作品主题鲜明，内容丰富，风格多样，彰显了广东少年儿童的文学才情、科技素养、创新潜质，展现了广东校园文学新风貌。经过评审，一批优秀作品、文学新苗脱颖而出，其中的佼佼者不断成长，有望成为新时代广东文学后备军。可以说，这是一次更大规模、更宽领域、更强影响的深化广东少年儿童社会主义核心价值观教育的成功合作。

下面，我谈三点看法，与大家交流：

第一，坚持培根铸魂，积极引导童心向党。著名教育家张伯苓曾发出爱国三问："你是中国人吗？你爱中国吗？你愿意中国好吗？"这是历史之问，更是时代之问、未来之问。"培养什么人、怎样培养人、为谁培养人"是习近平总书记站在党的事业长远发展、中华民族伟大复兴的高度发出的新时代"教育三问"。《中共中央关于全面加强新时代少先队工作的意见》明确了少先队政治启蒙工作，把"在少先队员心中埋下为共产主义事业而奋斗的理想种子"作为一项重要的政治任务。当前，面对世界百年未有之大变局，风险与挑战交织叠加，矛盾与问题错综复杂。政治启蒙从少年儿童抓起，是实现中华民族伟大复兴历史伟业的战略基础。我们必须重视对少年儿童的思想引领工作，解决好他们的理想信仰问题。自2019年以来，省关工委、省作家协会、省教育系统关工委三家单位联手，以中小学生为重点，面向全省少年儿童，围绕社会主义核心价值观的基本内容，每年设计一个主题，积极探索以文学形式面向少年儿童开展常态化的社会主义核心价值观教育，善用少年儿童喜好的平台载体、形式样态、词汇话语，厚植正确的思想观念和价值追求。先后以"腾飞新中国　辉煌七十年""中国梦·家风美""青春拥抱时代""劳动创造幸福""科技引领我成长"为主题，持续开展主题征文活动。几年来，活动的参与人数不断增加，社会影响力持续扩大，逐渐成为叫得响的工作品牌、小作家的培育园地和青少年接受教育的崭新平台。事实证明，这一征文活动，有利于引导少年儿童从小扣好人生第一粒扣子，从小树立远大的志向和理想，传承红色基因、赓续红色血脉，听党话、感党恩、跟党走，培养爱党爱国情怀，培养对习近平新时代中国特色社会主义思想的价值认同、情感认同，为形成正确的世界观、人生观和价值观打下坚实基础，努力成为中国特色社会主义事业建设者和接班人。

第二，弘扬科学家精神，用心助力科教兴国。党的二十大报告首次将"实施科教兴国战略，强化现代化建设人才支撑"单独作为一个部分，也首次将教育、科技、人才作为一个整体进行论述，充分体现了我党对教育、科技、人才的高度重视，进一步理顺了建设教育强国、科技强国、人才强国的内在联系。长期以来，中国科技快速发展，依靠的是一代又一代科技工作者的接续奋斗。在科学救国、科研报国、科教兴国、科技强国的旅程中，具有时代特色的科学家精神逐渐铸就。在少年儿童中宣传科学家精神，就是要孩子们崇尚劳动、崇尚知识、崇尚人才、崇尚创造。本年度征文以"科技引领我成长"为主题，培养少年儿童对科技的兴趣与好奇，鼓励他们通过动手实践体会科技魅力，让他们在提笔写作的过程中，思考科技所带来的神奇变化，总结科技与生活的紧密联系，树立正确的国家观、历史观、科技观，传承科技精神、创新意识、红色基因，引导他们争做堪当民族复兴重任的新时代好少年。我们欣喜地看到，参赛习作中有的写决心以钱学森、邓稼先、袁隆平等为榜样，努力学习报效祖国；有的写科技发展为生产和生活带来的巨大变化；有的写运用科技知识参加校内外各种科技竞赛，取得佳绩的成长历程。小作者们紧紧把握科技主题的前沿性、创新性、日常性，体现了灵动的想象力和创造力。

第三，聚焦后继有人，做好关心下一代工作。习近平总书记强调，当代中国少年儿童既是实现第一个百年奋斗目标的经历者、见证者，更是实现第二个百年奋斗目标，建设社会主义现代化强国的生力军。在中国共产党成立100周年庆典上，少先队和共青团代表发出"强国有我，请党放心"的铮铮誓言，感动了亿万观众。千秋基业，人是根本。做好关心下一代工作事关后继有人根本大计，事关中华民族伟大复兴，任重道远，使命光荣。2021年征文活动共计收到应征文章39.7万篇，2022年参加征文活动少年儿童达108万人，今年参与征文活动人数93.6万人，组委会办

"科技引领我成长"2023年广东省少年儿童
践行社会主义核心价值观主题征文活动颁奖大会合影

公室收到各市报送初评作品5495篇。一个学生、一篇作品，牵动着学校、家庭、社会。可以说，持续数年的征文活动，已形成以文化人、以文育人的有效形式和长效机制，取得显著成效。我们要努力传递好关心下一代工作的"接力棒"，坚持以立德树人为导向，继续团结动员广大老干部、老战士、老专家、老教师、老模范等离退休老同志参加关心下一代工作，弘扬"忠诚敬业、关爱后代、务实创新、无私奉献"的"五老"精神，为支持和帮助青少年成长成才作出更大贡献。要积极携手社会各界力量，俯下身子弯下腰，重视对青少年理想信念、道德品质、智力能力等多方面的培养，开展丰富多彩的文学活动，充分发挥文学在培根铸魂、价值引领、凝心聚力等方面的重要作用，持之以恒地培育德智体美劳全面发展的社会主义建设者和接班人。要汇聚资源、搭建平台，抓好文学阅读、文学创作、文学指导，大力扶持儿童文学、青春文学、科幻文学，大力挖掘南粤文学新秀，壮大广东文学后备军，焕发广东文学新活力。

（在"科技引领我成长"2023年广东省少年儿童践行社会主义核心价值观主题征文活动颁奖大会上的讲话摘录）

征文活动展现少儿爱国情与文学才华

□ 胡中梅

广东省关工委副主任胡中梅
在颁奖大会上发言

少年儿童参加此次征文活动，无疑是他们爱国热情的一次升华，同时也是他们在写作学习上的一次重要历练。小作者们态度认真，充分发挥聪明才智，努力表现，给大家留下了深刻印象：一是取材广泛独到。小作者们通过分享亲身经历或熟悉的人物故事，一物一议，一事一谈，使参赛作品整体上题材多样，内容真实。二是时代气息浓郁。小作者大的十几岁，小的七八岁，他们出生和成长在伟大的新时代，笔下出现了不少新鲜事物，参赛作品具有深深的时代印记。三是表现手法新颖。不少小作者巧妙地借鉴了现代传播与写作技巧，追求新潮流，运用新语言，参赛作品极具想象力。四是结构严谨流畅。作者在谋篇布局上颇费心思，条理清晰，一气呵成。五是语言生动活泼。参赛作品具有明显的少年儿童特色，亲切可爱。有的小作者还尝试用文言文写作，值得点赞。

我们希望通过此次征文活动，在全社会掀起一股热爱阅读、虚心求教、勤奋写作的风潮，以期未来能催生出更多优秀作品、杰出作家。在我看来，文章是改出来的，每改一次，就能得到一次锻炼、一次提升。建议获奖的小作者们都再修改一下自己的获奖作品，使其成为自己写作道路上的一朵美丽鲜花！

（在"腾飞新中国 辉煌七十年"2019年广东省少年儿童庆祝中华人民共和国成立70周年征文活动颁奖大会上的讲话摘录）

征文活动为关心下一代事业添薪加火

□ 黄小玲

广东省关工委副主任黄小玲在颁奖大会上讲话

今年的征文活动有三个显著的特点：

第一，活动覆盖面广，社会影响力大。征文活动启动后，各单位迅速行动。省关工委作了全面部署，并通过杂志、网络、微信公众号等平台进行广泛宣传。教育系统关工委深入学校做好宣传发动工作。全省各级关工组织迅速响应，层层落实，将活动信息及时传达至学校、社区、培训机构、家庭等。省作家协会推荐专业作家担任评审，准确把握征文评选的导向性、思想性、文学性。承办单位《秋光》杂志社和协办单位《少男少女》杂志社全心投入征文作品的编辑工作中，任劳任怨。各单位精诚合作，使征文活动发动面广、专业性强，受到社会各界高度认可，得到各大主流媒体的关注和报道。全省各地少年儿童参与热情高涨，踊跃投稿。短短几个月时间，各地关工委共收到39.7万篇征文。从前年收到征文1.6万篇、去年收到征文7.8万篇，到今年收到征文近40万篇，数量上有了大幅提升。而且，少年儿童在参与活动的过程中，得到了老师、父母、祖辈的关注和支持，征文活动直接和间接参与者有上百万人之多。这说明，本次征文活动发动工作做得扎实，社会影响力越来越大。

第二，作品文以载道，青春拥抱时代。今年是中国共产党成立100周年，征文活动以"用青春拥抱时代"为主题，号召青少年从"两个一百年"奋斗目标的历史交汇点出发，朝全面建设社会主义现代化国家的伟大目标追梦前行。参赛作品大多数语言流畅，善用修辞手法，讲究谋篇布局，充满正能量，体现了较高的文学创作水平。小作者们或赞颂中国共产党为国家富强、人民幸福作出的伟大贡献；或讲述祖辈、父母的奋斗经历；或记录自己的成长故事；或书写属于自己和时代的青春之歌。

他们用赤子之心和纯真笔调，讲中国故事，讲时代精神，讲人间真情，讲未来梦想。透过这些文字，我们可以看到当代青少年爱党爱国的真挚情怀、意气昂扬的青春自信、勇立潮头的锐气担当、强国安民的远大志向。

第三，创新活动模式，擦亮工作品牌。全省各级关工委积极征集作品，本着公平、公正、公开的原则，认真组织初评、复评、终评，做了大量艰苦细致的工作，也积累了宝贵经验，并有所创新。比如，今年中山、韶关、汕尾、茂名等地市专门成立征文活动领导小组，由关工委主任担任组长，对全市征文活动进行集中部署；广州、阳江等地关工委深入学校开展工作，促使征文活动融入学校德育工作和语文教学工作之中，围绕征文活动开展形式多样的读书活动等，充分调动了学生的写作热情；深圳、珠海、佛山等地关工委在征集文章报送省里的同时，也在全市范围内进行评选并颁奖，起到了很好的激励作用；潮州市关工委以点带面，以示范性家长学校和开展朝阳读书活动的学校作为此次开展征文活动的示范校，组织师生代表开展征文培训辅导，采用实地参观和学习培训等形式培养写作骨干，推动征文活动开展；肇庆市各级关工委、茂石化关工委以征文活动为抓手，组织青少年走进党史、国史教育基地，寻访革命英烈、时代英模、抗疫英雄；东莞大朗镇关工委组织全体中小学生在暑期开展家乡、家族革命史调查活动等，为征文活动提供了丰富的写作素材；多地"五老"深入校园、社区，结合征文主题上写作辅导课等。在大家的努力下，征文活动的影响深入学校、家庭及社会各界，成为各地关工委的工作品牌，也成为联合社会力量开展关心下一代工作的有效途径。

引导青少年树立和践行社会主义核心价值观，培养担当民族复兴大任的时代新人，是我们共同的使命与责任。省关工委要努力凝聚社会力量，积极引导青少年践行社会主义核心价值观，为关心下一代事业添薪加火。

（在"用青春拥抱时代"2021年广东省少年儿童践行社会主义核心价值观主题征文活动颁奖大会上的讲话摘录）

征文活动亮点突出

□ 黄小玲

广东省少年儿童践行社会主义核心价值观主题征文活动自2019年开展以来,得到社会各界的大力支持,取得了良好的社会效益。今年的征文主题是"科技引领我成长",广大少年儿童积极响应、踊跃参与。下面,我就开展活动的有关情况总结如下:

第一,精心组织发动,工作扎实到位。今年

广东省关工委副主任黄小玲在颁奖大会上讲话

征文活动省关工委作了全面部署,广泛宣传。全省各级作家协会发挥专业优势,引导青少年提高写作水平。全省各级教育系统关工委发挥阵地优势,深入学校做好宣传发动工作。全省各级关工组织狠抓落实。从去年开始,我们建立了征文活动专家库,每年从库中抽出专业作家、教育工作者和编辑担任评委,他们准确把握征文评选的导向性、思想性、文学性。承办单位《秋光》杂志社和协办单位《少男少女》杂志社做了大量艰苦细致、卓有成效的工作。各家单位各司其职、各尽其能,使征文活动发动面广、专业性强、影响力大。

这几年,各大主流媒体对征文活动非常支持,纸媒、新媒体平台都对征文活动进行了大力宣传。在大家的努力和社会各界的支持下,征文活动的社会关注度不断提升。今年参与征文活动的少年儿童达93.6万人,这充分说明,征文活动的发动工作做得扎实、到位。在此,我代表主办单位向社会各界表示衷心的感谢。

第二,科学引领成长,内容涉猎广泛。为贯彻落实习近平总书记提出的"对科学兴趣的引导和培养要从娃娃抓起,使他们更多了解科学知识,掌握科学方法,形成一大批具备科学家潜质的青少年群体"的指示精神,今年征文的主题确定为"科技引领我成长"。小作者们通过参加征文活动,培养科技意识,努力学科技、用科技,在科学精神的引领下茁壮成长。

从各地反馈的情况来看，我们欣喜地发现，热爱科学、追求真理、勇于探索、积极创新的新时代青少年，将目光投向广阔的世界，用科学的眼光去观察，用科学的思维去思考，结合自身实践，以及身边人、身边事，讲述科技如何改变生活，如何引领自己成长。

征文作品呈现出了不少亮点：一是有高度。作品立意高远、积极向上，大部分小作者能深刻把握科技兴国、科技强国的重要意义，在他们的参赛作品中，我们不仅能看到他们对学习科技知识、参与科学实践的描述，还能看到他们把个人理想融入进国家、社会、人类发展伟业的远大志向。二是有广度。小作者们围绕科技创新主题畅想畅言，作品内容鲜活、题材丰富，从中可以看到航天潜海的尖端科技、助农环保的绿色科技、点亮生活的创新科技……笔下遍及未来都市、广袤土地、辽阔海洋、浩瀚宇宙。三是有温度。不少作品角度新颖、情感真挚，有对科技如何造福人类、提升生活质量、抚慰心灵的关注和书写，将看似冷硬的题材写出暖色，展现了科技的人文关怀色彩。

从作品中可以看出，同学们不仅有丰富的科学知识储备，还有灵活的想象力和创新思维。更可喜的是，很多同学已经投身进科学实践当中，不少还获得了市级、省级甚至国家级科技创新大赛大奖，身体力行地诠释了"科技引领我成长"的主题。

通过征文写作，同学们进一步认识到了科技创新的重要性和高水平科技自立自强的重大意义，立志成为科学强国的生力军。可见，征文活动对于引导广大少年儿童践行社会主义核心价值观起到了积极促进的作用。

第三，联合多方力量，培根铸魂育人。为推动征文活动，全省各级关工委主动牵头，与当地作家协会、教育部门建立起联动机制。各地广纳各方力量，拓展各种渠道，不断扩大宣传面和组织工作的广度、深度。比如，中山、韶关、东莞、江门、汕头、汕尾、揭阳等市多次召开相关工作会议，不少地方还专门成立征文活动工作组，研究具体措施，将征文活动推动到各基层关工组织、学校和家庭。

广州、佛山等市注重用好各类基地、平台资源，如结合"朝阳读书"等活动平台，围绕征文主题，丰富活动形式，打通传播渠道。

梅州、惠州、河源等市积极与当地媒体合作，通过各种媒介，大力宣传征文活动，在全市形成了浓厚的共同参与氛围。

阳江、肇庆、云浮、茂名和茂石化等地区和单位关工委深入各学校开展工作，动员学校利用主题班会、兴趣小组等向学生进行宣传，提高学生参与征文活动的积极性。

湛江、清远等市关工委组织青少年开展丰富多彩的科技实践活动，为征文写作提供素材，也加深了学生对科技主题的理解。

"科技引领我成长"2023年广东省少年儿童
践行社会主义核心价值观主题征文活动颁奖大会现场

各地因地制宜，发挥优势。潮州市关工委联合教育部门、作家协会积极组织辅导培训，带领学生到科普教育基地实地参观学习；深圳市关工委通过市教育局关工委、公安基层所队关工委等发动市直学校学生、公安干警子女等参与征文活动，进一步扩大活动覆盖面；珠海市关工委联合澳门民众建澳联盟等各方力量，鼓励澳门在珠青少年广泛参与，这些举措都有力促进了征文活动的扎实开展。

多地"五老"也全情投入征文活动工作中，他们深入校园、社区组织发动学生参与，结合征文主题上写作辅导课、开展科技宣传教育。

这些都是值得借鉴的经验，展现了全省各级关工委尽心尽责、开拓进取的精神面貌。在大家的努力下，征文活动已成为各级关工委叫得响的工作品牌、小作家的培育园地和青少年受教育的崭新平台，也成为联合社会力量开展关心下一代工作的有效途径。

（在"科技引领我成长"2023年广东省少年儿童践行社会主义核心价值观主题征文活动颁奖大会上的讲话摘录）

培养堪当时代重任的时代新人

□ 曹绍业

省关工委和《秋光》杂志社围绕中心、服务大局，紧跟时代步伐，积极开拓创新，以中华人民共和国成立70周年为契机，成功举办了"腾飞新中国　辉煌七十年"2019年广东省少年儿童庆祝中华人民共和国成立70周年征文活动。广大少年儿童通过参加征文活动，用文字表达了自己对祖国母亲的深厚热爱与感恩之情，进一步增强了民族自豪感、奋斗意识、强国之志。

深圳市关工委常务副主任曹绍业在颁奖大会上发言

征文活动主题鲜明、形式活泼，深受广大少年儿童喜爱。参赛学生从身边点滴谈祖国巨变，从辉煌成就谈拼搏奋斗，从红色故事谈理想信念，从英雄楷模谈人生价值，从传统文化谈道德情操，从山河壮丽谈家国情怀，从幸福生活谈感恩图报，从学习经历谈天道酬勤，充分展现了少年儿童的朝气蓬勃、自信自强、锐意进取、爱国赤心。

今后，深圳市关工委将在省关工委的指导下，团结广大"五老"，以习近平新时代中国特色社会主义思想为指导，不忘初心、牢记使命，着力加强青少年思想道德建设，帮助青少年扣好人生第一粒扣子，努力培养堪当时代重任的时代新人。

（在"腾飞新中国　辉煌七十年"2019年广东省少年儿童庆祝中华人民共和国成立70周年征文活动颁奖大会上的讲话摘录）

培养德智体美劳全面发展的社会主义接班人

□ 苏　毅

广东省少年儿童践行社会主义核心价值观主题征文活动自 2019 年开展以来，得到社会各界的大力支持，取得了良好的社会效益。今年的征文活动得到了广大少年儿童的积极响应、踊跃参与。经过初评、复评和终评，评出一、二、三等奖及优秀奖获奖作品共 620 篇。在大家共同努力下，今年的征文活动非常圆满、顺利。

广东省作家协会党组成员、专职副主席苏毅在总结大会上讲话

下面，我跟大家一起来简要回顾一下：

第一，广泛宣传，反响热烈。征文活动启动后，省关工委向全省全面部署，各级关工委组织迅速响应、积极发动、层层落实。从三家主办单位推荐成立的评委专家库里选出专业作家、教育专家和资深编辑担任评委，准确把握征文评选的导向性、思想性、文学性，公平公正公开地进行评审。承办单位《秋光》杂志社和协办单位《少男少女》杂志社也做了大量具体工作。在各单位立足优势、精诚合作、扎实推动下，征文活动覆盖面广、影响力大、专业性强，受到社会各界高度认可，得到各大主流媒体密切关注。今年参与征文活动的青少年达 108 万人，参与人数大幅提升，得到了良好的社会效应。

第二，以文化人，以文育人。今年征文活动以"劳动创造幸福"为主题，贯彻了习近平总书记关于"要在学生中弘扬劳动精神，教育引导学生崇尚劳动、尊重劳动，懂得劳动最光荣、劳动最崇高、劳动最伟大、劳动最美丽的道理，长大后能够辛勤劳动、诚实劳动、创造性劳动"的指示精神，旨在引导青少年树立正确的劳动观，激励青少年勇当新时代奋斗者。从各地反馈情况来看，同学们通过观察和思考，深入社会、了解生活、感知时代，同时也增强了自身责任感。征文作品主题鲜明，立意新颖，题材丰富，内容真实。不少小作者把笔伸向亲人长辈和自己参与劳动的经历，叙述平凡而感人的劳动故事，以及由此创造出来的美好生活。在写作过程中，同学们树立了正确的劳动价值观，认识到劳动创造幸福生活的深刻含义。可见，征文活动对于教育引导广大少年儿童践行社会主义核心价值观起到了积极的促进作用。

　　第三，创新方法，凸显品牌。为推动征文活动，全省各级关工委主动承担牵头责任，与当地作家协会、教育部门建立起联动机制，积极组织全国劳模、省劳模到学校开展以"劳动创造幸福"为主题的宣讲活动，并动员"五老"深入校园、社区，结合征文主题开设写作辅导课、开展劳动宣传教育活动，以此激励青少年热爱劳动、尊重劳动、参与劳动。许多学校把劳动实践融入学校德育工作和语文教学工作之中，并积极征集作品，认真组织评审，做了大量艰苦细致的工作，积累了许多宝贵经验。在各级关工委、作家协会、学校等各部门合力推动和创新探索下，一年一主题的征文活动已成为广东省少年儿童践行社会主义核心价值观的特色品牌，也成为联合社会力量共同推动关心下一代工作的有效途径。

　　党的二十大报告强调，要"落实立德树人根本任务，培养德智体美劳全面发展的社会主义建设者和接班人"，充分体现了党对少年儿童的关爱、呵护和期望。我们将紧紧围绕立德树人根本任务，在高质量发展中日益深化少年儿童践行社会主义核心价值观主题征文活动，不断涵养少年儿童的家国情怀，助力培育志存高远的时代新人。希望广大少年儿童不负党和人民的期望和重托，勇担使命，永葆初心，以青春著华章，以奋斗续辉煌。

（在"劳动创造幸福"2022年广东省少年儿童践行社会主义核心价值观主题征文活动总结大会上的讲话摘录）

传承好家风 共筑中国梦

□ 李国伟

广东省作家协会副主席、省小作家协会会长、评委代表李国伟在颁奖大会上发言

"察德泽之深浅，可以知门祚之久暂。"家庭，是我们人生的第一位"老师"，更是我们终身修行的"学校"。我们从"家"的精神母体中孕育而生，身体和精神都打上了"家"的烙印。在同学们的征文中，无论是从与爷爷奶奶言笑晏晏的日常生活中体现出来的孝顺家风，还是在菜市场转悠，笨拙却精心地为父母准备一顿饭时展现出来的勤劳家风，都是值得我们传承的宝贵财富。

"家是最小国，国是千万家。"爱国应是我们永远传承的家风。在同学们的征文中写到，当新冠疫情到来时，身边的亲朋好友乃至自己，都以最美"逆行者"的身份出现在了抗疫的不同岗位，用实际行动，表达着自己的爱国爱家之情。

我印象特别深刻的是一篇出自小学生之手的参赛作品，他写了在疫情防控期间，爷爷、爸爸和他，祖孙三代人发扬勇于担当的家风的故事。他写了"不肯下岗的老党员老张"爷爷，刚做了结肠癌手术，当听说小区里设置了体温监测点，便加入了志愿者队伍，和街道办的叔叔阿姨们一起在监测点轮值蹲守；他写了彻夜加班的公务员大张爸爸，每天辛勤工作着，没有休息日，下班已经半夜两三点了，甚至一连好几天都睡在办公室，只为了做好全省疫情信息收集、报送工作。他还特别写了"宅家"也要有所作为的少先队员小张——作者自己，没有袖手旁观，主动帮助老师策划网课，还积极加入了学校红领巾广播站，和小伙伴们一起打造《"疫"线先锋，善正同行》栏目，宣传逆行先锋人物，传播抗疫好故事，传递战"疫"正能量。

家风是一盏灯，点亮了每个平凡人的梦想；家风是一本书，诉说着每个家庭流传千年的故事；家风是一块砖，垒起了中华民族最坚实的根基！家风，融进了我们每一个人的血液里，塑造着每一个家庭，最终汇聚成汹涌澎湃的时代潮流，引领中华民族直面挑战、勇往直前，更加坚定地走向繁荣复兴的未来！

（在"中国梦·家风美"2020年广东省少年儿童践行社会主义核心价值观主题征文活动颁奖大会上的讲话摘录）

唱响青春之歌

□ 李国伟

奋斗，是青春最亮丽的底色。在同学们笔下，李大钊、刘胡兰、董存瑞、黄继光、雷锋、钱学森等英雄形象高大伟岸，扶贫干部、抗疫的白衣天使等基层工作者勇敢无私。还有部分同学，写到了自己的爷爷奶奶、外公外婆、爸爸妈妈，他们虽然平凡，但辛勤劳动，用自己的思想和灵魂，唱响过一个时代的青春旋律，高扬起一个时代的青春旗帜。

广东省作家协会副主席、省小作家协会会长、评委代表李国伟在颁奖大会上发言

立志千秋伟业，百年只是序章；恰是风华正茂，百年又是起点。评委们欣喜地看到，江山代有人才出。同学们在文章里，不仅表达了自己赓续红色血脉、用青春拥抱时代的决心，还落实到实际的行动上，用自己的方式，践行社会主义核心价值观。他们有的刻苦学习，掌握更多知识，准备报效祖国；有的积极参加各种社会活动，争当志愿者，派发抗疫宣传单、送口罩，为新的百年目标添砖加瓦……

一位潮州市的同学这样写道：

"每当我与大伙一起为空巢老人送温暖，那老人的笑脸便是青春最美的勋章；多少次，我们顶着烈日，去街道上捡垃圾、发传单，倡导垃圾分类，那汗水落在地上的滴答声，便是青春最动听的回响；疫情严重之时，我们一起为小区住户派发口罩、消毒液，那阳光下重新绽放的笑脸，便是青春最灿烂的模样……"

还有一位中山市的同学，学习了钱学森爷爷等前辈在科研创新方面的事迹后，在心底悄悄埋下了一颗热爱科学的种子。他努力学习文化知识，多次参加青少年科技创新比赛和机器人比赛。全国暴发疫情后，他认为科技力量在防疫工作中不可或缺，于是决定制作一款智能防疫消毒机器人。虽然他遇到了各种困难，但青春是奋斗出来的，他以革命先辈为榜样，凭着一股逢山开路、遇水搭桥的闯劲，经过不懈努力，终于在老师和家长的帮助下，成功造出了一个集测温、报警、喷消毒液，以及人机

"用青春拥抱时代"2021年广东省少年儿童
践行社会主义核心价值观主题征文活动颁奖大会现场

对话于一身的机器人!值得一提的是,他的机器人还在第二十届广东省青少年机器人竞赛中过关斩将,荣获一等奖。

以"青春之我"参与建设"青春之国家,青春之民族",对于这些既含实践故事,又重思想感悟的文章,评委们都给出了很高的评价。刚才我提到的两位同学的参赛文章,评委们一致同意,将它们评为一等奖。

同学们,我们无缘亲身经历繁华的唐宋时代,却有幸与盛世中国同行。处在"两个一百年"奋斗目标的历史交汇点上,让我们用青春拥抱时代,以梦为马,不负韶华,在实现中华民族伟大复兴、实现第二个百年奋斗目标的进程中,奉献我们的青春和力量,唱响我们这代人的青春之歌。

(在"用青春拥抱时代"2021年广东省少年儿童践行社会主义核心价值观主题征文活动颁奖大会上的讲话摘录)

新时代呼唤新的劳动

□ 李国伟

"劳动是一切幸福的源泉。""我们想要实现奋斗目标,归根到底要靠辛勤劳动。"这些道理,是同学们发自肺腑的劳动感言。中国特色社会主义是干出来的,要从身边的小事做起,从现在做起!这次活动,同学们通过自己的劳动实践和文学创作,发出了中国少年响亮的宣言,展现了中国少年的风采。

广东省作家协会副主席、省小作家协会会长、评委代表李国伟在总结大会上发言

通过征文,我们还感受到,随着新时代的到来,同学们参与劳动实践的场所和方式发生了许多令人惊喜的变化:从传统的洗衣煮饭做家务、学校劳动课清扫卫生,延伸到乡间农田春播夏收、桑林鱼塘养殖捕捞、城市公园环境保洁、工厂车间渔港劳作……到处都可以看见同学们的劳动身影。

还有同学参与了新业态、新模式、新产业的劳动实践。比如,一位潮州市的同学,小小年纪就跟妈妈来到茶山学习采茶,还自己动手拍照,编写宣传广告,学习并利用微商平台销售自家产出的茶叶。

新时代呼唤新的劳动。同样令人惊喜的是一位来自东莞的同学,他记录了自己从小学一年级开始学习电脑编程的过程,经过艰辛努力,至今已小有成绩。他认为,编程也是一种劳动。他说,不论是体力劳动,还是脑力劳动,只要付出辛勤的劳作,最终能促进社会进步,那就是光荣的。

是的,随着社会发展,科技时代呼唤更多的智力型劳动、创造型劳动。唯有思考,唯有亲身实践,才能在这个信息爆炸的时代获得真知,才能创造出新的辉煌。

同学们,历尽天华成此景,人间万事出艰辛。让我们热爱劳动,在劳动实践中提升自我,成为更高素质的劳动者,成为国家的栋梁、民族的希望,为实现中华民族伟大复兴的中国梦贡献力量。

(在"劳动创造幸福"2022年广东省少年儿童践行社会主义核心价值观主题征文活动总结大会上的讲话摘录)

帮助青少年扣好人生第一粒扣子

□ 王小强

广州市关工委常务副主任王小强
在颁奖大会上发言

省关工委和《秋光》杂志社等单位倾听时代足音、紧扣时代脉搏，围绕学习贯彻习近平总书记关于家庭、家教和家风建设的重要论述，开展"中国梦·家风美"2020年广东省少年儿童征文活动，意义重大。此举不仅有利于广大中小学生培育和践行社会主义核心价值观，还能让他们在创作爱国传家、奉献传家、敬业传家、文化传承等主题作品的过程中，点燃自己对党、祖国和人民的炽热爱意，推动爱国爱家、相亲相爱、向上向善、共建共享的社会主义家庭文明新风尚的形成。个人认为，本次征文活动主题鲜明、内涵深刻、形式活泼，符合关工工作特点，贴近少年儿童生活，深受广大青少年喜爱。

广州市关工委积极响应省关工委的部署要求，高度重视此次征文活动，将其纳入全市关工系统持续推进"传承红色基因，争做时代新人"主题教育活动的安排之中。全市各级关工委、教育系统关工委通过组织开展"好家教好家风"线上宣讲、"从小学先锋，长大做先锋""童心助阵，众志成城"等活动，让青少年深入了解中华民族的传统家庭美德，感悟国家发展与家庭变迁之间的紧密联系，特别鼓励他们从家庭长辈参加抗击新冠疫情的感人故事中寻找灵感。挖掘素材的过程中，他们或从父母的抗疫经历中汲取到爱国精神，或从祖辈的丰富过往中感受到社会进步，又或从长辈的言传身教中体会到家教力量……这无疑对他们的成长有着深远影响。

十年树木，百年树人；立德树人，百年大计。广州市关工委将在省关工委的有力指导下，团结带领全市各级关工委和广大"五老"，以习近平新时代中国特色社会主义思想为指导，牢记初心使命，主动担当作为，扎实做好青少年思想道德建设工作，帮助青少年扣好人生第一粒扣子，永远听党话、跟党走，为广州实现老城市新活力、"四个出新出彩"，为中华民族伟大复兴培养时代新人作出新的贡献。

（在"中国梦·家风美"2020年广东省少年儿童践行社会主义核心价值观主题征文活动颁奖大会上的讲话摘录）

科技之光照亮成长路

□ 高小莉

"科技是第一生产力。"科技，代表了一种精神、一种力量、一种创新、一种文明。科技之光，照亮了少年的眼睛。"科技引领我成长"2023年广东省少年儿童践行社会主义核心价值观主题征文活动，引发了全省青少年的高度关注，反响热烈，参与征文活动的青少年达93.6万人次。参赛作品普遍质量较高，同学们主要围绕以下三个方面来创作：

广东省作家协会报告文学专业委员会副主任、评委代表高小莉在颁奖大会上发言

第一，是写亲身经历。"科技引领我成长"这个主题，同学们比较喜欢，在立意和观点表达上，很有主见。大多数同学以记叙文的方式，写下了亲身参与科技实践的过程和感受。记事写人，情景交融，内容真实自然，流畅生动。比如，有的同学通过反复实验，自己研究出摘果神器；有的同学刻苦学习，掌握了操控大疆无人机喷洒农药的技能；有的同学通过学习编程，激发了对科学技术的浓厚兴趣。我印象最深刻的是一位小学五年级的同学，他研究出了一个软件，让一辆普通的校车成为会统计人数、会点名的校车，非常新颖有趣。

第二，是写自己熟悉的生活。同学们不好高骛远，不空穴来风，作品中所涉及的故事和感受都跟日常生活紧密联系在一起。能定位的智能手表、光伏食用菌大棚、神奇的智能耳朵、在一次眼科手术中发现神奇的光等，看得见、摸得着的科学技术，跟生活息息相关。同学们字里行间充满着真情实感，而童真童趣也跃然纸上。

第三，是写内心感触。有一部分同学，选择用议论文的形式，阐述自己对科学技术的认识、见解，对祖国科学技术发展的赞叹、自豪，以及为中国科技事业奉献青春、才华的满腔热情。"走进科研，吾辈青年体悟到科研工作者胸怀祖国的崇高与伟大。吾辈青年当以科学家前辈为榜样，立大志，勇攀科技高峰；更需撸起袖子加油干，勇攀人生高峰！"这位同学的心声很具代表性。

（在"科技引领我成长"2023年广东省少年儿童践行社会主义核心价值观主题征文活动颁奖大会上的讲话摘录）

百花齐放　情感深厚

□ 刘小玲

评委代表刘小玲在颁奖大会上发言

"腾飞新中国　辉煌七十年"2019年广东省少年儿童庆祝中华人民共和国成立70周年征文活动是一次意义深远的教育活动。通过参加此次活动，学生们接受了一次很好的爱国主义教育，并在参赛作品中表达了自己对党的忠诚、对祖国的热爱，以及对中国特色社会主义的深厚情感。

整体上看，本次参赛作品题材广泛，写法多样，可谓是百花齐放。有的小作者从国家层面出发，全景式地描写了中华人民共和国成立70年来，在政治、经济、文化、军事、体育等各个方面取得的伟大建设成就，以及改革开放的辉煌业绩，属于重大题材。有的小作者从某一侧面或某一角度入手，通过记录一座城市、一个乡村、一条街道、一所学校、一个班级、一个家庭70年来的发展变化，深情讴歌党和祖国。有的小作者将视角转向这70年来人们衣食住行等生活上的发展变化，达到以小见大的效果，比如从吃不饱到吃得饱，再到吃得好；从绿皮火车到高铁；从烂泥路到宽阔平坦的水泥路、柏油路；从住破房子到住别墅、洋房；从骑单车到开小车；从一律穿灰蓝色衣服到穿华美服装；从写信到语音通话、视频通话；从现金支付到电子支付等，均写得真实、生动。有的小作者通过对比老照片和新照片的不同之处，记录三代人的不同际遇，抒发自己对新生活的热爱……总之，参赛作品的切入角度多样，百花争妍！

（在"腾飞新中国　辉煌七十年"2019年广东省少年儿童庆祝中华人民共和国成立70周年征文活动颁奖大会上的讲话摘录）

02 润物之声

　　情真意切，含英咀华。一次征文活动的背后，涌现出无数个动人的故事，这些故事的主人公们，宛如繁星点点，遍布全省各地——有默默耕耘、燃烧青春的教师；有勤奋好学、奋发向上的学子；有肩负重任、心系下一代的公职人员；还有那些虽已光荣退休，但仍旧怀揣爱心、默默奉献的"五老"。这些故事如芬芳的花开，如润物的细雨，悄然无声，却又深深触动着心灵。这是新时代关心下一代工作的生动演绎，是亲身践行社会主义核心价值观的真实写照。

　　这里的每一个故事，都是一个美妙的世界，让人感动，给人希望，唤醒我们对美好事物的感知，也让我们更加珍惜身边的温暖和幸福……

听，花开的声音

□ 潮州市枫溪区枫溪中学教师 **谢湘玲**

晨风轻拂，吹得阳光碎落一地，唤醒了我朦胧的意识。掏出手机，一条信息映入眼帘："老师，爷爷家的黄皮果熟了，什么时候一起去尝尝鲜？"信息下面，还附了一张黄皮果的照片。那一刻，一股暖流涌上心头。在孩子们心中，老师是世上唯一没有血缘关系的亲人。能够被学生惦记、尊敬、认同，这是一件多么幸福的事情啊！

望着眼前的黄皮果照片，我不禁想起去年的这个时候，仍旧是夏季，依旧有蝉鸣，孩子们都还未毕业……

那天午后，突然下起大雨。到了上课时间，我本打算到楼下让负责摆放自行车的同学今天休息，免得全身湿透，结果却看到了令我难忘的一幕：我们班的王阳同学正偏着头夹住伞柄，两手用力抓住自行车车头，然后一调、一拼，手中车子便听话地摆放整齐了。要知道，王阳同学可是班里的"迟到大王"，平时很调皮捣蛋……尽管心中打着问号，我还是忍不住用手机拍了几张照片，照片中的男孩在雨中认真干活的样子，真美！

事后经过了解，我才知道本周值日生李军那几天家里有事，不能提前15分钟到达学校，他的好朋友王阳知道后，主动承担摆放自行车的任务。而且难能可贵的是，"迟到大王"在那几天居然都没有迟到，每天都能按时按质完成任务，不禁让人刮目相看。

那几天，我刚好在制作关于"劳动创造幸福"主题征文的课件，其中一个环节，我打算用一个个微镜头来唤起学生的情感，启发学生链接生活中的小事情、小细节，体会"小"中藏"大"的道理，让学生挖掘记忆中的"宝藏"和"闪光点"，再用口头表达或即时书写的方式，把想到的"亮点"一一罗列出来。环节最后，我展示了王阳在雨中摆放自行车的照片，以及雨后整整齐齐、停放有序的自行车，这是多么美妙的校园一景啊。随后，我顺势点出："正是有这样一群默默付出、无私奉献的同学，我们才能在如此整洁有序的环境中学习；正是他们的劳动，创造了我们的幸福。"此时，我看到王阳的眼中闪出亮光，这是以往不曾出现过的。他静静地听着，同学们也若有所思，纷纷开始动笔。

他们开始寻找自己周边的那些人、那些事……我让同学们用微镜头的方式接龙，于是便有了以下镜头：

微镜头一：黎明，当朝阳的光芒刚刚晕染地平线，大多数人还沉浸在自己的梦

谢湘玲老师的学生在进行社会实践劳动

乡时,他却已忙碌起来:小店内,温暖的橘光流泻在厨房里,那氤氲的香气之中,一个和善的老人正准备着热腾腾的早餐……

微镜头二:热闹的马路上回响着断断续续的口哨声,那是从交警叔叔嘴里发出的。只见他站在车水马龙的路中央,犹如穿梭在枪林弹雨之中,那道身影高大挺拔……

微镜头三:浓雾中那依稀可见的橙色身影,是环卫工人,他们正将夜里被风雨打落的枯叶扫起。当我们还在沉睡时,他们已经开始忙碌,以一己之力温暖着我们的城市……

第二天收上作文本,意外发现王阳写的作文有很大进步,虽然语言方面有很多不通顺的地方,结构也详略不分,但胜在感情真挚,令人动容。他写的是跟爷爷上山采摘黄皮果的场景。王阳的父母在深圳工作,是爷爷奶奶将他带大的,而采摘黄皮果,是最能体现爷孙两人默契配合的工作,也是王阳难忘且幸福的回忆。同时,我发现有不少同学的作文虽然选材独特、贴近生活,但是欠缺情感,写出来的幸福是强加上去的,并不是感情的自然流露。王阳的作文告诉我:写作,是属于心灵的,而不是属于作文参考书的。于是,我又布置了一项作业:回家观察劳动者的语言、动作、神态,揣摩他们劳动时的心理,或对他们进行采访笔录,一周后在课堂上分享。

一周后,我让学生在课堂上自由发言,畅谈自己的感受。

菲菲同学说:"我家是卖卤鹅的,爷爷说逢年过节(潮汕地区的迎神会)是最幸福的时刻,生意好的时候,一天可以卖上百只卤鹅。那时候,我们一家老小齐上阵,虽然辛苦,但大家都是笑容满面……"

"菲菲家的卤鹅,让人想起就垂涎三尺,一定是很美味,生意才那么好,改天老师一定要去试试。这是你们一家人通过劳动给自己创造的幸福美好的生活。老师记得,以前人们生活条件差,别说卤鹅,就连一块普通的肉都吃不上,现在卤鹅却成了我们餐桌上的日常美食,这说明了什么?"我接着菲菲的话,循循善诱。

有学生回答:"百姓的生活水平提高了!"

"是的，国家在发展，社会在进步，人民的生活水平在提高，一代代的劳动者用他们的双手创造了我们今天的幸福，这是一种'大我'的幸福。假如你的作品能突破'小我'，把'大我'的幸福也穿插其中，那么作品主题就会得到升华。"我继续引导。

许多同学恍然大悟，开始提笔对习作进行修改。当然，发言还在继续，收获也越来越多。

谢湘玲老师的学生在制作手工

"老师，我的家乡盛产莲藕。丰收时节，我的奶奶总会亲手制作藕粉，只见她哼着小曲或唱着潮剧，不一会儿工夫，藕粉便做出来了。奶奶是打从心底喜欢做藕粉，所以做出来的藕粉有着特殊的味道，入口顺滑，香甜可口。""嗯，梓芷同学说得很好。'奶奶是打从心底喜欢做藕粉'，这种幸福感是自然流露的，所以可以增加对奶奶制作藕粉时的神态、动作描写，把奶奶幸福的样子刻画出来，也可以适当加入一些环境描写，营造活泼快乐的氛围。像你写的这句——'汗珠中流转的光，像钻石、珍珠、水晶，还没落地就被阳光蒸发掉了。那一刻，我分明看到了奶奶脸上的皱纹一层层荡漾开来'就非常出彩，人的情感是抽象的，通过生动形象的比喻可以让读者切身感受到奶奶的幸福……"

就这样，师生在一场活泼快乐的交流中结束了那天的习作修改课。放学后，在楼梯口，王阳偷偷从书包里掏出一小袋新鲜的黄皮果，神神秘秘地告诉我："老师，我爷爷种的黄皮果，皮薄肉甜，您一定要试试！"更为难得的是，自从那次参加征文比赛后，王阳像变了一个人似的，每次上课都非常认真专注。

那年暑假结束后，不少家长在家长群里跟我反映，有很多同学在假期争着做家务或者参加其他劳动，说是要亲身感受"劳动的幸福"。我从心底里感谢省关工委举办这样有意义的征文活动，让同学们树立起了正确的劳动观，学会崇尚劳动、尊重劳动，自觉养成了劳动的习惯。

我若有所思地望向窗外，此时正是金秋时节，这是果实成熟的季节，我的那些花儿也应该结果了吧？作为一名教师，用自己的劳动不断创造着奇迹，不断创造着幸福，孩子们的成长便是我最大的收获。等到他们长大后，再去创造更多的幸福，那时的幸福加起来，都可以绕地球好几圈了吧？每每想起这幸福的 N 次方，我在睡觉时都能笑出声来。

听，花朵绽放的声音，美妙、婉转、悠扬……

我愿长耕不辍，静待花开。

坚守与奉献

□ 湛江市赤坎区关心下一代工作委员会　王梦彤

在2023年广东省少年儿童践行社会主义核心价值观主题征文活动中,作为湛江市赤坎区关工委的一名实习生,我经历了许多令人难以忘怀的瞬间。有这样一批人,至今想起来仍让我感动不已,他们就是区关工委常务副主任揭育坚和征文评审团的成员。在我看来,他们的举动,充分展现了对关心下一代工作的热爱和执着。

赤坎区关工委部署2023年区主题征文评审工作

在征文活动开始时,我们组织单位充分了解这项活动对激发学生写作兴趣和提升学生文学素养的重要意义。然而,受新冠疫情的影响,各个学校高度紧张,老师们的工作更是繁忙,很难抽出时间和精力参与,征文活动一时陷入了僵局。面对这一困境,分管教育局关工委工作的揭育坚副主任没有袖手旁观,而是主动行动起来。当时,揭主任也第二次感染了新冠病毒,因身体状况不佳,需要住院治疗。他的家人希望他立即住院休养。然而,他认为完成各个学校征文上报工作是他的责任和承诺,出院后立即投入工作,坚持不懈地打电话给各个学校和任课老师,耐心地邀请他们参与本届征文活动。揭主任用自己的热情和坚持,感染了每一位接到电话的学校相关负责人。他耐心地听取他们的疑虑和困难,给予他们鼓励和支持。正是这种坚持,使得越来越多的学生加入了征文活动,为活动的顺利进行奠定了坚实的基础。

在揭育坚主任的努力下,我们圆满完成了征文收集工作。然而,接下来的评审工作也困难重重。我们首先在"'五老'宣讲团"中挑选了10位具备一定评审水平的成员,组成了评审工作组,但其中一位"五老"评审团成员——湛江市初级实验中学原副校长李东华老师,在工作中发生了意外,不幸摔断了手。尽管伤势严重,她仍然坚定地说:"只是摔断了手,眼睛没有瞎,我能够继续参与评审工作。"这种坚韧和敬业的精神令人钦佩。而另外两位"五老"评审员——湛江市第三小学原校长黄娟和湛江市第六小学原校长陈璐,都需要照顾住院的老母亲。她们每天早早起床,把护理母亲要做的工作提前做好,帮助母亲梳洗完、用过餐、服完药,待医生查完房后,便乘坐出租车赶到区关工委与大家一起评审征文。

评选过程中,我见证了评审团成员对征文评审工作的认真负责。每位成员都悉心地阅读和评定每一篇作品,然后将

赤坎区关工委常务副主任揭育坚(左)到区第八小学布置征文工作

自己的评分、观点和看法提出来,再对每篇作品的细节和情感进行深入分析。其中,《看得见摸得着的电话》和《智能衣服》这两篇作品引起了评审团的特别关注。他们对这两篇文章的评分、观点和看法各不相同,因此争论不休。有的认为《看得见摸得着的电话》更能体现家庭引导的重要性,而有的认为《智能衣服》更贴近现实。一时间,争执不下。经过几天的讨论,评审团的意见终于达到了一致:《智能衣服》记录的是每一个人都经历过的新冠疫情时期,并结合了新冠疫情时期遇到的困难描绘未来科技的蓝图,文章主题较《看得见摸得着的电话》更符合征文要求。诸如此类的种种事件,让我深刻理解到对文学作品的品鉴是多元而复杂的,每个人的感受和理解都是独特的。我对文学创作和审美有了更深刻的认识,也更加珍惜每一次去表达自己内心世界的机会。

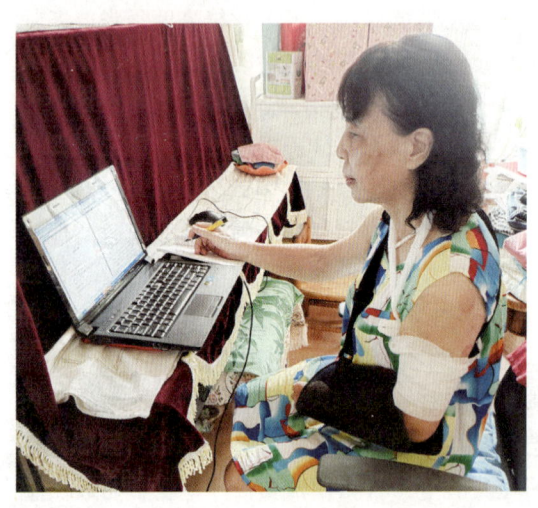

"五老"评审团成员李东华带伤评审征文

最后,区内的征文评选工作圆满结束,我们的努力也得到了回报。区内涌现出了一大批优秀的作品,每一位学生的成长和收获都让我们感到欣慰。评审员们的坚持和执着,不仅促使了这次征文评审工作的圆满成功,也让我深刻了解到关心下一代工作的责任和使命。

唯有真情动人心

□ 潮州市湘桥区振德街小学教师 翁洪娟

来了！来了！2022年广东省少年儿童践行社会主义核心价值观主题征文活动启动了！

这次的征文主题是"劳动创造幸福"。劳动教育是践行社会主义核心价值观的重要手段之一。我们学校一向重视劳动课程学科教学，坚持将劳动教育与社会主义核心价值观教育相融合，在不同年级阶段积极开展劳动教育主题活动，如折纸、剪纸、科技小制作、环保小制作、学做一道菜、大扫除、"学雷锋"社会实践活动等，重在培养学生的劳动意识，帮助学生掌握基本的劳动技能，从而构建完善的劳动教育体系，最终助力落实立德树人的根本任务。

翁洪娟老师和林妍霓同学参加"劳动创造幸福"2022年潮州市少年儿童主题征文活动总结表彰大会

弘扬劳动精神，必须知行合一。亲身参与劳动更能体会到"劳动最光荣、劳动最崇高、劳动最伟大、劳动最美丽"的道理。有了亲身经历，也就有了最好的写作素材。

接到征文活动的通知后，我们意识到这是一次很好的锻炼机会。我和几位老师认真研读了活动要求，明确了征文的主题思想和写作方向后，开始对学生进行动员及写作指导。我们鼓励学生走出课堂，把视野延伸至社会各个角落，以儿童的视角表达自身的劳动体验，歌颂劳动者所呈现的劳动之美。

在老师们的启发下，以这次征文活动为契机，同学们把自己的劳动体会真实地表达了出来。有的学生给家里大扫除，在大汗淋漓中体会到家居洁净带来的愉悦和幸福感；有的学生积极参与社会劳动，到田间割稻子、碾谷，体验"粒粒皆辛苦"，领悟"一分耕耘，一分收获"；有的学生种植鲜花和蔬菜，在辛勤的劳动中成长……劳动带来的是满满的成就感，同学们用不同的劳动方式，体会到同样的"幸福感"。在文章中，他们真情流露，畅谈感受。我们欣喜地看到，同学们积极参与劳动，劳动技能得到了进一步的提升，行为习惯发生了改变，思想上也有了巨大转变。"用勤劳的双手和诚实的劳动创造美好生活"，征文活动让同学们更加热爱劳动。

我班学生林妍霓，她的家乡凤凰镇是"单丛茶之乡"，家里人从事着与茶相关的工作：爷爷奶奶打理茶园和制茶，母亲负责售卖自家制作的茶叶。每逢假期，小林姐妹俩便会帮助爷爷奶奶采茶、晒茶。"茶"，关乎一家人的生计，也是一家幸福生活的源泉。我想，这不就是现成的最好的写作素材吗？何必舍近求远呢？小林听了我的建议，顿时觉得有话可说，写作也不难了。

经过一天的构思，小林便完成了文章。也许是期望过高，我看到初稿时，不免有些失望——基本的事件是写出来了，但是读起来枯燥无味，故事所蕴含的情感完全没有表达出来，单是靠几个好词好句努力撑起文章的框架。

我想了想，毕竟是才五年级的孩子，在情感表达方面，不能要求她像成人一

翁洪娟老师对林妍霓进行指导

样深沉又细腻。如何引导她回忆起一些劳动细节呢？怎样唤起她的情感记忆呢？我再一次与小林进行谈话，既是闲聊，又是有意识地引导。我让她谈谈跟随爷爷奶奶采茶时的感受和心得，从亲身经历中感悟"劳动创造幸福"的真谛，又继续启发她产生"品茶容易制茶难"的意识。这次指导后，小林对文章进行了修改。

这次，她终于将真情融入事、人、景中进行描写，由于是亲身经历，记忆的阀门被打开后，下笔表达时，感情既真实又生动。

亲身经历就是最好的写作素材。小林懂得了摘茶看似简单，却需要技巧和坚持。手中的一杯茶，需要多道工序的加持，确实来之不易。一泡清茶的背后，凝聚了劳动人民多少辛勤的汗水。当明白了"劳动虽辛苦，却能创造幸福"这一道理后，她再审视手中一杯茶的分量，便读懂了爷爷奶奶脸上的笑容，也品味到了茶香真正的深意。

这就是幸福的含义！我很高兴，小林的文章几经修改，终于有了能打动人的力量。

小林的文章代表学校参加征文活动，后来又有幸参加湘桥区文化馆、图书馆的活动，区里的张老师和余老师对参加活动的优秀小作者再次进行指导。活动使小林深受启发，她做了满满的笔记，又尝试拟出了好几个作文题目，并请我提出意见。我的建议是：从文章内容出发，以"茶"为切入点。

最终，文章题目被定为"涔涔汗水，袅袅茶香"。

不负众望，该文荣获省主题征文活动小学组三等奖。我本人也荣获省级优秀指导教师的称号，这使我们深感荣幸。获奖激发了小林学习的积极性，同时带动了班级和年级其他学生的学习竞争意识，从另一个侧面印证了"劳动创造幸福"的道理。

通过劳动，感悟幸福意义；下笔表达，流露真情实感。用质朴真挚的语言，写有真情实感的文章，必定能打动读者，引发共鸣。

这正是：好文不过近人情，唯有真情动人心！

不断学习，奔赴下一个远方

□ 梅州市蕉岭中学高三（12）班 李淑慧

从2019年到2022年，我连续四年参加了省关工委组织的广东省少年儿童践行社会主义核心价值观主题征文活动，感触颇深。

2019年，在我参加第一届征文活动之前，恰好学校政治老师给我们深入阐释了社会主义核心价值观的要义，使我对它的内涵有了更进一步的了解。后来，爸爸拿了关工委下发的"腾飞新中国 辉煌七十年"征文活动文件给我，建议我去参加。此时，离征文征集截止日期还有两个月，我从身边的小事

李淑慧和指导老师徐喜玉

中积累灵感，收集记录在随身携带的小本子上。期末考试后回老家时，一路上看到的农忙景象给了我灵感，在和乡亲们闲谈中，我深刻感受到他们对如今农业机械化所带来的便利的喜悦之情，再结合当地第一届农民丰收节举办时的背景，一气呵成写下了《新时代·新际遇·新使命》一文。经过多次修改，文章最终荣获初中组省级一等奖。

当时获得省级一等奖，我得到了老师和同学的赞赏，这大大提高了我写作的动力，让我更有信心参加2020年的践行社会主义核心价值观主题征文活动。因为第一次的高起点，自然会让我对第二届征文活动的结果产生一个较高的心理预期，所以当我得知文章并没有获奖时，失落顿时在我心底蔓延。说来也巧，得知没有获奖的那天刚好是雨天，在阴沉的环境渲染下，我的情绪更低落了。但是在那以后，我也想明白了，参加这项征文比赛的意义，并不仅仅在于获奖或获得众人的赞美，更是在于写作时灵感乍现的愉悦；在塑造笔下的人物时对自我的剖析和对自己灵魂的拷问；在观察身边小事，从一花一草到警察叔叔在雨天默默地给小朋友们打伞，护着他们过马路中得到的生活的小确幸……这些对于生活、对于自我、对于文字带给人们的力量、思考和感悟，从观察他人对社会主义核心价值观的践行，到将社会主义

李淑慧在北京天安门前

核心价值观融入自我的行动,才是我从一届又一届征文活动中真正应该获得的。

也正因为这样,我才会在周围的同学都在埋头学习不参与征文活动的时候,拿出一部分时间沉浸在文字里,一次又一次地参加广东省少年儿童践行社会主义核心价值观主题征文活动;也正是这种坚持,才让我在四次比赛中获得了省级一等奖、三等奖和市级二等奖的殊荣。

在写作过程中,老师们给予的指导,以及我为了丰富文章搜集的素材,也帮助我逐渐形成了自己的写作风格,并促使我不断进行对不同文体、不同写作道路的探索,这对我提升自己的写作能力大有裨益。同时,在征文比赛中的得与失也让我逐渐形成了平稳的心态,得奖自然开心兴奋,未获奖也不气馁,促使我不断提升自己的写作技能,在下一次征文活动中继续努力。

不断学习,奔赴下一个远方。这是我在四届广东省少年儿童践行社会主义核心价值观主题征文活动中获得的最大感悟。

一片丹心育桃李　立德树人写春秋

□ 湛江市遂溪县岭北镇岭北初级中学教师　**陈华兴**

我和广东省关工委组织的广东省少年儿童践行社会主义核心价值观主题征文活动相识于 2019 年，我们一起携手走过五个春秋。从 2019 年至 2022 年四次的主题征文活动中，我收获良多，我辅导的学生分别获得省级一、二、三等奖各一次，我三次被评为省级优秀指导老师。五年的践行社会主义核心价值观主题征文活动中的小故事，犹如珠玑相碰，清脆悦耳，时刻伴随着我的育人生涯。

立德树人，心怀教育的理想去做理想的教育。夕阳余晖铺洒的课堂，是我与同学们凝心聚力、共待佳期绽放的守护；随处倾心交流，随时答疑解惑，是我们师生互助共进、润物细无声的款款深情；一次次写作分析会、一回回经验总结，是我带领同学们前进的坚韧不拔的决心和锲而不舍的毅力。

2019 年，在"腾飞新中国　辉煌七十年"广东省少年儿童庆祝中华人民共和国成立 70 周年征文活动的第一堂辅导课上，我问学生："我们可以用什么内容反映这个主题？"

学生们开始回忆，个个若有所思。

"老师，七十年的辉煌，就是国家有钱了，国内生产总值高……"一个学生站起来回答道。

"老师，新中国的伟大成就就是国力强大。我们国家的武器可厉害了，我在电视里看到辽宁号航母，很威武……"小李一副小男子汉的模样。

"国家的腾飞就是我国很多很多的宇宙飞船上天，我以后也要当中国登月宇航员。"

"新中国七十年辉煌就是……"

同学们各抒己见。

"那你们知道国家这几年的 GDP 是多少吗？国家先进武器的种类、航空母舰你们知道多少？宇宙飞船上天你们又了解多少？"我问道。

霎时，大家都安静下来，陷入了沉思。

"写作不要一味追求高、大、全，为什么不写我们身边的人，讲我们身边的小故事呢？"我点拨道，"辉煌就在我们的生活中。"

"这个周末，大家当一回小记者，回乡采访。下次，大家谈谈自己的收获。"我布置了任务。

一周后，第二堂辅导课。

一上课，一个学生迫不及待地站起来，说："老师，老师，我知道了，国家的辉煌就是国泰民安，我的家乡夜不闭户，晚上一个人都敢赶路，很……很……"

"很安全，"他的同桌着急了，抢着说，"我们那是平安之村，家家都很平安！"

"老师，国家七十年的辉煌藏在和谐里。每天，我们村的广场上，大妈们欢快地跳着广场舞；村公园的树荫下，老人怡然下棋，小朋友幸福地嬉戏……"

"老师，改革开放后，我们村的乡亲们都过上了好日子……"

"对，我们村的乡亲们都住上了新楼房……"

"还有，政府精准扶贫，乡亲们勤劳致富，连我们村的老光棍都建了新楼，娶了老婆，生活美满……"

……

同学们纷纷发言，感触极大，满脸的自豪。

让学生走进生活，激发他们的爱国之情；让生活走进写作，指点江山，激扬文字。

梁妙凤同学的《春暖花开 春色满园》展现了拳拳爱国之心，她以家乡"平安之花绽放""和谐之花盛开""富裕之花怒放"来书写祖国大地欣欣向荣、万紫千红总是春的景象，最终荣获2019年主题征文活动初中组省级二等奖，我也收获了人生中第一个省级"优秀指导老师"的称号。

2021年，"用青春拥抱时代"广东省少年儿童践行社会主义核心价值观主题征文活动如期而至。在建党一百年之际，我组织开展"走进红色 触摸历史 做时代新人"研学之旅，带领学生走出教室，走进了遂溪的红色天地。在参观黄学增纪念馆时，一向冷淡的周永帅同学激动地说："黄学增'丹心为人民，热血洒南粤'，真英雄！共产党员是好样的！"在钟竹筠的故居，同学们为钟竹筠的铁骨柔情所感动。一向柔弱的陈慧琳同学说："巾帼不让须眉！我们女同学要当时代的弄潮儿。"参观中国特色社会主义新农村，同学们探寻新时代劳动致富的传奇……红色研学之旅触动了学生们爱党爱国的心弦，激发了他们拥抱时代的激情和创作热情。陈慧琳同学的《青春向党 拥抱时代》，以"碧血映青春，丹心照汗青"明志，借"浪子回头金不换""扶贫送老婆"等传奇故事，发出"青春向党，拥抱时代"的青春宣言。该文最终荣获主题征文活动初中组省一等奖，我再次收获"优秀指导老师"的称号。颁奖会上，县关工委林彬主任勉励我："陈老师，你和你的学生是好样的！继续努力！"这些话，让我的心感到火热，我也有了追求梦想的无限动力。

让写作走向生活，让生活走进写作，我们正在继续努力。2022年，在"劳动创造幸福"主题征文活动中，我带领学生投身学校一系列多样化的校内外劳动教育活动，强身励志练技能，育心明德涵情怀，引导学生走进生活。一个个"劳动创造幸福"的传奇故事，拨动着学生情感的琴弦。林莲珍同学的《幸福人生 劳动最美》一文，再现了"闲时立黄昏，笑问粥可温"的温馨和谐，抒发了"脱贫勤为径，树上摘小康"

陈华兴老师在指导陈慧琳同学修改文章

的豪情,诉说了"脱单劳做媒,婚礼话传奇"的幸福,充分反映了"劳动创造幸福"的主题。该文最终斩获初中组省三等奖,我第三次收获"优秀指导老师"的称号。陈春校长勉励我:"一、二、三等奖都有了,还缺一个优秀奖,继续努力,争取明年实现大满贯!"同学们也挥臂高呼:"大满贯!大满贯!老师,明年看我们的。"我和我的学生满怀豪情,向大满贯迈进。

2023年,征文活动的主题是"科技引领我成长",这给了我们当头一棒。我们农村的孩子对"科技"接触不多,以记叙文来表现这个主题,难度很大。学生第一次交上来的文章是清一色的议论性文章,都是网上摘录的内容。学生说:"太难了。"于是,我组织了"我的科技梦"故事会,引导学生分享学习科技的经历和感受,还向同学们讲述科技英雄的故事,讨论英雄对自己的影响……一段段逐梦历程,一个个奋斗故事,一丝丝人生感悟,让同学们找到了写作灵感。周月莹同学的《科技促成长,青春筑梦行》一文,由"仰望那片星空"到"拥抱我的天空"到"承载新梦想,扬帆再起航",生动地展现了"梦之源—磨砺梦想—守望梦想"的历程,巧妙地反映了"科技引领我成长"的主题。该文获得遂溪县第一名。

一片丹心育桃李,立德树人写春秋。回顾这五年的写作辅导和育人历程,恍如一日之间,淡如一池清莲。问我何以在这平凡的岗位上始终坚守着这份朴实的初心?我会说:责任与坚守!

用写作育时代新人

□ 梅州市蕉岭县镇平中学教师 李思超

我是梅州市蕉岭县镇平中学的语文教师,也是关工委工作的积极参与者。近5年来,我利用"语文教师"这个重要身份,积极培育时代新人。少年儿童正处于世界观、人生观、价值观形成和确立的关键时期,自觉学习、树立和践行社会主义核心价值观,扣好人生第一粒扣子,形成好思想、好品行、好习惯,对于他们成长为祖国和人民事业发展的接班人有着重要意义。

我经常鼓励学生多读书、好读书、读好书,多写作、好写作、写好作,从博大精深的中华优秀传统文化和革命文化中汲取养分,树立理想、砥砺品格,做社会主义核心价值观的积极践行者,努力实现德智体美劳全面发展,沿着党指引的方向健康成长。

县关工委领导很关心我们这些业余作者。县关工委主任郭定国等领导下乡调研,到我所在的中学了解留守儿童情况时,就鼓励我多写稿子。县关工委副主任李秀玲也经常叮嘱我要多给关工委刊物投稿。

为了消除同学们害怕写作的心理,我在《梅州日报》发表了《怕写作?试试写生活杂记》的文章。我在文章中强调:中学语文教学的主要任务之一,就是培养学生的写作能力。学生觉得作文难,主要有两个原因:一是思想障碍,二是没找到门路。为了克服学生对作文的恐惧心理,诱导学生入门,在初一、初二学年,我把作文改为"生活杂记",收到了不错的效果。

写好生活杂记,首要的是引导学生观察生活,关心身边事、国家事。很多年前,班里的小琴同学从电视上看到一则新闻:广州市一夜之间出现了30多位来自湖北竹溪县的捡垃圾的孩子,记者及时报道并协同广州市委解救"垃圾儿"。这则新闻让小琴深受感动,她便写了一篇文章,我及时帮她修改。后来这篇以"爱心洒满人间"为题的文章,刊登在团省委《生力军》杂志上。

除了鼓励、指导学生写生活杂记,我还坚持将学生写的文章精选后向省市报刊、电台推荐,不少文章被采用,如《小玫瑰的生日》《鸽子》《女孩的梦》《妈妈教我炸芋饼》《好兆头》等。这种方法能激发学生的写作兴趣,起到示范引导作用。有些原来不懂得通过观察生活获取写作素材的同学,阅读刊登的文章后懂了。正如一个同学在写作体会中说:"杂,什么都可以写,再不用挖空心思编了。一开始我不知怎么写,后来看了选登的生活杂记,我恍然大悟:生活多姿多彩,怎么会没有

李思超老师在课堂上指导学生写作

东西可写呢?"而当同学们觉得生活杂记有东西可写时,便算是入门了。

  2019年,我动员学生参加了"传承红色基因,争做时代新人""腾飞新中国辉煌七十年"等主题征文活动,我指导李淑慧同学写的《新时代·新际遇·新使命》荣获广东省少年儿童庆祝中华人民共和国成立70周年征文活动一等奖。为此,蕉岭县关工委特别聘请我为县关工委通讯员。我在教育战线上奋斗了30多年,为了践行社会主义核心价值观、为了培养时代新人,经常废寝忘食,但乐在其中。

家里的"稀客"

□ 佛山市三水区西南街道中心小学教师 **李建仪**

1

蒲公英不吝啬自己的飞絮,因此世界多了轻舞曼妙的浪漫;大树不曾阻挡藤蔓的攀缘,因此多了一层厚厚的铠甲;落红不拒绝泥土的腐蚀,因此成就了枝头花朵的绚烂。总会有人在我们对世界失望时,用彼此之间环环相扣的爱告诉我们,世界依旧灿烂美好;也总会有人在我们惧怕付出时,用无私的关怀告诉我们,人间自有真情在。2021年,在省关工委举办的"用青春拥抱时代"广东省少年儿童践行社会主义核心价值观主题征文活动中,我看到了人世间的真情,感受到了人世间的温暖。

班里的小云同学报名参加了那次征文活动,她拿着文章来办公室请我帮她修改。文章的题目叫"我的妈妈——家里的'稀客'"。

"稀客?妈妈怎么成了家里的稀客?让老师看看。"这个题目让我非常感兴趣。说实话,我也很少看到小云的妈妈,如果不是家长栏里写着她妈妈的基本信息,我还以为她是单亲家庭的孩子。平日里,在她的作文里也很少看到她妈妈的身影。

文中写道:"我的妈妈是家里的'稀客',早上起床起得比我和爸爸早,晚上回家也很少看到妈妈在家里吃晚饭。如果我想见她,就要去她的另一个'家',就是小镇上的卫生院……"

读完整篇文章,我从最开始的好奇到最后面深受感动。整篇文章也许从孩子的笔触看不出有多么让人潸然泪下,但是你能从一个孩子的眼中看到一位爱岗敬业、无私奉献的伟大女性。

小云的妈妈是镇上卫生院的医生。小镇也不大,说是卫生院,其实只是宽敞一点的诊所。一到赶集,诊所里面便挤满了人,他们都是上了年纪的阿公阿婆,经常有个头疼脑热的毛病,自然也是卫生院的常客。这些阿公阿婆都称小云的妈妈作"小唐",言语间是熟稔和亲近,想来是看病看得多了,和医生都比较熟悉了。

小云妈妈除了在卫生院里面坐诊之外,时常还会出诊,背着药箱十里八乡地跑。听小云说,有些年纪太大、家里儿女都外出打工的老人,和一些行动不便的孤寡老人,生病了无法去镇上的卫生院就诊,小云妈妈听说之后,就开始每周去这些老人家里义诊,常常还要自掏腰包给这些老人买药。老人病情严重时,她还会送他们去外面的大医院。

有一次,天下着大雨,小云妈妈下班后便去给村里的黄阿婆送药。黄阿婆家门口是一段泥路，豆粒大的雨点打在泥路上，坑坑洼洼的路上满是水坑，一脚下去，泥水飞溅。地湿路滑，妈妈走得急，不小心摔倒了，而药却被她紧紧地搂在怀里，她说这是中药，被雨打湿了会影响药效。

小云妈妈因为这次摔了一跤而扭伤了腰，小云以为妈妈会好好休养一阵，可是第二天，妈妈贴了几张药贴就去了卫生院，她说："李爷爷和养阿公今天要来医院复诊，我怕他们找不到人。"

小云很早就习惯了妈妈将这些病人放在比她还要重要的位置上，但是习惯归习惯，小云还是不懂自己的妈妈为什么和别人的妈妈不一样。因此，小云笔下的妈妈一直在为病人奔波着，而小云的不理解也让这篇文章少了一分情感。

我突然想到，小云在家长信息栏里面填的妈妈的学历是研究生，按理来说妈妈应该留在省城发展才对。

"小云，你妈妈是哪个学校毕业的呀？"

"省城里的那所中医药大学。"

广州中医药大学是重点大学，在那个年代能够考进这样一所学校，那必然是十里八乡都少有的学霸。我问小云，妈妈为什么不留在省城发展？小云也不知道。

"小云，你的文章写得很不错，但是老师觉得还可以更完美一点。老师想去拜访一下你的妈妈，然后再指导你完善一下文章。"

小云点点头。

2

"姨，余叔的腿怎么样了？"

"好多咯，多亏了你的药。"

"小唐啊，你余叔的腿啥时候能骑车？我现在往这镇上跑一趟还怪不方便的。"

"暂时还不行，要不周末我再去给你们俩复诊一下？你也省得再跑一趟了。"

"哎哟，谢谢小唐啊，可太谢谢你了，姨都不知道要怎么感谢你才好。"

"谢啥，姨，我该做的。以前读书的时候，余叔也经常让我搭顺风车，我能考上大学，也有你们一份功劳。"

还未走进卫生院，玻璃门内就传出小云妈妈和病人的寒暄，她脸上挂着亲切的笑容，对病人关切备至。走进门，小云熟稔地往椅子上一坐，也不开口叫"妈妈"，反而招手让我跟她一起坐了下来，还给我递了一杯水。过了一会儿，最后一位病人离开了。小云的妈妈这才有空招呼我，开口便是抱歉。

"小云妈妈，小云写了一篇文章，写的是您的故事，写得很不错，但是我想还可以再完善一下，所以才冒昧打扰，想问您一些问题。"小云妈妈听到我说小云的故事写的是她，惊讶之余也很开心，因为她知道自己平时对孩子的陪伴太少。

"谢谢老师，谢谢您对小云这么上心。老师，您想问什么就问吧。"

"是这样的，小云笔下的您非常忙碌，对自己的事业非常热爱，我很好奇您为什么会回到家乡工作呢？据我所知，您的学历很高，毕业院校也很好。"

"我读书啊，乡亲们出了大力气，没有他们就没有我今天……"

这是小云笔下不曾出现的故事前传。小云妈妈小时候家里穷，父母离异，母亲病重，自小就非常懂事，是个勤快能干、踏实努力的小女孩，小小年纪不仅把家里打理得井井有条，书还读得很好。考初中、高中时，十里八乡没几个人考上的重点初、高中，就她一人考上了；上初中时，因为家里贫穷，村主任看她可怜，便号召村里人捐钱，就这样，她才得以继续上学。从初中到高中，她的成绩一直名列前茅，但生活清苦，是在家乡各位父老乡亲的帮助下才读到大学的。

"那些叔叔阿姨人都好，看我和我妈没有菜吃，就把各种蔬菜往我们家门口放。家里没钱，再加上我妈也要人照顾，我就没有住学校，每天早上要走路去上学，都是他们……"

那个时候的水泥路还没有修好，晴天尚好，可一旦遇到刮风下雨，路面便泥泞不堪，难以下脚。但她经常会碰到村里的叔叔骑车路过，这些叔叔一看到她就会让她上车，载她一程，进门时听到的余叔便是其中一位。她心里记着这些事，记着这些恩情，也希望有一天能够报答父老乡亲。

"那您为什么会想要学医呢？"

"我选啥专业都不重要，我想的是我要回来，所以我就希望自己的专业能够有些用处。最开始想的是要去读个农学类的专业，后来村里有个长辈病了……"

这个长辈是平日里十分照顾她们的王阿婆。王阿婆得了重病，吃的是进口药，每日都要花很多钱，可是这些药也没能挽救回王阿婆的命，她没撑多久便去世了。

"后来我就想，要不就学医。人总有个头疼脑热的时候，只要他们需要我，一个电话我就随叫随到……"

3

后来，我结合了解到的信息，把小云的文章稍加修改后报了上去。虽然文章最后没有获奖，但我却从中获悉了小云妈妈的感人故事，小云也从那次谈话和征文活动中，更深地明白了妈妈是家里"稀客"的原因。这些，足矣！

征文故事里，小云同学的妈妈是名救死扶伤的医生，是救世者，但在故事的前传里，救世者一开始也不是救世者，只是一棵在人世间艰难挣扎的小草，而村里的乡亲们用爱与关怀浇灌了这棵小草。后来，这棵小草出乎意料地长成了参天大树，成了他们健康的守护神，为他们的喜乐安虞保驾护航——小云妈妈用青春拥抱新时代，谱写了一曲新时代医务工作者忘小家为大家的赞歌。

征文活动丰富了我们的校园生活

□ 茂名市信宜市朱砂镇里五小学教师 **谢燕燕**

我们都说，创作的灵感来自生活。但是，我和我的学生们，却从一次征文活动的主题中获得灵感，进而丰富了我们的校园生活。

2022年春天，广东省关工委组织开展了以"劳动创造幸福"为主题的广东省少年儿童践行社会主义核心价值观主题征文活动。我校师生接到学校通知后，即刻投入征文工作中。一时间，无论是在教师办公室还是在教室里，甚至在廊道和操场上，都能听到师生在讨论关于这次征文活动的写作内容、立意和方法等。

我也不敢怠慢，利用一节班会课组织了一场征文讨论会。在讨论会上，同学们兴致勃勃地各抒己见。有的说，做家务也是劳动，平时在家里负责扫地、洗碗、晾衣服；有的说，应该要多写体现"幸福"的事，像一家人出去旅游，给家人过生日，和老师同学做游戏；也有同学发现了关键，大声说："不对，不对！这个主题应该是要让我们把'劳动'和'幸福'联系在一起，因'劳动'而获得的'幸福'才是真幸福！"

这时，同学们都转头看向了我，我赞许道："没错，因为劳动而收获的幸福才是最真切的。那大家在生活中都有哪些开心的事，是通过自己劳动而获得的呢？"

同学们又都纷纷歪着脑袋，在记忆库中搜索"劳动"和"幸福"这两个关键词。片刻后，有个扎着辫子的女孩小声地说："老师，我把每年的压岁钱存起来，然后给爸爸妈妈买节日礼物，这个算是因劳动而获得的幸福吗？"我还没来得及回答她，一个皮肤黝黑的男孩子反驳说："压岁钱又不是自己劳动挣的钱。"

过了一会儿，班上一个最爱画画的女同学说："那我自己动手做了张贺卡送给老师，算是从劳动中获得幸福吧？""我自己学会了煮面，还煮给了我妹妹吃。""我还学会了包饺子。"……

最后，同学们问我："老师，你觉得哪些适合写？"

我看着同学们期待的眼神，心想：坐在我眼前的是一群在极尽呵护中成长的孩子，他们对于"幸福"的理解大都是家人们制造的，并不是真正自己创造的。于是，我给同学们说起了我的童年。

我小时候生活在一个小山村里，父母在外地谋生，我们兄弟姐妹四人是和外婆一起生活的。外婆是一个慈祥又勤劳的人，她教导孩子也很有方法。虽然她不会教我们课堂上学的知识，但她会在我们做作业的时候，坐在床头看一本蓝色封面的线装书；虽然她能给予我们的物质有限，但她会带着我们一起到菜园里去劳作、去收获。

记得每当我嫌弃菜园里蚊虫多、抱怨干活累、埋怨天气太热的时候，外婆总会笑着对我说："因为你给瓜苗拔草了，所以丝瓜和黄瓜才能在瓜藤上荡秋千；因为你给蔬菜放草木灰了，所以油菜、生菜和蒜苗才能那么绿；因为你给果子抓虫了，茄子才能长胖、番茄才能变红；因为你给田地翻土了，地底下才能结出更多的番薯和花生！"我每每听到外婆这样夸赞我，心里就美滋滋地想：小小的我现在就能做这么多事，以后长大了就更厉害了！

还有更开心的事呢！那就是外婆把菜篮子拿给我，让我负责采摘的时候。我认真地观察、比较哪一棵油菜冒花蕊了，哪条丝瓜比较长，哪个茄子比较胖，哪个番茄比较红……看着被我逐渐装满的篮子，我觉得自己的心也被装满了，被幸福装满了。

当我讲完故事，再看看同学们，发现他们都眨巴着大眼睛看着我，思绪还萦绕在我外婆的菜园里。我心中忽然升起一个疑问：在这些孩子中，有多少是去过农田劳动的呢？

同学们劳作时的场景

我正想着，回过神来的同学们便开始七嘴八舌地讨论"假如我有一片菜园"的话题。在同学们热烈的讨论声中，班长忽然站了起来，兴奋地说："老师，我们也可以有一片属于我们班级的菜园！咱们学校后面有一块挺大的空地……"

最终，在学校的支持下，那块空地成为学校的劳动展示区，被划分成多块区域分发给各个班级进行管理。在分到展示区后，班长首先号召大家给展示区命名，还举行了命名投票活动和挂牌仪式；接着，班长制订了展示区的义务轮值表，当然，并不限制自愿前往帮忙的同学。

在之后的日子里，我们师生利用课余时间，把汗水和欢笑都尽情地挥洒在我们的"幸福菜园"里。我们一起给菜园围栏、除草、清理、播种，一起规划、期盼、等待，也与它一起欣赏学校的日出日落、云卷云舒。我建议同学们把有关"幸福菜园"的点点滴滴，以日记的形式记录下来。本以为这个建议会像写作文那样不受孩子们的欢迎，没想到他们个个都举双手赞成。这一刻，我深切地感受到了实践的力量！当他们拿着日记给我看的时候，我觉得我和孩子们收获了"幸福菜园"里最珍贵的"蔬果"。

回首初衷，仅仅因为一次征文，因为一个主题，因为一次讨论，我和学生们的关系更亲近了，我们的校园生活也更丰富了，而且我们真切地体会到了劳动创造幸福的含义！

榜 样

□ 潮州市实验学校教师　陈友林

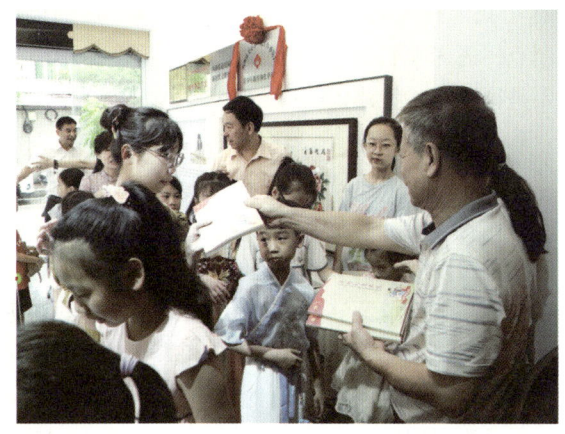

陈建中（右）为参赛小作者发放获奖征文作品集

灯下，我在整理奖状资料时，"用青春拥抱时代"主题征文活动的三张省级奖状映入眼帘，"广东省关心下一代工作委员会""广东省作家协会""广东省教育系统关工委"三个大红印章赫然在目——我所带的501班在2021年的征文活动中一举拿下三个省级奖项，我也得到了省"优秀指导老师"的荣誉。获此殊荣，背后离不开关工委一位"五老"的支持。此刻，记忆再一次被唤起。

2021年4月，学校接到市关工委转发省关工委《关于开展2021年广东省少年儿童践行社会主义核心价值观主题征文活动的通知》，把征文工作具体落实到五年级。作为一名一线语文教师，各类征文活动也接触了不少，我便结合社会主义核心价值观教育，按部就班地宣传、发动和指导学生撰稿参赛。不到一周，我便从全级近百名学生的作文中，挑选了十篇质量较高的文章做成电子文档上交。因为教育教学工作事务繁杂，这件事很快便被我淡忘了。

一天深夜，我的手机突然响起铃声，来电者自报家门："陈老师，我是市关工委陈建中。你们班报送的征文质量不错，我这里有三本资料给你参考，你再把把关，指导学生修改润色。明天就把书给你送到学校，到了给你电话！"

一番感谢之后，我方才想起了这次"用青春拥抱时代"主题征文活动，不由得被这位素未谋面的市关工委副秘书长的热心所触动。

一张古铜色的脸庞，镌刻着岁月的风霜，流淌着生命的热力；一双明亮慈祥的眼睛，读得出是一种热心与执着；一副金边眼镜，一件整洁的衬衣，尽显温文尔雅。这是第二天我在学校第一次见到陈建中时对他的印象。

听说，陈建中从小就好读书，几十年来"活到老，学到老"，读书、看小说一直是他的心头好；听说，他喜欢研究地方文化，一处府第，一句民谚，他都能详细地讲述；听说，他心直口快、文笔朴实，报刊上有时能见到他的真诚表达、直抒胸臆；

还听说，他爱较真……

是的，这种较真，蕴含着某种难能可贵的力量。

用了一个周六上午的时间，我将陈建中送来的书仔细研读，吸收灵感之后又组织参赛学生对文章逐一进行修改。在班级征文中，我的学生对其中两篇的思路进行了调整，全部征文合计增删约2000字。在与参赛学生一遍遍的电话讲解中，在一次次的微信收发修改稿中，在字斟句酌的推敲中，周末的休息时间悄然而逝……

我清楚地记得，陈建中在收到修改后的稿件时神情兴奋，他扶着眼镜边审读边圈点，思考了许久，对我说："这两篇结尾还是略显仓促；这一篇选材好，但主题不是很突出。我建议……"

于是，又经过了一轮修改。

陈建中看后似乎还不满意。他依旧会在我送去的文稿上圈点，每画一次，我都撇一次嘴，心里也隐隐作痛一次。第四次看稿时，他忽然有了新点子："小简同学的这篇《从摆地摊到开网店》将爷爷在新旧时代的售货方式作对比，构思精巧，但结尾的主题升华不够。你联系她，结尾部分写写感悟，这样才能更好地突出中心……"

我不由叹息，他一定不知道基层老师的事务多么繁忙，我真想放弃！可几次话到嘴边，当我的目光撞见他那一丝不苟的眼神，听到他那情真意切的话语时，话又往肚子里吞回去了。

我记得陈建中说，一个小朋友参加征文活动并且得到省级的奖励，不但是小朋友的荣誉，也是学校、老师、家庭、朋友和关工委都为之高兴的事情。参加省关工委举办的主题征文活动，能让小朋友在思想认识和写作水平上得到进步。如果得到奖励，可能会激励小朋友更好成长，影响其一辈子。

就这样，班里的征文前后改了好几天——我这个急性子在这期间被磨得锋芒不见。相反，从陈建中身上，我见识到了"关工人"的满腔热忱与严谨细致，见识到了一个学者追求极致的品质，更体会到了"活到老，学到老"的精神。

最终，报送上去的文章，有两篇分别获得了小学组省级二等奖和三等奖。

当两年前的这一系列回忆与眼前证书上"优秀指导老师"几个大字叠加时，我的心里又感慨万千——

在这个纷繁复杂、五光十色的社会里，陈建中等"关工人"在关心青少年健康成长的一线默默地耕耘着。他们不留名，不为利，却满腔热忱。这种精神难能可贵，功德无量。

很庆幸，我因主题征文活动认识了陈建中，并得其指点，受其启发。作为一名人民教师，我从事的教育教学工作亦是承载着社会的嘱托，托举着未来的希望。我将把这份热心、热爱，以及精益求精的品质传递下去，为下一代的健康成长奉献我的力量。

感恩榜样，学习榜样，成为榜样！

朝着青春梦想的方向

□ 阳江市阳春市八甲镇中心小学教师 江杨任

1

清晨，校园沐浴在金丝般的阳光下，显得格外美丽，空气中弥漫着清新的花香，树叶闪烁着绿色的光芒，花儿轻轻地摇曳着美丽的身姿……此景此情，使我再次想起了那群正值青春、充满朝气、满怀梦想的孩子——他们已经快毕业一年了。我耳畔还时常会响起他们那琅琅的读书声，且声声入耳；我眼前还时常会浮现出他们与青春做伴、以书为友、与书同行的模样。

想起这些曾经朝夕相处的学生，脑海里总会泛起那些令我印象深刻的片段。还记得那天晚自习，我在讲台上认真研读"用青春拥抱时代"2021年广东省少年儿童践行社会主义核心价值观主题征文活动的方案，同学们在安安静静认真地复习着功课。突然，我隐约听到教室里传来低声抽泣的声音。我抬头扫视了一下，没发现有什么异常，就继续手头的工作。

大概半小时后，杨琼的同桌突然举起了右手，有事想要向我报告。我示意她说话，她站了起来对我说："老师，杨琼腿疼得厉害，她好像还在发着高烧。"听到后，我快速来到杨琼身边询问情况，只见杨琼嘴唇打着寒战，双手抱着左腿，表情十分痛苦。

其他同学也纷纷围了过来，想给予力所能及的帮助。因为他们都知道杨琼同学的左腿是呈"7"字形的，无法像他们一样正常行走。我也曾听说她在四五岁的时候发生了一场严重的烫伤事故，差点连命都丢掉了，她整条左腿也因此完全变了形。从小到大，她只能靠右腿和用拐杖挂着那条"7"字形的腿艰难地行走。但她独立、自信，从不向命运低头。

很快，我与杨琼同学的父母取得了联系，得知她的父母都远在深圳打工，只有年过七旬的爷爷在家里照顾着她的生活起居。此时天色已晚，等她爷爷到来后再处理也不是办法。于是，同学们齐心协力，扶着杨琼坐上了我的摩托车，我快速将她送到了最近的医院。当医生撕剪开其左腿裤子的那一刻，我震惊了——那里已经高度糜烂。看着眼前这个强忍着疼痛的小女孩，我无比揪心。最后的消息很糟糕，医生初步判断是皮肤癌，建议到大医院做进一步检查。

一个星期后，杨琼的父亲为杨琼请了长假，要带她到省城去看病。从那以后，每当我看到教室里那空缺的座位时，内心就无比难受。我时常祈求老天爷能把美好给予她,希望她能战胜病魔,健康地回到班级中。

后来,我从杨琼同桌那里得知,那晚她之所以不敢大声哭泣,是因为不想影响到正在为毕业考试而努力的同学们,更不想打扰到专注工作的我。她选择默默忍受,强忍着痛苦和泪水。我听后,对杨琼多了一分欣赏和钦佩,多希望那天晚自习时她能自己大声地喊出来、哭出来,这样也许她就不那么难受了。这个倔强的小女孩,硬生生地用自己的意志力,承受着巨大的痛楚,懂事得让人心疼。

那几天,我正想号召学生们积极参与"用青春拥抱时代"2021年广东省少年儿童践行社会主义核心价值观主题征文活动,我想让同学们从自己身边最熟悉的人、最了解的事物开始,

杨琼同学

寻找那些"恰同学少年,风华正茂"的事迹,同时也想让苦读求知的学子们敞开心扉讲述自己期待拥有怎样的激昂青春,以及对新时代、新征程的独特看法。我也将这个征文活动的具体要求发到了班级微信群,让家长帮助指导孩子们进行写作。

没过多久,杨琼同学给我发来了一条短信:"老师,谢谢您一直以来对我的关心,我现在不需要拐杖也能勉强独立行走了。我看到了您在班群里发的征文信息了,我也想参加这个难得的征文活动,因为写作一直是我所热爱的,我还要继续追逐自己的梦想。"信息下面,还附带着一张她双腿站立的照片。看着她发来的短信和照片,我一阵心酸和难过,我知道挂在她身上的那条"7"字形腿已经被截肢并换成假肢了,但我内心还是替她高兴,因为她的青春生命还能得以继续,她还能努力追寻自己的人生梦想。

2

不久,我在课堂上让同学们畅谈如何"用青春拥抱时代"。这堂课有点特殊,因为此时杨琼同学正以视频的方式参与到我们的课堂中。

郑博同学首先说道:"青春是什么?青,是那偌大的自然界中的一株小草,纵使新生,纵使弱小,也有不屈不挠、顽强拼搏的意志,那是生命的颜色。青春就像春天一样充满生机活力。我们应该为这个时代贡献自己的青春活力。"

"同学们,郑博所说的'青春',让你想起了安徒生的哪篇童话呢?"我顺着郑博的发言,引导他们回忆曾经熟读过的课文。

一位可爱的小女生马上站起来回答:"我想起了《一个豆荚里的五粒豆》这篇

童话故事。它主要讲了五粒小豌豆中的最后一粒,以自己顽强的生命力给生病的小女孩信心和力量,最终让小女孩康复的故事。"

我接着说:"是的,一朵微不足道的豌豆花不单是眼前的美景,更是精神上的鼓舞和激励,它往往能让身处困境中的人产生巨大的力量,从而战胜困难,获得新生。对于我们来说,这是生命带给我们的重要启示。"说完,大家都不约而同地看着视频中的杨琼同学,她也静静地听着,眼睛里闪出亮光,我知道她肯定渴望能早日康复归来。

在交流的过程中,同学们的心扉慢慢打开了。生活中的那些人、那些事继续被他们挖掘了出来。又有一位同学站起来,原来是我们班的"孤勇者"——成绩一般的廖炜。他平时很少说话,这次竟破天荒地说道:"我以后要好好读书,做一名像救治杨琼同学的医生那样出色的医生,将来我也要救很多很多人。"他朴实的发言赢得了同学们的阵阵掌声。

"廖炜的发言很不错!在时代的风浪和挑战面前,青春须作为、有为,青少年应担起国家富强、民族复兴的重担,奋勇拼搏,共筑美好社会。"我结合生活实际,一一举例来引导他们加强对青春未来的深刻认识。

在其他同学都发表自己的看法后,杨琼的同桌才站起来说道:"我们的青春里应该拥有像杨琼那样的勇敢、坚强的修养,这样才能更好地拥抱这个时代。"我顺着她的观点,指出了社会主义核心价值观中的"文明",就是这种教养的体现。

最后,我们的目光都投向杨琼同学,只见她微笑着说:"特别感谢我们的国家,让我们生活在这个和平时代,我们的健康有了保障,我们的生活有了保障,我相信我们的未来也一定会有保障。我以后要更加努力地克服各种困难,将来成为一名辛勤的园丁,努力为时代的花朵带来更多成长的快乐。"说完后,大家报以热烈的掌声。

"是呀!我们的岁月静好,是因为有人在替我们负重前行,我们生于中国,五星红旗是我们的信仰,我们要用有限的生命,为社会创造更大的价值。"我概括道。

我们在这节课里畅谈了很多关于青春与时代的话题,同学们对青春有了更深入的理解。在接下来的时间里,他们马不停蹄地围绕"用青春拥抱时代"的主题,开始撰写文稿。

3

没过多久,同学们纷纷向我提交了稿件,杨琼则把她所写的文章拍照发给了我。当我看到她的文章标题——"系紧我的鞋带"时,我的内心被触动了。她虽然是个残疾女生,但意志坚定。在校园里,我经常看到她自己一个人跳着去饭堂打饭,自己一个人跳着上楼梯,自己一个人跳着去提水……她在学校里的很多事情都是独立完成的。在青春的跑道上追逐梦想,每个人都可能会面对这样那样的坎坷,我想,杨琼同学遇到的各种困难绝对会比别人多。"系紧"一词,就已经表达出她在困难面前毫无畏惧的精神,哪怕面对风风雨雨,都要勇往直前、追逐梦想,不被时代所抛弃。

她在文章中说道:"我的左腿是高位截肢的。当第一次穿上假肢的时候,我发现假肢特别重,根本提不起来,穿着那笨重又不属于自己的'脚',

班上部分同学合影

我开始变得焦躁不安,开始抱怨命运的不公,也开始产生厌学的念头。但在爷爷和妈妈的开导和鼓励下,之前绝不畏惧困难的青春誓言再次激励了我。我开始克服困难,每天坚持进行假肢训练,一直幻想着将来也可以和正常人一样行走。相信不久之后,我又可以回到美丽的学校了。"我们知道她内心非常渴望能像其他同学一样,可以上喜欢的体育课,能打羽毛球、能跑步……她那不完整的双腿束缚了她太多太多,然而在属于她自己的青春跑道上,她从未放弃过奔跑。

文章最后,她写道:"我的青春,事情多多,一件件说是说不完的,被很多老师说过我活泼开朗、乐观,有着顽强的意志,就像一头狮子,勇敢地面对挑战,不畏惧生活中带来的种种困难。自己只有不断地努力学习,才能改变现在的人生。将来,我一定可以实现成为一名老师的梦想。在青春的征途上,不管前面是深不可测的渊池还是平静的湖面,不管前方的道路是坎坷还是平坦,我都要系紧我的鞋带,勇往直前、绝不畏惧。"虽然文章中某些段落在表达上还不是很通顺,但她行文之间流露着真情实感,体现了"感人心者,莫先乎情"的道理。

工作之余,我会对投稿详细地批改,并和同学们交流分析文章中的优点和不足之处。从这些投稿中,我发现同学们对"青春与时代"这个主题有很独特的见解,在表达过程中能紧扣主题,这就是我们在写作之前对"用青春拥抱时代"进行了深入讨论的结果吧!我也常常勉励他们:谁也不是一开始就能写好文章的,需要长期不断用心地练习、思考,不断地汲取文化素养来提高自己的写作水平。

如今,这群孩子已经毕业了,每当想起和他们曾经走过的那些时光,我就感慨万千。他们曾在青春的跑道上以书为友、与书同行、与写作相伴,希望他们能把这种热爱,带到往后的学习和生活中,学会用笔记录人生每一个精彩的片段。不管人生道路是坎坷还是平坦,我都希望他们能朝着青春梦想的方向,一路前行。

点亮生命灯火

□ 东莞市南城中心小学教师　贺玉玲

2020年教师节，我收到了一份特别的礼物，它是一篇作文，出自一个身患重病的男孩之手。当时他的右手扎着输液港，用不了力，却依然用心地一笔一画写下了这篇作文，并作为教师节礼物送给我。这个男孩名叫李思奇。

看着里面一句句充满感情的话语，我不禁想起刚开始接触思奇时的情景……

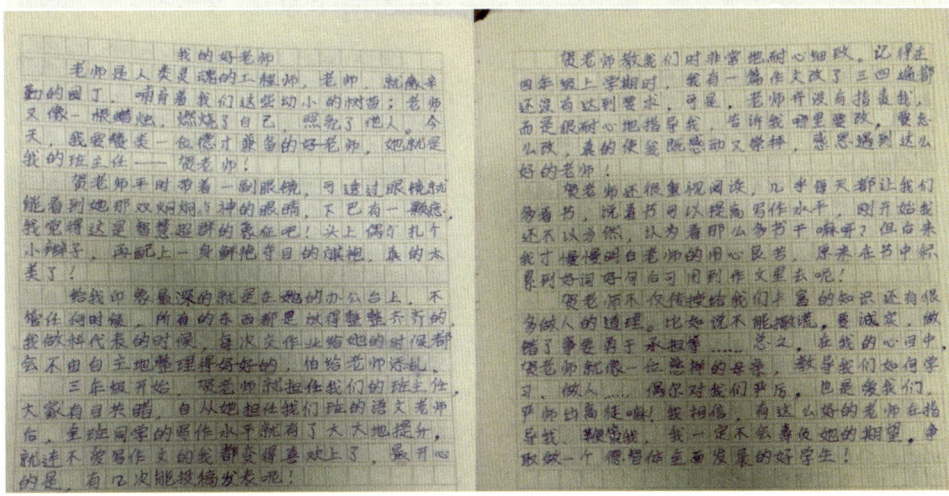

思奇同学的祝福语和手写作文

筹集费用渡难关

2018年秋，我接手了思奇所在的班级。那时他读三年级，是个沉稳又可爱的小男孩。他彬彬有礼，又喜欢阅读，我选他做语文科代表，帮我收发作业，领着同学们课前读书。他尽心尽力地完成我交给他的任务，每天开开心心地上学，放学就和班上的一群男孩子在操场上打篮球，常常玩到汗流浃背才回家。

可惜好景不长，四年级时的端午假期，思奇在医院检查发现，他的白血病复发了，必须进行骨髓移植才有治愈的可能。我也是这个时候才从思奇爷爷口中了解到他们家的境况：思奇的父母皆是残疾人，思奇三岁时检查出患有白血病，经过治疗后康复了，但家里因此欠下了不少医药费，他的妈妈不堪重负离开了家。生活无法自理的爸爸在老家同思奇的祖爷爷、祖奶奶生活，思奇长年跟爷爷奶奶生活在东莞，靠爷爷打零工养活整个家。这样的家庭本来生活就已经无比艰辛了，思奇复发白血病无疑是雪上加霜。治疗吧，之前欠下的债都还没还清，60多万元的治疗费从哪里来？不治吧，谁能忍心看着一个年仅11岁的生命消逝在眼前？万般无奈之下，思奇爷爷找到了我，流着泪问我能不能帮孩子想想办法。我无比震惊于思奇的成长经历，对他是满满的心疼。可怎么帮助他呢？我想到了募捐、向妇联求助、申请大病补助……滴水成河，总能帮孩子渡过难关吧？于是，我在暑假里写好了募捐倡议书，八月份在班级发起了募捐，九月份一开学就把思奇的情况向校长和少先队大队辅导员做了汇报，请求向全校师生发起募捐。同时，我建议思奇爷爷用水滴筹平台向全社会募集治疗费，再回老家把思奇的医保转过来，争取让医疗费的报销比例高一点……

思奇白血病复发的事经学校宣传后，受到了社会各界的广泛关注，仅仅几天时间，就筹集到了60余万元善款，解了这个家庭的燃眉之急，让思奇一家看到了生的希望。

用心写作斗病魔

思奇的治疗之路并不顺畅。各种各样的化疗将这个曾经阳光帅气的男孩折磨得不成人样。好多次，他因忍受不了治疗的痛苦，有了放弃的念头。思奇爷爷打电话给我，说思奇最喜欢我，问我能不能多跟思奇交流沟通，鼓励他战胜病魔，勇敢地活下去。我二话不说答应了。

怎样帮思奇树立起治疗的信心？如何帮助他勇敢地战胜病魔？冥思苦想之下，我灵光乍现：我可以给思奇身体上的痛苦找一个宣泄口呀。写作就是以我手写我心的最佳方式！正好我这两年带着班上的学生学习写作，向媒体投稿，让不少同学找到了学习语文的乐趣和信心。不如就给他一些学习和写作的任务，让他在枯燥又痛苦的治疗中多一些沟通的乐趣，感受到被需要、被重视的快乐吧。

我在班上为思奇成立了一个帮扶小组，组员是班上各科成绩拔尖的同学，也是思奇玩得好的朋友，他们分别承担了给思奇辅导语文、数学、英语三科作业的任务，帮助思奇在医院紧跟班上的学习进度进行学习。我又准备了两本漂流日记本，全班同学每天轮流给思奇写信，将班上发生的点点滴滴写进日记里，我每天拍照发给思奇。思奇看到后很开心，他知道每个同学都在牵挂着他，时不时写封回信拍照发给我，让我在班上念给同学们听。我还把看到的报刊的征稿启事发给思奇，通过语音留言、视频通话等方式告诉他写作的思路，给他一些选材的建议，让他完成草稿后发给我。这样一来，思奇便忙碌起来了，不再成天沉浸在病魔对他的折磨中。他开始利用网

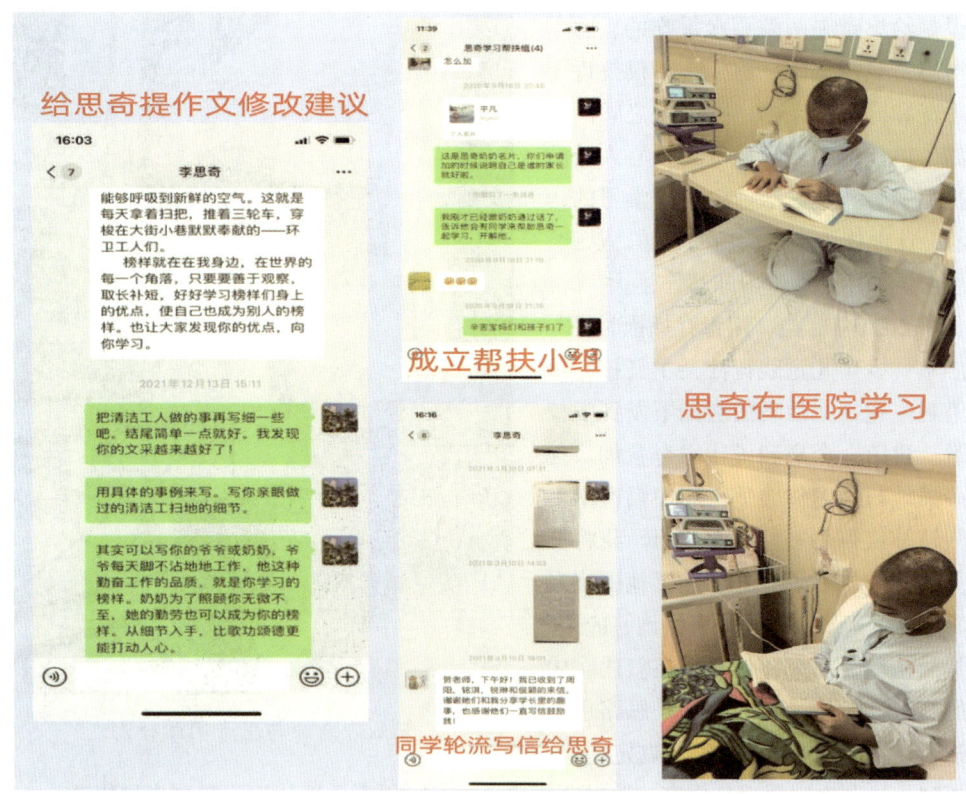

帮扶思奇学习的点滴

络学习同年级课程，每天同步完成学校布置的家庭作业，努力地写往媒体投稿的文章。

说实话，思奇算不上在写作方面特别有灵性的孩子，加上不是面对面授课，每次的作文他写了又写，改了又改，仍然达不到可发表的水平。但他毫不气馁，一直按照我的修改建议不停地修改、再修改。他的坚持、勤奋好学令我感动，我不厌其烦地指导他，教他把生病的经历和对生活的感悟写进文章中去。在不断地练笔中，思奇的写作水平提升很快。写作，就像一束光，照进了思奇的心灵世界，让他在医院的生活变得无比充实。思奇爷爷说，思奇再也没有提过要放弃治疗的事了。

勤奋耕耘结硕果

在医院治疗的近一年时间里，思奇成了医生、护士眼中最勤奋好学的孩子。有时右手打着输液港，他就用左手完成作业。手握不住笔时，他就用语音输入转文字，转成一篇篇文章发给我看。一年下来，他写了几十篇文章，在报纸、杂志发表作文近二十篇，成为我们班乃至全校的"高产小作家"。有一次，一位上海的学生家长从思奇发表的作文里知道了他在病中坚持学习的事，通过编辑部转来了200元钱，说是给思奇在医院买水果吃的,感动得思奇热泪盈眶。写作,不仅拉近了思奇和同学、老师、陌生人之间的距离,也让他收获了稿费和爱心人士的祝福、善意,更帮他树立了学习的信心,让他体验到了成功的快乐。从此,思奇更加用心地学习和写作了。

2021年,当"用青春拥抱时代"广东省少年儿童践行社会主义核心价值观主题征文活动的通知下发到学校时,我第一个想到了让思奇参加。他顽强地与病魔作斗争,病中勤奋学习的精神值得每一位同学学习。我将征文的要求告诉了思奇,建议他围绕自身成长的经历来写,他爽快地答应了。然而初稿写出来,他只是在叙述病中的想法和做法,缺乏条理,思路也不清晰。我建议他紧扣征文主题定题目,

贺玉玲老师与思奇同学合影

再列小标题确定每部分内容,选材还要避免重复。思奇重新构思,我再指导修改……一直改到第六稿,文章才成形,题目确定为"我用自强拥抱青春"。功夫不负有心人,比赛结果出来,思奇的作文荣获小学组省级一等奖。

后来,思奇凭借发表和获奖的文章,获得了"最美南粤少年"、广东省"优秀少先队员"、广东省"新时代好少年"等荣誉称号,他的坚强和勤奋,终于结出了累累硕果。

人民教育家于漪在《点亮生命灯火》中说:"人有了理想信念,就有了精神支柱,心灵就能辉煌起来。"思奇,这个曾经在死亡线上苦苦挣扎的男孩,被我用写作之光照亮着,用同学情、师生谊温暖着,渐渐走出了心灵的阴霾,勇敢地战胜了病魔,重新回到了校园!他说,他长大了想做一名消防员,为人民服务。相信这个坚强的男孩,会踏踏实实地走好人生的每一步,最终实现他的理想。

一次独特的"开桂"之旅

□ 肇庆中学八 3A 班　莫凯茵

如果你热爱读书，走过充满书香的历史长廊，你或许会不禁驻足在古代文人墨客的作品前，惊叹唐诗的磅礴气势，称赞宋词的真挚深远……沉浸在文学的世界里，就像是在听作者向我娓娓道来他们的故事。这也让我越发喜欢从笔尖流淌出来的文字中，体会作者的内心，倾听他们的感受，欣赏他们所描绘的美景。在一次次与文人墨客的邂逅中，我喜欢上了写作，学会了在一篇篇作品中传递我的情感，还学会了在写作中感受平时不曾注意到的生活细节，不断获得新的理解与感悟，用笔尖给他人和自己传递温暖与力量。

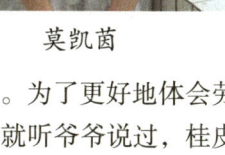

莫凯茵

2022年，我参加了广东省少年儿童践行社会主义核心价值观主题征文活动，主题是"劳动创造幸福"。为了更好地体会劳动带来的幸福，我回到了乡下，跟爷爷奶奶学习开桂皮。我早就听爷爷说过，桂皮的作用多多，它不仅是做菜调味的香料，还是一味药材，有温脾胃、暖肝肾、祛寒止痛的功效呢！所以，开桂皮卖钱，是家里的一项重要的收入来源。

走在爷爷奶奶屋前，看见一排排桂皮整齐地排列在那堵低矮的小墙边上，地上还堆着三小堆桂碎，散发出阵阵独特的清香，沁人心脾。我与桂皮也就在这天正式相遇了。

吃完饭后，爷爷奶奶拿着专门的工具，并将一个牛角做的圆尖圆尖的小铲子给了我。来到屋后，几棵肉桂树挺立着。爷爷蹲下身子，用一把特制的刀，熟练地在离地面大约5厘米的位置把肉桂树划了一圈。接着，爷爷在树上量了一下，继续在高处用刀划了一圈，然后潇洒地用刀由上至下地在两个圆圈间划了两道中线。爷爷拿过我手中用牛角制成的小铲子，将刚才划的中线一点点撬起，再用它光滑的背面将树皮撑开，不断把树皮与树干分离开来。爷爷示范完后，我跃跃欲试，开始在爷爷的指导下分割桂皮，可是在撬起树皮边缘这一步，就难倒我了。好吧，一只手撬不开，两只手力气总够了吧？结果还是不行，可刚才爷爷做起来明明很轻松啊！我心里很不服气，爷爷见状，就用刀帮我分离了一小部分，我得以继续撬下去。"耶！终于成功开了我的第一块桂皮！"我得意地向妈妈炫耀，我开的桂皮是多么整齐啊！

弟弟早已按捺不住，跃跃欲试了。我们看着他不断用蛮力将树皮撬成一小块一小块的，不禁哈哈大笑起来，小家伙确实很卖力，甚至咬紧了牙关。我回想起爷爷刚才轻松熟练的样子，又看看地上爷爷开得完美无缺的桂皮，不禁感叹爷爷真不愧是开了几十年桂皮的熟手啊。那他在第一次开桂皮时，会不会也像我一样生涩呢？

爷爷奶奶又砍了两棵肉桂回去，让弟弟敲桂碎，我开桂皮。我耐心地将一块又一块的桂皮剥离开来，终于有了一小堆的"丰硕成果"。

看到屋子里放着满满当当的爷爷奶奶在这一年开的桂皮，我问爷爷："爷爷，开这么多桂皮不累吗？"爷爷笑着说："没什么累的，

莫凯茵和弟弟在整理开好的桂皮

看到这满屋子的成果，就一点儿也不觉得累了。""而且能一边闻着浓浓的桂香，一边享受劳动的过程，心中也不由得会浮现出一个个独特的画面呢。"奶奶一边倒水一边说，"这画面有时是把开好的一箱桂皮送给你们，你们开开心心地拿回去做菜；有时是我卖了桂皮之后赚了钱，给我的乖孙发大红包，你们兴奋地说着要常常来看爷爷和奶奶……"看着爷爷奶奶花白的头发和有些许驼了的背，我的眼睛湿润了。我连忙眨巴几下眼睛，说："奶奶，我们一定会常回来看你们的，我还老想着去逛超市，买好多健康又好吃的东西给你们呢。"奶奶摸了摸我的头，笑着说："好！"

很快，两棵肉桂都开完了，但我丝毫不觉得累。虽然我的手被肉桂的汁液弄得黄澄澄的，但我并不嫌弃。爷爷奶奶说，这是最好的劳动勋章。看着自己的双手和劳动成果，一股自豪、幸福的感觉涌上心头，此时，我好像明白了爷爷奶奶在乡下开桂皮时心中涌现的那些幸福。

这次劳动给我留下了深刻的回忆，让我体会到了劳动带来的幸福和爷爷奶奶对我的亲情。我拿起笔，述说着我的感情与劳动故事，伴随着乡情、亲情和劳动带来的自豪与幸福。

再后来，我将这次开桂皮的经历写成文章，参加了"劳动创造幸福"2022年广东省少年儿童践行社会主义核心价值观主题征文活动。虽然最后没能获奖，但因为这次征文活动，我不仅学会了一项新的劳动技能，还真正地喜欢上了劳动，并从中获得了感悟：多珍惜与家人在一起劳动的时光，这些时光正因为与家人在一起而更显难忘。

通过劳动收获的幸福，是一份独一无二的美好。在未来的日子里，我会继续热爱劳动，体会劳动精神，在一点点的进步中自我成长，用自己的双手，创造一个美好的明天。

指导老师：温玉芳

阅稿札记

□ 阳江市江城区白沙中心小学教师　麦晓珠

  2023年6月末,阳东区作协副主席梁宗强先生给我打来电话,说区里有个征文评审任务,问我是否愿意参与。作为作协的一分子,我认为自己接受这个任务义不容辞,于是一口答应下来。拿到文稿后,我们就开启了为期一周的评稿之旅。这是省关工委组织的2023年广东省少年儿童践行社会主义核心价值观主题征文活动,我负责审阅阳东区小学组稿件,要从中初评筛选出40篇佳作。阅稿之际生发了一些感想,以此记之。

  让我难忘的是,有天中午,区关工委负责对接征文项目的冯定兴主任给我打来了电话,大致内容是每个评委的眼光不一样,要我严格审稿,不徇私情,不错过好稿,把质量优的稿件排在前面,选好稿送到省里参赛。我知道这是他细心而善意的提醒。这从侧面体现了区关工委十分重视这次征文任务,不但认真组织发动各学校积极参与,而且对评审是有要求的,也体现了冯定兴主任的公正态度和敬业精神。

  在一众中规中矩的文稿中发现亮眼的文章时,不亚于发现新大陆,可想而知作为评委,我的心情是多么雀跃。有位四年级的小朋友交上一篇题目为"雷达预测天气 科技改变生活"的文章,我看着题目挺大气,便迫不及待看行文,发现这篇文章行文清新,富有童真童趣。文章记叙了作者被作为天气雷达专家的爸爸带着去广东省科普教育基地研学的经历,介绍了一些雷达预测天气的方法,还总结了一首口诀:"绿黄红粉紫,雨量逐渐增;回波往哪儿移,雨就下到哪儿。"文章结构紧凑,衔接自然,结尾道出科技强国的重要性,是一篇符合社会主义核心价值观、紧扣征文主题的佳作,给我留下了深刻印象。

  另一篇六年级小朋友的《我的科技筑梦师》写的是作者自己的爸爸,他是一名核电站的科研工作者,热爱工作,用实际行动守护着城市的光明。他经常滔滔不绝、眉飞色舞地给"我"讲起核电站的趣事,给"我"科普核电知识;爸爸早出晚归,经常通宵加班,大部分时间都住在单位里,不常回家,常常是"我们"去爸爸的单位与爸爸相聚。难得爸爸回家一次,三更半夜却来了一个电话,说核电站出现异常情况,爸爸毫不犹豫地匆匆离家返回核电站去做抢救措施。小作者感慨道:"正是有无数像爸爸这样爱国敬业的人,才有了这座城市的街灯繁华和万家灯火璀璨。"爸爸对待工作的认真负责也在潜移默化中影响着作者,并成为作者的筑梦师,让小作者也想去做一个像爸爸一样发光的人。这篇文章语言流畅,以情动人,富有宣传

麦晓珠老师在审阅征文

教育意义。

再看《科技春风"绿"漠阳》，文章讲述了作者的妈妈在"五一"假期的一天早上，带作者去了一个"有风的地方"——海陵岛天麓山，作者被矗立在崇山峻岭之上的一个个大风车给吸引了，随后文章讲到"风"作为一种绿色清洁新能源的作用，作者妈妈向作者科普了风力发电知识。我十分感慨，我们的下一代有着自己独立思考的能力，科技强国不是梦，我们有理由相信"长江后浪推前浪"，年轻一代在党的正确指引下，必会成为国之栋梁，成为科技文明的传承者与创新者。

还有一篇是来自二年级小朋友吴灿灿的《借来一片点火的阳光》，行文清新自然，感情真挚，童真童趣洋溢于字里行间。小作者写来到外婆家，外婆让她去煮花生，她来到灶前点火，怎么都点不着。妈妈看到后，建议她去把外公的老花眼镜拿过来做一个实验，换一种方式点火。于是便有了接下来的火柴借助老花眼镜在阳光下点着火的故事。文章层层推进，妙趣横生，科技的趣味与童心童趣跃然纸上，让人过目不忘。从中还让读者看到了小小少年的成长需要大人智慧的指引。生活中处处都可能是教育的契机，当孩子遇到问题时保护他们的好奇心，设身处地站在孩子的角度与他们一起去探索问题、解决问题，并及时启发他们思考，也许就可以在无意中培养出一个对世界充满好奇心与想象力的科技"神童"。

一次征文，背后凝聚着多方的心血和共同努力：上至省关工委、省作协等组织单位，中间至各市区关工委、作协等各层落实单位，下到学校、老师和家长的支持配合，层层把关，严格筛选，优胜劣汰。而每一次征文对于同学们来说，都是一次绝佳的练笔机会，用心的同学也许还能为自己争取多一份荣誉，何乐而不为呢？

"没有一朵花，一开始就是花。"只有用心才能写出好文，它们或让人感动，或给人启发，或有亮点创新，但能打动读者的文章一定是真诚的。

03 旭日初升

　　青春之光，筑梦翱翔。在五年主题征文活动的舞台上，众多璀璨新星登台亮相：一位藏族少女，在红色家风中汲取爱国力量；一位患有多巴反应性肌张力障碍的男孩，从小渴望成为"中国霍金"；一位拥有国家专利的小发明家，胸怀报国之志，用智慧和创新为梦想插上翅膀……他们都是在南粤大地上绽放风采的少年英才，他们围绕践行社会主义核心价值观的主题，用文字传递青春的正能量。他们的身后，有和睦温暖的照耀，有血浓于水的守望，有春风化雨的教诲；他们的成长，迸发无限的青春活力，绽放绚丽的生命之花；他们的笔下，流淌出清澈的童心、激昂的青春、时代的强音。

　　《少男少女》杂志社编辑队伍深入校园、潜心采写，力求为青少年树立"看得见、摸得着"的身边榜样，最终呈现22位参与征文活动学生背后的"高燃"成长故事。这些青少年值得被看见，值得被学习，他们用自己的努力和奋斗，彰显南粤少年朝气蓬勃的精神风貌，如旭日初升，其道大光。

肖铭涛：18岁才会走路的他，想当中国霍金

□ 钟灿辉

在广东省佛山市顺德区乐从镇，有一个操着湖北口音的少年叫肖铭涛。他的心智与常人无异，爱动脑筋，爱看小说、动漫，但患有罕见的基因病，直到18岁才能独立行走。好在他是个乐天派，有着"00后"独有的倔强，不管遇到多少挫折，他都毫不气馁，摔倒了，就再爬起来，继续跌跌撞撞地往前走。

奇迹：走路改期的"怪胎"

2000年，肖铭涛出生在湖北省麻城市。那年，他跟普通婴儿一样可爱，对人间充满好奇。可直至一岁半，肖铭涛仍不会走路，脖子像没骨头似的，软趴趴的，使不上劲，怎么也抬不起头来，还止不住地流口水。一家人心急如焚，当即将肖铭涛送往武汉儿童医院诊治。经过一番检查，医生遗憾地告诉他们，肖铭涛患了脑性瘫痪。

得知此事，一家人的心沉到了谷底，但没人愿意放弃。他们日复一日地带肖铭涛去医院扎针、做康复，平时也多方打听，寻医问药。后来，妈妈在电视上看到了山西省脑瘫康复医院的广告，"听说这间医院治好了好多孩子"，抱着试一试的心态，她又带着肖铭涛北上求医。可惜经过一番折腾，肖铭涛的病情并没有好转。

妈妈的操劳，肖铭涛看在眼里，疼在心里。三岁那年，小小的他趴在妈妈背上，笑着哄她："哪吒是他妈妈肚子里怀了三年才生的怪胎，我也是妈妈生的怪胎，要十年才能走路呢！你再背我几年，十岁我就能走路了。"

听他说得有板有眼的，妈妈打心里高兴："或许，这是真的呢？"

五岁那年，肖铭涛被妈妈带到佛山生活。"表姐表弟在佛山，听说这边对残疾孩子的社会保障好一点。"妈妈始终没有放弃对肖铭涛的治疗，她在乐从镇找了份补习班的工作，白天陪肖铭涛看病，晚上打工。他们先后又去了佛山市第一人民医院、佛山市妇幼保健院、佛山市新希望康复门诊部等多家医院，每天上午光是替肖铭涛做康复就要花费一百多块钱。

可到了肖铭涛十岁生日那天，他还是不会走路。妈妈顿时有种希望破灭的感觉，她鼻子发酸，红着眼，看向日渐长高的儿子，陷入了沉思：背不动了，真背不动了。

母子连心，肖铭涛怎会不理解妈妈的心思？一天上午，他坐在轮椅上，攥着拳头，一本正经地对妈妈说："昨晚观音菩萨托梦给我了，说我走路的日期改了，要十五岁才能走，你还要再耐心等几年，再辛苦几年。"

肖铭涛和妈妈　　　　　　肖铭涛在练习拼音打字

他不仅对妈妈这样说，还对奶奶这样说，对外公这样说……他怕大家嫌弃他、抛弃他，说得像真的一样，大家都被他镇住了。

谁能想到，这句话竟出自一个十岁孩童之口？他看上去那么弱不禁风，说这句话时，双眼却炯炯有神，充满力量。"都熬十年了，也不在乎再熬多几年了。"妈妈说。

直到18岁那年，肖铭涛才遇到自己的贵人——中山大学附属第一医院的李洵桦教授。她提出了不一样的观点，否认了此前脑瘫的诊断。后来，经过基因检测，肖铭涛被确诊患有多巴反应性肌张力障碍（一种基因病，常见于儿童期，较为罕见，患者下肢肌张力不全、关节僵直、马蹄足内翻，常被误诊为脑性瘫痪或遗传性痉挛性截瘫）。

李教授妙手回春，开了多巴胺类药物给肖铭涛吃。第二天，他就不流口水了，没几天就慢慢有了力气，能站起来了，这感觉相当奇妙。之后，他为了配合药物治疗，将沙包绑在腿上，练倒着走、练蹲起、练篮球、练弹跳，以此来锻炼身体。

现在，肖铭涛已经可以自己坐公交车出门了，这简直就是奇迹。他自豪地对妈妈说："你看，我说我会走路吧，你们以前还不信，哈哈！说中了！"

喜报：荣获省奖的"财迷"

肖铭涛从小就想去上学。很多次，他独自一人坐在轮椅上，眼巴巴地看着同龄人穿着校服，背着书包，结伴同行，有说有笑地走在返校的路上，他心里就仿佛被人狠狠地剜了一刀，异常疼痛。"我真亏啊！真想重来一次！"可无论抱怨多少回，也没有哪间中小学愿意接纳他。学校有学校的难处，肖铭涛也有自己的渴望。

妈妈是个爱学习、爱看书的人，她希望肖铭涛用知识武装头脑，养成终身学习

肖铭涛在写作业

肖铭涛（右）在练拳

的习惯。不能到学校就读，那就先在家学；没老师教，那还有妈妈。

到了肖铭涛六七岁的时候，妈妈去书店买了小学语文的相关教材，督促肖铭涛每天阅读、练习，学完一年级再学二年级，学完二年级再学三年级……

刚开始，肖铭涛还没有力气抓笔写字。妈妈为了锻炼他的指力，让他用筷子去夹花生米，每天夹100颗，等熟练了，再换成更小的黄豆、绿豆。半年下来，肖铭涛虽然还是不能写字，但学会了用筷子吃饭。

后来，肖铭涛会走路了，全身也有了力气，能抓笔写字了，妈妈便让他练习看图写话。"先让他看图构思，把故事讲给我们听，最后再写出来。"现在，他已经学到四年级了，大概掌握了两千个汉字。

有时，肖铭涛也会倦怠，他不解地问妈妈："写这些有什么用？"

妈妈眉眼弯弯，笑着哄他："能赚钱呀。"

肖铭涛是个"财迷"，想都没想便信了。毕竟，他小时候想要的奥特曼、陀螺、枪等玩具都好贵。他想买，但家里没钱。

2019年3月，佛山市启聪学校发布了招生简章。刚学会走路半年左右的肖铭涛跃跃欲试，报名参加了考试，可惜没被录取，还差点在跑步考试中摔了一跤。"那时，我才刚学会走路，还不会跑。"2020年，不服输的肖铭涛再次参加考试。这次学校只招30个学生，可来参加考试的就有60多人。他既兴奋，又紧张，全力以赴迎接挑战。当时，他还怕自己没书读，谁知在6月，他竟收到了学校的录取通知书。"这是我第一次上学读书，我好激动！"肖铭涛说。

在学校，老师们将肖铭涛照顾得很好，传授了他炒菜煮饭、洗碗洗衣服、搞卫生等生活技能，他变得更加自信自强。妈妈晚上外出打工，不在家，他就自己热饭热菜，吃完就读课文练字，洗完澡还会自己洗衣服，妈妈看在眼里，很感动。

中职一年级上学期，肖铭涛在家教老师的帮助下，用半年的时间学会了拼音打字，开始用电脑写文章。在他们班，会拼音打字的只有他一个。下学期的周末，他则去了妈妈的朋友小实阿姨的店里干活，赚取报酬。"一天有时是10元，有时是20元，有时是50元。"虽然不多，但对肖铭涛来说，这已是"巨款"。他有个小心愿，就是等攒够了100元，请妈妈去吃自助餐，最后再神气地买单，相当威风。那一学期，肖铭涛过得非常充实、快乐。

2022年3月，以"劳动创造幸福"为主题的广东省少年儿童践行社会主义核心价值观主题征文活动正式启动。班主任高老师见肖铭涛平时作文写得好，便鼓励他参加。肖铭涛对此也很感兴趣，构思一段时间后，于5月开始动笔。他每天在电脑上敲100~300个字，耗时一个星期，完成了《劳动使我快乐》这篇佳作，写的正是他之前在小实阿姨店里打工的那段经历。没想到，这篇文章最后竟获得了高中组省级二等奖。"感谢广东省关工委、广东省作家协会、广东省教育系统关工委、《秋光》杂志社以及《少男少女》杂志社给了我这次机会，更要感谢妈妈、小实阿姨、高老师，是你们给了我信心和鼓励。"肖铭涛说。

咏春：修炼拳术的"霍金"

由于身体不好，学路多舛，肖铭涛非常珍惜学习的机会，平时学习特别刻苦。中职三年，他每年都拿奖，获得过"学习积极分子""三好学生""进步之星""学习之星"等荣誉称号。18岁之前，他连幼儿园都没上过。现在有机会读书，自然要抓住机会，充分利用好时间。

每次谈到自己的不幸遭遇，肖铭涛就会联想到远在英国的著名物理学家、宇宙学家、数学家史蒂芬·霍金。这个坐在轮椅上的英国人，凭借着坚韧不拔的意志，创作出了《时间简史》《果壳中的宇宙》《大设计》等经典著作。肖铭涛对霍金既同情又崇拜。他希望自己能追随史蒂芬·霍金的脚步，继续创造出更大的成就。

为了强身健体，每周六、日上午，他都会去位于乐从的一家咏春武馆学习咏春拳。由于长期坐轮椅，肖铭涛腿部肌肉有点萎缩，梁教练叫他先拉拉筋。这个过程很痛苦，但肖铭涛还是咬咬牙，坚持了下来。筋拉开后，他从最基础的马步开始练起。练完马步就练拳术。肖铭涛学得很用心，一套日字冲拳打得有模有样，木人桩打得啪啪作响。如今，肖铭涛已经学习咏春拳半年多了。他感觉自己变强了不少，走路更自信了，梁教练也夸他进步很大。

谈到中职毕业之后的打算。肖铭涛表示，要继续读书，希望有朝一日能考上大学。"我已经算幸运的了，18岁以后能走路了，能四处逛逛，看看大好河山，有些曾经跟我在一起做康复的朋友，他们至今还没有摆脱轮椅，天天待在家里。"未来，肖铭涛想当一名特殊教育老师。他心里有火，眼里有光。对待命运，他重拳出击。

阿卜杜萨拉木·乌热依木：
南疆少年的精彩岭南行

□ 黄嘉晖

新疆维吾尔自治区喀什地区英吉沙县，地处新疆维吾尔自治区西南部、昆仑山北麓，这里历史悠久，旅游资源丰富，是古代陆上丝绸之路的重要驿站之一，也是著名的"中国达瓦孜之乡"和"中国小刀之乡"。在拥有悠久历史的南疆传统文化的浸润下，英吉沙人民乐观豁达、热情好客。本文的主人公阿卜杜萨拉木·乌热依木（以下简称"萨拉木"），正是在这座南疆小城土生土长的少年。

萨拉木在北京师范大学（珠海）附属高级中学

从英吉沙出发，跨越5000公里来到广东珠海求学，最后成功圆梦武汉大学，这名南疆少年，凭借着坚定的信念与脚踏实地的态度，逐步迈向精彩的人生旅程。

从边疆大漠到南海之滨

萨拉木优秀的口语表达能力，在小学时就初有展现。从学校讲解员到各种诵读表演，都能看到他活跃的身影。他像只小百灵鸟，总会出现在有关口语交际、表演的舞台上。

初中时，萨拉木就包揽了校内大大小小的主持活动，是英吉沙县第三中学（以下简称"三中"）三中当之无愧的"麦霸"。他常常代表学校外出参加比赛，并收获了不错的成绩，他曾获2016年英吉沙县"大美新疆，大爱故事"讲故事大赛一等奖、儿童节演讲比赛中学生组二等奖等奖项。他用他嘹亮的嗓音，唱响了一首首少年之歌。

不仅如此，在三中，他的成绩常年保持在年级前二，是个全面发展的学霸。"这都得益于我的家庭。我的父母会尊重我的爱好、选择，会在能力范围之内给予我最大的支持。"谈起父母，萨拉木眼里有止不住的笑意，"正因如此，在我每次进行人生选择时,他们会在尊重我的同时给我建议,帮助我在自己选择的道路上走下去。"

所以,当他在2018年夏天向父母表达自己想报考内高班(即内地新疆高中班,国家有关部门在内地部分经济发达的城市举办的面向新疆学子的高中班级)的想法时,父母一点也不觉得惊讶,反而很鼓励他出去走走,见识新疆外面的大千世界,开阔自己的视野。

就这样,怀着期待和激动的心情,萨拉木离开熟悉的大漠和雪峰,迎着朝阳和晨风,踏上了前往沿海城市——珠海的求学列车。

8月,是珠海的雨季,闷热潮湿的天气给萨拉木来了个下马威。"印象最深的是珠海湿润的气候,"说到对珠海的第一印象时,萨拉木回忆道,"习惯了新疆干热的气候,初到珠海,恰逢下雨的时节,我对珠海潮湿的天气有了个初印象。"有段时间,因为天气潮湿,加上自身皮肤比较敏感,萨拉木的手肘开始长红色疙瘩,后面还逐渐恶化成湿疹。幸好后来经过治疗,慢慢好了起来。"当时是真的想回家算了,不过好在都坚持了下来。"

从新疆到珠海,从大漠到海滨,这位远道而来的新疆学子,在这座美丽的南国之城展开全新的高中生活。活力之城孕育着无穷的希望与未来,萨拉木感觉到,他心中那团求学的火焰愈发旺盛。他就像个小小的"达瓦孜勇士",勇敢地奔向惊险刺激的旅程。

天山骄子耀南粤

北京师范大学(珠海)附属高级中学确实像个温暖的大家庭。在附中新疆部,萨拉木结识了和蔼可亲的老师和来自全疆各地、不同民族的同学,与他们结下了深厚的友谊。在高中繁重的学习压力下和紧凑的学习节奏中,他与同学们不只是学习上的竞争对手,同时还是一起分享快乐、互相倾诉的伙伴。他们在日常生活中互相尊重,互相倾听彼此的想法,尽可能地给对方提出有建设性的建议;在学习上保持着良性的竞争关系,根据各自的优势科目进行互补,以此共同进步。

萨拉木延续一贯的兴趣爱好,加入了学校的主持队,陆续主持了校运会开幕式、附中

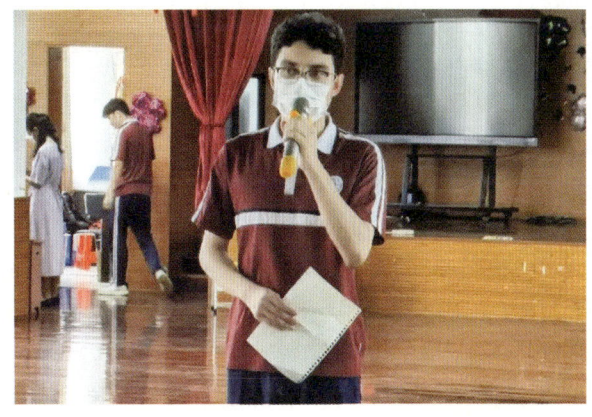

萨拉木作为学生代表在毕业典礼上发言

好声音、校园之夜、升国旗仪式等大型校内活动，以及学校新疆部大大小小的活动，为附中注入了一股蓬勃的活力朝气。

正是在这种团结友爱、拼搏进取、互帮互助、共同奋斗的氛围中，萨拉木逐渐由一个刚来附中时的"社恐"变为一个"社牛"，阳光开朗、活力大方成了他的代名词。"我想，珠海相当于我的第二故乡，

萨拉木在暑期实践活动中指导同学包扎方法

而附中就是我在珠海的'家'。"这个和谐友爱的大家庭，给他带来了温暖，促使他成长为更优秀的新时代学子，也为后面他的征文写作打下了坚实的基础。

2020年4月，由广东省关工委、广东省作家协会、广东省教育系统关工委主办的"中国梦·家风美"广东省少年儿童践行社会主义核心价值观主题征文活动启动。暑假时，时任班主任的陈声坤老师找到了萨拉木，让他尝试参加这个征文活动。抱着试一试的态度，他接受了这项"任务"。同时，他也想借此机会，表达心中对自己的家和附中这个大家庭的感激之情。

根据"家风"的主题，萨拉木回忆起在日常生活中和爷爷奶奶、爸爸妈妈的相处经历，以及他们日常生活中的言行举止对自身的影响；又想到自己在"附中大家庭"良好的校风熏陶下茁壮成长的经历。他以高中为分界点，先讲述了家风的意义，再写在家人潜移默化下自身养成的美德；而后转到他的第二个"家"——北京师范大学（珠海）附属高级中学，写成长过程中附中这个大家庭里的"家风"对他的影响，最后总结家风对其个人成长的意义及帮助。他以此为整体框架，初步完成了文章。

随后，陈锐老师对他的文章提出修改建议，几经修改后，文章终于定稿了。萨拉木将文章命名为"好家风促成长"。不负众望，最终这篇文章分别获得了市级二等奖、省级三等奖的好成绩。

"得知获奖的消息，我很高兴，原本我对写作文是没有自信的，现在证明我也是可以的。"萨拉木表示，这次获奖给了他很大的信心，也为他参加下一年的征文活动打下了基础。在"用青春拥抱时代"2021年广东省少年儿童践行社会主义核心价值观主题征文活动中，在陈锐老师的指导下，他再次以文章《以青春之名，逐时代梦想》斩获高中组省级优秀奖。

两次参加征文活动并获得奖项，让萨拉木受到了社会主义核心价值观的熏陶与潜移默化，促使他在南粤大地上绽放出更闪亮的光芒，更有勇气与自信在人生大道上驰骋。

出发吧，少年

虽然经常参加各种活动，但萨拉木的学习却一点也没有落下，他的成绩常年保持在年级前十。他的学霸作风在附中得到了很好的延续。

临近高考，萨拉木一向引以为傲的数学成绩却遭遇了滑铁卢，他的心情也开始变得郁闷起来。但他不敢跟父母说，所以只能跟姐姐透露自己的状况。姐姐听出了他的苦恼，就一直变着法子安慰他。渐渐地，他的心情平复下来，成绩也开始慢慢回升。2022年夏天，萨拉木在高考中发挥出色，取得了比较满意的成绩。

2022年6月12日，北京师范大学（珠海）附属高级中学举行2022届新疆班（2018级、2019级）毕业仪式，萨拉木作为学生代表发言，他回顾了从预科班到高三的四年校园生活和学习经历，向关心和爱护新疆班同学的各位老师，以及社会各界人士表达了感激之情。最后，他希望自己能继续努力学习知识本领，立志为建设美丽祖国及祖国的美丽新疆贡献自己的力量。他用铿锵有力的青春宣言，为高中生活画上了一个完美的句号。

随后，在夏日悠扬的蝉鸣声中，好消息传来，萨拉木成功被武汉大学基础医学院录取，他将在武大美丽的樱花园中，开启人生的新旅程。

"未来，我希望可以在三甲医院当一名医生。由于医学专业的特殊性，我已经做好了未来将近十年都会在学习道路上奔跑的心理准备。大学期间，在学好本专业知识的同时，我希望我能去更多地方看看，了解当地的人文特色，同时多参加社会实践和志愿活动，丰富自己的大学生活。"当谈及对未来的安排时，萨拉木如是说。

对他来说，不仅要读万卷书，还要行万里路。2023年暑假，萨拉木参加了武汉大学基础医学院"疆来卫你"社会实践队，去到新疆维吾尔自治区阿克苏地区进行暑期社会实践活动。百尺竿头，更进一步，在人生的舞台上，萨拉木始终躬行践履，脚踏实地。

李禹辰：少年自有凌云志

□ 林枫炀

理想在 2021 年起飞

"少年的我，一定会坚贞不渝，努力前行，为实现理想而奋斗不止！"

响亮的宣言回荡在颁奖大会的礼堂，一个剑眉星目的小小少年很快被热烈的掌声拥簇。他的眼睛里闪着明亮又坚定的光芒，右脸颊那个藏不住的酒窝彰显出少年此刻无与伦比的自豪与喜悦。

2021 年 11 月 13 日，李禹辰站在广东省少年儿童践行社会主义核心价值观主题征文活动颁奖大会的会场，面对十几台摄像机，在台上气定神闲地朗诵了自己的获奖文章——《放飞理想》。他笔下的这篇文章从全省约 39.7 万份的稿件中脱颖而出，斩获小学组省级一等奖，而他也作为全省唯一一个小学生代表，被邀请到大会上朗诵他的作品。这是多么令人振奋、自豪的时刻呀！望着台下观众赞赏的神情，李禹辰心潮澎湃、神采飞扬。

李禹辰作为全省学生代表在 2021 年广东省少年儿童践行社会主义核心价值观主题征文活动颁奖大会上发言

会后，大家都在自由合影留念，一位头发灰白，精神矍铄的奶奶缓步穿过人群，笑吟吟地走过来握住了李禹辰的手，告诉他："孩子，你演讲得特别好，好好学习，未来是属于你们的。"原来是张帼英奶奶！李禹辰郑重地点了点头，激动而喜悦的心情难以平复，张帼英奶奶那和蔼可亲的笑容和亲切的话语瞬间点燃了少年内心的一腔热忱。这一场景也随着照片的定格，从此深深烙印在了李禹辰的脑海中，激励他，鼓舞他，使他时刻铭记自己作为中国未来建设者的责任。

这是不同寻常的一天，12 岁的李禹辰真切地感到，他的理想从这一刻开始起飞了。

害羞是一种天赋

儿时的李禹辰是一个十分害羞的男孩。

课堂上，老师在高举小手踊跃回答问题的学生中一定看不到李禹辰的面孔，他很腼腆，会在提问环节将头埋进书本，生怕老师留意到他。

"李禹辰，你来回答下这个问题吧！"

怕什么来什么。每当这种时候，李禹辰的内心都紧张得像打鼓，他缓缓起身，还没开口，小脸就已经一片酡红。他紧紧攥着课本的一角，答案本来已经到了

时任广东省关工委主任张帼英（中）和李禹辰（右）

嘴边，却因为紧张怎么也说不出口。

时间一分一秒地流逝，教室里的空气仿佛凝固住了，老师眼神中鼓励的光芒因李禹辰的沉默变得有些黯淡。

"呃，没事，那个……禹辰你先坐下吧，我们让其他同学来回答。"

这样的场景已不知是第几次了，当满脸通红地坐下时，李禹辰既如释重负，亦心有不甘。

与李禹辰相反，妈妈外向开朗，是一个富有童趣而充满活力的人，她与孩子日常的相处方式更像是玩伴。李禹辰想起小时候妈妈带他认识大自然，有些忍俊不禁。"在妈妈的描述里，晚霞是太阳公公送给我的披肩，弯弯的月牙是月亮婆婆在对我笑，波光粼粼的湖面是淘气的小孩子打碎了镜子……"

妈妈用富有美感和趣味性的文学语言循循善诱，打开了李禹辰因害羞而紧闭的心门，她是李禹辰的文学启蒙老师。他识字后，家里的一本本书籍也让安静的李禹辰找到了一片属于自己的天地，从《窗边的小豆豆》到《平凡的世界》，从"哈利·波特"系列到《三体》，李禹辰沉浸在文学世界里，他这样形容阅读带来的感受："阅读就像是一扇门，让我认识这个世界，感受这个世界。我仿佛拥有了魔力，可以通过任意门在时空穿梭，在文学的世界恣意翱翔；这是让我感到快乐的事情。"

如今，李禹辰还是当初那个害羞得见到陌生人就要躲到妈妈身后的男孩，但害羞其实是一种酡红色的天赋，是看待世界的一种独特方式，害羞天性的背面往往蕴藏着敏锐的感知力和极大的创造力。阅读带给了李禹辰尝试突破自我的勇气，有了

丰富的阅读累积后，在妈妈的引导下，他拿起笔，开始写作、绘画、练习书法，充分挖掘自己的兴趣和特长。

李禹辰的害羞也让他具备很强的专注力，他是个坐得住的孩子。只要在他面前铺开一张纸，他便能静下心来，慢慢写字、静静作画。几个小时后，纸上总会出现清雅秀丽的毛笔字或是色彩斑斓的创意图画。

2019年，李禹辰的绘画作品逐渐在外界崭露头角，年仅10岁的他在这一年接连拿下了第三届海峡两岸青少年书画大赛（广东赛区）二等奖和"未来世界"国际青少年美术创意大赛铜奖。绘画是李禹辰实现自我突破的第一步，同时，学习绘画的经历也让他推开了写作的大门。

人生理想的升华

四只有力的手举起一把撑开的伞，雨伞的伞尖像尖锐的利刃，伞面是抗疫人员匆忙的身影：坚守岗位的医生、进行疫情流调的社区工作者、奔赴一线的武警官兵、在进行核酸检测的志愿者们……再往下看，这把伞庇护的是卧病在床的患者，他们是千千万万普通人的缩影，隔绝在伞外的则是来势汹汹的新冠病毒，"武汉加油"四个大字醒目地出现在正上方。

这些元素组合在一张A2大小的画纸上，呈对角线构图，色彩鲜明，整体笔触非常干净，对于细部的描画更是别具匠心，令每个人物形象都栩栩如生，更值得赞叹的则是画中"万众一心，众志成城"的深远立意。这幅画出自12岁的李禹辰之手，其创作过程可谓泪汗交织。

2020年，李禹辰决心参加广州市教育局主办的抗疫主题的绘画比赛，A2大小的纸张立起来几乎跟他的上半身一样长，李禹辰几乎是一门心思地扑在了这幅作品上。伞上6个人物的线稿，最难描画的是医生的侧影。他拿着铅笔一遍一遍地描画，又一遍一遍地擦掉重来，直到橡皮擦把纸面磨破了一块。纸面破损，这也意味着他之前所有的努力都付诸东流，要从头再来，李禹辰内心紧绷着的弦断了，他"哇"的一声大哭起来。

在妈妈的安慰和引导下，李禹辰擦干了眼泪，又重新铺开一张画纸。他想到医护工作者为了挽救新冠病人，哪怕冒着生命危险也决不放弃，内心逐渐坚定，意志熊熊燃起，经过十几个小时的用心勾画和上色，一幅令他满意的作品——《武汉加油》终于完成了！这幅画最终获得了广州市教育局"记疫和守望，我们始终在一起"作品征集活动的"优秀作品"称号。

"如果我是一个画家，我不仅要画祖国的大好河山，还要用手中的画笔让更多的人认识他们——认识不分昼夜坚守岗位的医生；认识不畏艰难守卫边疆的军人；认识年复一年辛勤耕耘的农民；认识默默付出、用爱浇灌我们的老师……认识这些

李禹辰绘画作品：
《武汉加油》

李禹辰在家中起草
《武汉加油》的线稿

最可爱的人！"这一段文字来自李禹辰的获奖作品《放飞理想》，这篇文章正是结合他绘制《武汉加油》这幅画作的经历来撰写的，这也得益于荔湾区沙面小学陈莉老师的启发。

"用青春拥抱时代"2021年广东省少年儿童践行社会主义核心价值观主题征文活动开启时，李禹辰和班里的同学们一度无从下笔。陈莉老师为此专门开设了一节写作指导课，她告诉同学们："从大处着眼，在小处入手，社会主义核心价值观贯穿在我们生活的方方面面，其实在日常生活中，有些同学喜欢画画，有些同学喜欢运动……在这些兴趣爱好之中，我们是不是也在潜移默化中践行着社会主义核心价值观呢？"

听了陈莉老师的一番话，李禹辰眼睛一亮，绘制《武汉加油》时的所思所感、所作所为在脑海里一幕幕浮现，他顿时茅塞顿开、文思泉涌。源自生活的真实感悟最为动人，用汗水与泪水浇灌的青春是时代最亮丽的底色，李禹辰拿起青春的画笔，绘制理想的模样，用文学艺术的方式宣读出自己最响亮的时代宣言。

这以后，李禹辰就像一匹一骑绝尘的黑马。你敢相信吗？这个害羞的少年从2019年开始，在奥数、英语、写作、科创、绘画、书法、游泳等方面已荣获区级以上各种奖项50有余，包括2020年IAEA国际少儿创意美术大赛金奖、第26届全国中小学生书法比赛一等奖、第30届叶圣陶杯作文比赛广东省一等奖、第9届广东省创意机器人大赛一等奖……其中，几乎有一半奖项都是在2021年斩获的。

2021年是丰收之年，李禹辰的理想在这一年起飞，也在这一年得到了升华。

不负凌云之志

李禹辰变了。

李禹辰妈妈从他站在2021年征文活动总结会的领奖台上演讲时就发现了，她看到那个害羞的男孩双眸闪亮、意气昂扬，仿佛浑身都在闪闪发光。妈妈感到十分骄傲，她发现，经过这次比赛，李禹辰不仅提升了文学素养，也更坚定了自身的理想信念。她高兴地分享道："在这之后的学习中，我也能够感受到孩子对于中国少年这一身

旭日初升

份的使命感和为之做出的努力。"

2021年，广州新冠疫情大面积暴发，李禹辰一家所居住的社区每天都在组织居民进行核酸检测。

核酸检测起初是一人一个试管，检测队伍也是从夜里排到早上才能做完。后来有一天，不用排很久的队也能做上检测了。细心的禹辰特意观察了一段时间，发现社区工作人员将大家分成10人一组，每组的第一个人负责拿检测用的试管，这样检测的速度便大大加快了。

10个人用一个试管，这样检测的结果能准确吗？这背后隐藏的依据和科学原理又是什么呢？李禹辰对这个问题产生了浓烈的兴趣。

在疫情防控期间的网课上，他向老师提出了这个问题，这个问题立马得到了响应，老师们很快在线上组织了一场别开生面的主题研讨会。

课后，李禹辰鼓起勇气，在做好防护的前提下，对小区楼下的医护工作者们进行了现场咨询。他很快认识了两个新名词——混检技术和单检技术。在积极了解这背后的科学原理以及各自的优点和适用范围后，李禹辰最终在老师的指导下完成了一份名为"单采检测技术和混采检测技术对比分析报告"的研究文章。

文章的结尾，李禹辰写道："这次的新冠疫情，让我真实地感受到科学是如何对我们的生活产生重大影响的，但这仅仅是庞杂的科学技术的一角，未来有更多的科学技术等待着我们去探索和挖掘。我也是第一次深刻地体会到，今天的我们为什么而学习，以后我们要成为什么样的人。"

敢问多少人会从摩肩接踵的核酸检测队伍中萌发科学求知的念头，并付诸实践去探索呢？12岁的李禹辰做到了。

也是在2021年，李禹辰正式加入了联合国儿童基金会的中国困境儿童月捐计划，每月通过劳动赚取零花钱为中国困境儿童提供帮助，于2023年已累计捐赠上千元。在李禹辰看来，这是一份扛在自己肩上的社会责任，也是成长过程中最令他自豪的一件事，他说："能为中国困境儿童的成长尽绵薄之力，这是一件很有意义的事情，我希望自己能够一直坚持下去。"

联合国基金会为李禹辰颁发的证书和爱心指环

李禹辰变了，他不再是那个害羞胆怯、总爱躲在妈妈身后的少年，他在突破自我中完成了一次又一次成长的蜕变。李禹辰当年放飞的理想已高入云霄，彰显着少年的凌云之志，愿他能够常怀感恩之心，未来成为有能力回馈社会的栋梁之材！

莫凯欣：文艺少女的科技之旅

□ 钟灿辉

独木不成林

莫凯欣，就读于肇庆市第一中学，目前已升入高三。她自信活泼，外表看上去瘦瘦的，笑容很甜，和师生们相处融洽，给人一种很亲切的感觉，非常乐于助人。

记得有一天中午放学，班里有个同学正在做一道数学难题，一时无法解开，非常苦恼，一副愁眉苦脸的样子。

这时，莫凯欣主动走过去，扫了一眼，热心地对那位同学说："是有哪里不懂吗？数学我还挺擅长的，刚好这道题我会做，我来帮你吧。"

接着，她立马坐到那位同学对面，在桌上找来一支笔，耐心地跟那位同学讲解起来。

"这样讲懂了吗？需要再讲一次吗？"

由于那道题非常有难度，莫凯欣讲解得相当吃力，耗费了不少精气神，甚至连午饭都来不及吃，肚子饿得咕咕叫，但她并不在意，毫无怨言，最终收获了那位同学的点赞和认可，莫凯欣非常有成就感。

对待其他同学，她也是如此，所以她在班里人缘不错。"在学习和生活中，我也明白'独木不成林'的道理，懂得发扬团队精神，因此我经常把自己好的学习经验无私分享给其他同学，以求共同发展、共同进步。"

三条腿的发明

从小，莫凯欣就对科技充满向往。在童年时期，一些科幻电影启蒙了她，那种"未来感"让她非常着迷。

2021年的一部电影《我和我的父辈》令她印象深刻。在其中一个故事里，机器人"爸爸"因为入水去救过去的儿子而产生故障，被迫返回2050年。他的被迫返回，证明了"回溯时光"的科研任务终于实现。在场的科研工作者中，有个青年欣慰地笑着对机器人"爸爸"说："好久不见，爸爸。"这个青年正是几十年前被机器人"爸爸"救下的儿子。这让莫凯欣对科技有了全新的认识，她认为，科技应该要有人情味，要有生活气息。

2022年，莫凯欣参加了肇庆市第一中学青少年科技创新大赛。这是学校一年一度的科技创新比赛。每到那天，活动现场都人声鼎沸，各种稀奇古怪的小发明轮番登场，特别炫酷。当然，现场火药味很浓，不少同学的作品相当有特色，想拿奖，竞争很激烈。

怎样才能从中脱颖而出呢？莫凯欣苦思冥想了好久。这时，动画电影《铃芽之旅》给了她灵感。这是一部由新海诚执导的日本动画电影，讲述了17岁的少女岩户铃芽遇见神秘的"闭门师"宗像草太，两人为了关闭引起灾祸的"门"，踏上冒险旅途的故事。故事里，有一把只有三条腿的椅子，它由"闭门师"宗像草太变化而成，会蹦会跳，特别可爱。

莫凯欣很想尝试利用编程还原这个动漫里的椅子。"要是成功了，肯定能拿奖！"莫凯欣对爸爸说。爸爸很支持她在科技创新方面的爱好，对于她的这一想法，他给予了高度肯定，不仅帮着查阅各种资料，还二话不说帮她买了STM32芯片、MG996舵机等实验材料。"做科创项目大部分情况都是失败的，我曾一度怀疑自己。是父亲的陪伴和鼓励，让我在失败之后重新振作起来，并一直坚持到现在。"莫凯欣说。

经过一番折腾，一把只有三条腿的全自动椅子在莫凯欣手中诞生了。表面上看，这是一个没什么实用性的小发明，但不得不说，它极具生活趣味，是通过科技再现动画的一大成果。不出意外，该作品赢得了评委们的一致好评，取得了大赛第一名的好成绩。

"科技兴则民族兴，科技强则国家强。"这次比赛，让莫凯欣感触很深。她认为，只有青少年不断提升科技素养，才能更好地实现中华民族伟大复兴。

书迷获大奖

莫凯欣的兴趣非常广泛。"我热爱阅读，喜欢唱歌、跳舞、打篮球和看电影。我一直希望自己能够成为一个有独立见解的人。"她最大的优点就是做事情非常专注，特别容易入迷，只要是她热爱的事情、选取的道路，她都会坚定地走下去。

谈到这点，莫凯欣不禁回忆起自己那些有趣的经历。有一次，她出门散步，一边走，一边看书。结果，看得太入迷了，忘记了时间。当从书海中抽离出来时，她才发现：这不是自己家门口吗？兜兜转转，不知不觉中，自己又回到了起点。还有一次，她出去买书，回家路上，将书捧在手里边走边看，到了"家门前"敲了好久，都没人开门。"真奇怪，爸爸妈妈可都在家啊！"她后退几步，将目光聚焦在门牌号上，这才发现自己敲了邻居家的门。

所以，莫凯欣自称"书迷"是有根据的。小学时，她就爱看书，觉得文学与写作是她生活中不可或缺的一部分。"因为它们可以滋养我的心灵，使我的灵魂得到熏陶。"她最喜欢的作家是鲁迅，《狂人日记》《阿Q正传》《藤野先生》《从百草园到三味书屋》等经典文章，她看了一遍又一遍，她觉得鲁迅的文章到现在仍有深刻的内涵。

看书多了，莫凯欣也有尝试文学创作。可惜，她投稿多次都石沉大海，也没拿过什么大型的文学类奖项。2023年，"科技引领我成长"广东省少年儿童践行社会主义核心价值观主题征文活动启动。语文老师在班里宣布了这一消息，鼓励大家踊跃参与。由于学业繁重，不少同学都在埋头刷题，热爱文学的莫凯欣却眼前一亮。"这是省级赛事呀！'科技引领我成长'这一主题也适合我，我有过这类经历！"

莫凯欣的生活照

课间，莫凯欣被语文老师单独"拎"了出去，在走廊上详谈："凯欣同学，根据我平时对你作文情况的了解，再加上你对科技创新有一定经验，我认为你具备参加这个比赛的实力，我对你有信心，希望你考虑一下。"

"谢谢老师，我一定不辜负你的期望！"这正合她意，她一把接过语文老师递来的活动文件，回到座位上仔细研读起来。晚修期间，莫凯欣花了好长一段时间去构思文章，还主动找语文老师请教经验，并用笔记录下感想体会。完成初稿后，她又在语文老师的指导下来回修改了好几遍，这才完成了《科技强国，未来有我》一文的撰写。

这次，她将之前参加肇庆市第一中学青少年科技创新大赛的经历写了进去，文章紧扣主题，细节丰富、真实，最终获得了高中组省级二等奖。当语文老师在班里宣布获奖名单时，莫凯欣正在安静地做着笔记。对此，她很惊讶，也很荣幸。"感谢语文老师的悉心教导，很荣幸自己可以获奖，这次成功是鼓舞我继续前行的动力，让我的文学之路充满了希望。"

目前，莫凯欣正处于高三阶段，学业紧张，没太多时间精力应付其他事情，不得不忍痛暂别科技创新方面的比赛、活动，高考考上好大学是她短期内唯一的目标。如果大胆一点畅想，她希望自己能在大学选择计算机专业，未来从事与编程相关的工作，将自己的爱好坚持到底，实现自我的突破，也为国家的科技发展作出自己应有的贡献。

钟家文：文字与棋局的奇妙交响

□ 黄嘉晖

钟家文

2017年5月，中国围棋界乃至世界围棋界发生了一件大事：当时世界排名第一的中国棋手柯洁，在与谷歌旗下 DeepMind 公司研发的 AlphaGo 的对战中败下阵来。持续四天的人类棋手与人工智能棋手的比赛，以柯洁0∶3负 AlphaGo 而告终。

当时8岁的钟家文读到这则信息后，心情也降到了谷底，他没想到现代科技的发展已经如此迅速，一个顶尖的人类棋手在面对它时，竟也轻易地吃了败仗。钟家文第一次意识到人类的能力是有限度的，在某些领域必须依靠科技。作为一名从小接触围棋的业余小棋手，他也开始主动对战人工智能棋手，并在屡战屡败中自得其乐。在"科技引领我成长"2023年广东省少年儿童践行社会主义核心价值观主题征文活动中，钟家文将为了战胜人工智能棋手而苦练围棋技术的经历研磨成文，最终获得了本次征文活动省级二等奖。

这名小棋手，在棋海中不断成长，并翻腾出闪闪发亮的文学浪花。

小棋手的第一课

"我小时候是自学的围棋，棋艺不精但自得其乐。"说起围棋，钟家文眼里就迸发出亮光。小学时，一位围棋名家来学校上了一堂围棋公益课。看着老先生在棋盘上运筹帷幄、决胜千里的姿态，钟家文心里燃起了一团小火花——我要学围棋。

在逐渐摸索着了解了围棋的基本规则后，钟家文便兴致勃勃地用笔在白纸上画了一个小棋盘。画不了标准的19路棋盘，他就画5路棋盘、10路棋盘……为了解决没有棋子的问题，他还跑去水泥厂旁捡了一堆圆圆的小石子。就这样，他自食其力，造出了他的第一副围棋。虽然不甚美观，却承载着他的围棋梦想。后来，妈妈见他的"棋盘"容易被风吹走，特意裁了张厚纸皮贴上去做底。起初，钟家文只把围棋当成是一种消遣的游戏，但好胜心迫使他不断练习，"左右互搏""同学擂台赛"……围棋，占据了他童年大部分的空闲时光。

　　2017年5月"人机大战"后，钟家文开始接触人工智能棋手，他学着父亲，在手机上下载了一个围棋软件，并与上面的AI对战。AI棋手强大而精准的计算能力让他惊叹。棋局上的每一步，AI都能迅速找到最优解，这让钟家文深感压力。他也认识到，想要在千变万化的棋局中战胜对手，不仅要着眼于当下，更要具备大局观和冷静分析的能力。

　　随着与AI棋手对战次数的增多，钟家文的棋艺逐渐提高了，他的大局观和思考能力也得到了锻炼。他开始明白，人工智能并非只是冰冷的计算机器，它们也能成为人类棋手的良师益友。在人工智能时代，人们不仅要学会与技术共舞，更要善于利用技术的优势，提升自己的综合能力。这是他在棋海中学到的第一课。

"小谷子"的大梦想

　　2021年9月，钟家文升入肇庆市第五中学，成为一名初中生。在那里，他遇到了自己的文学启蒙老师蔡国萍老师。"个子不高，普普通通，乍一看，在人群中并不起眼；但沉静睿智的目光让他拥有了鹤立鸡群的独特气质，很容易让人发现他的与众不同。"这是蔡老师对钟家文的最初印象。

　　蔡老师热衷于阅读与写作，课堂上常常引经据典，课余时间会和同学们讨论中外名著，也会把她对某本书籍的阅读感受和大家分享。在蔡老师的熏陶下，钟家文不知不觉中也喜欢上了阅读，心中的文学种子也从一篇又一篇的读后感中萌芽。

　　起初，他对自己没有自信，觉得自己写得不好，但蔡老师有一双善于发现学生闪光点的眼睛，她认为钟家文的作文有自己独特的感受，并不厌其烦地为他分析存在的问题、指出修改方向。她训诲钟家文，写作要"真"和"凝"（中心凝聚）。他也不跟蔡老师"客气"，常常在课余时间捧着作文本就直奔老师办公室，与老师来一场"唇枪舌剑"，就像他喜欢的武侠小说中的师傅与徒弟一样，在相互"对弈"中得到成长。就这样，在蔡老师的不断鼓励和耐心辅导下，他的写作功力也在逐渐增进。"有一股'咬定青山不放松'的韧劲。"这是蔡老师对钟家文的评价。

　　2022年金秋十月，正是南方水稻收割的季节，钟家文和蔡老师一起回乡探访谷子书屋，进行采风。田间地头，到处洋溢着丰收的喜悦气息，人们分散在各处田垄，有的用镰刀快速而熟练地割下齐腰高的稻穗，有的则驾驶着嗡嗡作响的收割机，在金黄的稻田中劳作。

钟家文坐在宽敞明亮的谷子书屋，欣赏着屋外这幅热闹的秋收画卷，再转头一看，书屋里的孩子们正安安静静地看着面前翻开的各种读本，神情专注而认真。眼前的一动一静，构成了强烈而明显的对比。他的心头微微一颤，随着各项设

蔡国萍老师在指导钟家文的习作

施的完善和农业科技水平的提升，现在的孩子也不必牺牲学习时间去帮忙干农活了，他们能安心地在书屋里阅读，畅游书海。有感于此情此景，在蔡老师的指导下，他写下了一篇名为"小小的'谷子'，饱满的梦想"的文章。不久，好消息传来，这篇文章从全国近40万份作品中脱颖而出，在由中共中央宣传部印刷发行局主办的2022年"我的书屋·我的梦"农村少年儿童阅读实践活动中被评为优秀作品。

那些小小的"谷子"，承载着饱满的梦想，就像钟家文和他笔下的这些孩子们一样，他们渴望知识，渴望成长，渴望未来。他们的梦想也许并不宏大，但都如同那饱满的谷粒，等待着阳光和雨露的滋养，等待着绽放出属于他们自己的光芒。

此后，钟家文笔耕不辍，先后多次获得区级、市级、省级、国家级的征文活动奖项。心灵世界的波动，承载着他的文学梦想，为他开启了更广阔的文学天空。他希望有一天，能用笔下的文字，继续描绘钟灵毓秀的南方文学世界，续写新时代的真善美！

AI围棋的启示

时间来到2023年2月，"科技引领我成长"2023年广东省少年儿童践行社会主义核心价值观主题征文活动启动。这对于从小爱写作且身经百战的钟家文来说，自然不是一件难事。这是一个好机会，能为他的文学天空再添一抹闪亮的星光。

在和蔡老师认真研读了征文通知和要求后，出于对写作"独特性"的思考，他们最终确定了人工智能与生活的主题。

"人工智能、机器人、先进医疗等科技热点，畅谈未来科技改变人们的日常生活，这个方面有没有切身体会？"蔡老师循循善诱。

他思考片刻，眼睛里突然像是迸出了一道灵光，坚定中又带着些许喜悦，对蔡

老师说："老师，我平时也会和人工智能围棋对弈。我回去构思一下。"

看着书桌上的棋盘和棋子，钟家文想起此前为了战胜 AI 棋手而刻苦练习围棋技术的日子。再次点开熟悉的与 AI 棋手对战的页面，钟家文就像是与一位知心朋友面对面一般，来了场畅快淋漓的对战。白子如雪，黑子似墨，在一放一落间，他内心

钟家文和获奖证书

已经想好了文章的整体脉络，灵感也在这纵横交错的棋盘间喷涌而出。

几天后，一篇名为"科技，给了我一双黑白分明的眼睛"的初稿就放在了蔡老师的办公桌上。蔡老师仔细审阅了这篇文章，文中深刻地写出了钟家文和人工智能博弈的体验，一次次的失败、一次次的苦练、一次次的追赶，但又望尘莫及的失落……最后，置胜负于事外，冷静分析人工智能取胜的原因，不仅仅是因为技术，其中包含的更是一种高屋建瓴的大局观。真实的经历和独特感受，充满了探索的趣味、发现的喜悦和思考的睿智。这令蔡老师眼前一亮。在几经修改后，一篇思路清晰、衔文自然，融人工智能科技与生活哲理于一体的文章——《棋逢对手，勇者胜》面世了。

最终，不负众望，这篇文章在征文活动中大放异彩，夺得初中组二等奖。

"得知征文获奖后，我感到非常开心。通过准备这次征文，我对人工智能有了更深入的了解，知道了它是关于模拟人类思维的科技。这次征文还拓宽了我的视野，激发了我对 AI 科技的兴趣。此外，我渐渐学会了关注时代热点，学会了在生活中挖掘写作素材。"钟家文表示，这次获奖，为他的文学之路注入了一股强劲的力量，增强了他对文学创作的信心。

"希望是本无所谓有，无所谓无的。这正如地上的路；其实地上本没有路，走的人多了，也便成了路。"这是鲁迅先生的《故乡》里的一句话，也是钟家文的人生格言。岁月，因青春慨然以赴而更加美好；人生，因我们持之以恒的奋斗而熠熠生辉。未来，钟家文将继续在文学之路上耕耘，点亮属于他的文学创作的星空。

石莉：璀璨星空的追光者

□ 黄嘉晖

石莉

2021年秋天，一个平常的晚上，抱恙在家的石莉吃过药，正准备回房休息，突然收到了语文老师董迟秀发的一条信息：石莉同学，你获奖了！后面还附带一条推文链接。石莉一时有些茫然：什么奖？她点进链接一看："用青春拥抱时代"2021年广东省少年儿童践行社会主义核心价值观主题征文活动。再往下看，赫然发现自己的名字出现在高中组一等奖的名单里。她有点不敢相信，再三确认这是自己的名字后，颤抖着手，给语文老师回了一条信息：老师，我竟然是一等奖！随后，老师回了个"大拇指"表情。

首次参加征文活动的石莉，凭借文章《党的光芒照耀我的成长》在全省39.7万篇投稿中脱颖而出，成功斩获高中组一等奖。她的文章立意高远、主题深刻，充满了正能量，展现了新时代学子对中国共产党的敬仰与向往，体现了她爱国爱党的真挚情感和自强自信的少年风貌。

在信仰的光芒中成长

2004年1月，石莉出生于广东省韶关市的一个小乡村。因为父母工作的原因，石莉是由外公一手带大的。在石莉眼中，外公是个和蔼爱笑、乐于助人的老人。

外公是村干部，每天都要处理诸多村里村外的杂务，经常忙到深夜才回家。年幼的石莉看着外公每天如此辛劳，不禁眨巴着灵动的大眼睛问："外公，为什么别人家的大人都那么早回家，但是你就经常半夜才回家呢？"

"因为有很多事情等着外公去完成啊！外公是村干部，又是党员，哪里有困难，我就要去帮忙解决啊！"外公慈爱地摸了摸她圆圆的小脑袋。

年幼的她似懂非懂，用力点了点头，说："原来这样啊，那我也要帮助别人。"

外公爽朗地笑了笑，拉着她的小手说："那咱们的石莉小公主可要好好学习，争取以后加入党组织，成为一名光荣的共产党员。"这次，她更用力地点了点头。

在日复一日的耳濡目染中，石莉渐渐对这个伟大而光荣的政党心生向往。她目睹了在党和国家的支持下，外公和其他干部携手，将家乡建设得一年比一年好。在这十多年间，家乡从黄泥路到沥青大道，居所从泥瓦砖房到乡村小别墅，村里环境也从原来的"脏、乱、差"到如今的清洁整齐、宜人宜居……家乡的一切，都以肉眼可见的速度变化着。外公感叹："共产党就像是一束光，照亮了新中国！"石莉明白，中国共产党蕴藏着无限的生机与希望，她坚定了要成为一名光荣的共产党员的决心。

巧手造信仰

2019年，石莉入读韶关市张九龄纪念中学，在这里，她遇到了点燃她写作热情的语文老师——董迟秀老师。

董老师上课十分有趣，仿佛能让枯燥的语言文字用另外一种生动的方式走出课本。她会让同学们上台进行作文分享。作为语文科代表的石莉，自然总能得到她的"优先"照顾。在作文课上，董老师总是不厌其烦地

董迟秀老师与石莉

交代："我们写作文，一定要先想好主题，再围绕中心思想进行选材组材……"每次写完作文后，董老师总是会耐心地给石莉指出问题，给予建议，并引导石莉去寻找解决的方法。就这样，石莉的写作水平有了很大的提升。

石莉平日有写日记的习惯，她把从董老师那里学习到的写作方法运用于日记中，记录生活中的点点滴滴，并从中寻求创作的灵感。所以，无论是校园小道上的一草一木，还是教学楼下开得正盛的玉兰花，都活灵活现地"住"进了她的日记本中。

这样一个喜欢记录生活的女孩，对手工制作也情有独钟。在她灵巧的双手下，那些缺乏生气的针线、彩纸、黏土等，都变成栩栩如生的艺术品。

2021年，恰逢建党100周年，学校举办"建党一百周年手工比赛"活动。当看到活动通知时，石莉按捺不住激动的心情，心想：这是一个难得的机会，我一定要参加。

她找到另一名和她玩得比较好的同学，对她说："我准备参加学校举办的手工比赛活动，你有兴趣和我一起吗？"

起初，那名同学还有点犹豫，担心会浪费宝贵的时间，影响学习成绩。石莉耐

心劝说，引经据典，从1921年建党说到2021年盛世，将党波澜壮阔的100年历程娓娓道来，最后她慷慨激昂地说："这难道不值得我们为她做点事吗？"同学被她真诚的讲述所触动，答应了她的邀请。她激动得抱着同学，认真地说："你真是党和国家的好儿女。"

于是，她们开始在课余时间策划选题。冥思苦想好几天后，石莉突然灵光一现，决定制作一个黏土作品：两个穿着学校校服的学生，站在飘扬的国旗下，沐浴着阳光，在国旗下进行入党宣誓。她和同伴一拍即合，经过好些天的努力，在她们的巧手下，泥塑作品《党的光芒照耀我的成长》终于完成了。

经过层层筛选，她们的黏土公仔从众多手工作品中突出重围，深得评委青睐，最终荣获特等奖。石莉激动不已，当她把得奖消息告诉外公时，外公也很高兴："咱们家石莉真棒，不枉我平时的教导啊！"

她调皮地说："这可不！得亏有我有个光荣的党员外公，以后我也是要向党组织靠拢的！"一说到这个，她马上严肃起来。

"好，外公等着你成为正式党员的那一天。"外公慈祥地说。

这时，石莉仿佛觉得自己就是黏土制成的两名学生公仔中的一员，跟着他们张开的嘴巴，铿锵有力地念出："我志愿加入中国共产党，拥护党的纲领，遵守党的章程……"

"这一天总会到来的！"她暗想。

妙笔著文章

"石莉同学，你过来一下。"课间休息的时候，董老师突然来到课室门口，让石莉到办公室一趟。

来到办公室后，只见董老师变戏法般从身后拿出一张A4纸，对她说："石莉，这是2021年广东省少年儿童践行社会主义核心价值观主题征文活动的相关通知，你作为语文科代表，帮忙号召一下，让同学们踊跃参与。"说完，董老师就把通知递到了石莉面前。

"好！"她接过通知，在回课室的路上仔细阅读了相关内容，若有所思。

几天后，董老师再次找到了石莉："你平时写作不错，要不要也写一篇参加本次活动？"

"老师，我……我觉得自己写得不好。"石莉诚惶诚恐。

"可是我觉得你写作文每一次都在进步哦，而且听说你还有写日记的习惯。这不正好有一个机会去检验你的写作水平吗？"董老师慈祥地说道。

石莉此时低着头，脸上火辣辣的。正当她抬头准备拒绝时，无意间看到了董老师胸前佩戴的党员徽章，在那一瞬间，她想起了外公。对啊，外公这么一个典型、活生生的例子摆在眼前,为什么她不去尝试写写呢?而且前段时间自己还去小区做了疫情防控志愿者,这不正是在践行社会主义核心价值观的体现吗?

石莉改变了主意,坚定地对老师说:"好,老师,我一定不会辜负你的期望。"

于是,从素材选择,到文章的谋篇布局,再到语意表达,在董老师的指导下,石莉将与外公相处的生活点滴,结合自身的经历,一并撰写成文。石莉还和参加手工比赛的同伴商量,借用了作品的名字——《党的光芒照耀我的成长》。

将文章上交后,石莉心里有些忐忑,暗暗祈祷能有一个好结果。星光不负赶路人,她的文章最终在评比中胜人一筹,勇夺省级一等奖。当外公得知石莉的获奖消息时,激动地说:"咱们石莉长大了。"

理想之光照亮奋进之路

转眼高考结束了,到了紧张等待成绩的时候。石莉表示,自己将来想成为一名新闻工作者。"一方面我喜欢与文字打交道,另一方面我觉得新闻工作者真的很了不起,用娓娓道来的文字,将每一个故事呈现在大众面前,不是什么豪言壮语,但听起来却振奋人心。"她如是说道,"未来如果有机会,我也想成为他们当中的一员,用镜头记录故事,用文字传递精神。"

石莉念念不忘的还有一件事——向党组织靠拢。"希望能在大学期间加入这个先进的组织,成为一名光荣的共产党员。"说这句话时,她的目光中充满了坚定。中国共产党历经百年风雨,由最初的南湖小红船,发展成如今行稳致远的巍巍巨轮,当中蕴含着的生生不息的奋斗精神,正是石莉所追寻的。石莉坚信,只要坚持中国共产党的领导,承载着亿万中国人民梦想的"中国号"巨轮,必将乘风破浪,胜利抵达中华民族伟大复兴的光辉彼岸。

《山海经》中记载:在招摇山上有一种名叫迷谷的树木,木纹是黑色的,其花能发光,照耀四方,所以人们常常将其作为饰物佩戴在身上,防止迷路。对于这个高中女孩来说,党员外公就犹如她人生路上的迷谷花,像一束光般照亮了她的成长旅途,引领她走在正确的人生大道上。人生路漫漫,当一个人努力踮起脚尖向梦想靠近时,哪怕是雨雪霏霏都阻挡不了她前进的脚步。如果把中国共产党比作一片璀璨的星空,那么石莉一定是一名信念坚定的星空追光者,她对党的信仰与追寻,总有一天会迸发出耀眼的光芒。

叶淑桦：浇灌一棵文学之树

□ 林枫炀

在荒漠中种下一棵胡杨

要如何在贫瘠的荒漠中种下一棵胡杨树？

在"蚂蚁森林"的公益项目，有用户统计过，普通人通过绿色消费、低碳出行……每天去蚂蚁森林收能量，大概一年的时间，积攒够215680克的能量，就能在现实中领取到一棵被种植在荒漠中的胡杨。在互联网技术发达的今天，全中国有几亿网民在蚂蚁森林里种树。

生活在广东省江门市的初中生叶淑桦，在距离家乡5600千米以外的新疆维吾尔自治区，也有一棵属于自己的独一无二的胡杨树。与众不同的是，那棵胡杨树是她在12岁那年来到中国的最西端，亲手在荒漠里种下的。

"我刨一个坑，放下树苗，松散的沙子根本无法固住。第二次，我把坑挖深了一点，以为这次会成功，没想到仍然无法固定住。太阳仿佛要融化变成铁浆洒下，灼烧着我的皮肤，灼烧着这片沙漠，灼烧着世间的一切。"

树木存活最重要的因素就是水分和土壤，叶淑桦将在荒漠中栽树的经历如数写下，干燥缺水的气候和松散易流失的沙土昭示着在这片沙漠植树的艰辛。这篇标题为"美丽的防护'墙'"的文章是2022年广东省少年儿童践行社会主义核心价值观主题征文活动的参赛作品之一，叶淑桦同学真实、细致、生动的劳动描写和对边疆守林人勤恳劳动、传承使命的刻画，紧扣"劳动创造幸福"的主题，得到了评委们的一致认可，获评本届征文活动初中组省级一等奖。

"《美丽的防护"墙"》取材于2020年暑假我到'三北'防护林植树，贫瘠荒漠中的那一片绿林，是我对劳动的意义最深刻的认知。"叶淑桦得知自己获奖时非常兴奋，她亲手栽种的那棵树结出了"劳动"与"幸福"的果实，而本次征文活动的获奖也如甘泉般浇灌了她内心那棵文学之树。

在春天里长出一片新叶

叶淑桦是广东省江门市新会区会城创新初级中学初三（5）班的一名学生，在这所学校里，她心中那棵文学之树开始枝繁叶茂。

谈到文学启蒙，叶淑桦会想起六年级语文课本上一整个单元的鲁迅先生的作品，她沉浸在从字里行间散发出的文学魅力中，感受着鲁迅先生笔锋的冷峻和思想的炽热，她说："那是我第一次感受到，文字的力量是振聋发聩的。"这为她埋下了一颗梦想的种子，她希望自己笔下的文字有一天也能拥有发人深省的力量。

叶淑桦（左二）在江门市 2023 年参加省关工委少年儿童践行社会主义核心价值观主题征文活动动员大会上

初一时，她遇见了语文老师梁浓欢，在梁老师的影响下，叶淑桦申请加入了学校的"新叶"文学社。新会区创新初级中学的"新叶"文学社始创于 1985 年，距今已有 38 年的历史，底蕴深厚的"新叶"文学社也如春泥般滋养着一群热爱文学的学子，让他们在文学土壤中茁壮成长。叶淑桦在"新叶"迈出了文学创作的第一步，她的文学之树也长出了第一片稚嫩的叶子。

2021 年，在区级禁毒征文比赛写作现场，叶淑桦正襟危坐，冷汗不时从额头渗出，甚至连拿笔的手都抖个不停。

那是她在"新叶"文学社的推荐下，第一次参加正儿八经的文学比赛，她是代表学校、代表文学社来的，内心却因经验的匮乏而惶恐不安。我进入文学社的目的不就是迈出文学创作的第一步吗？这个念头让叶淑桦慢慢镇定下来，落笔时，文学社老师们鉴赏过的名著、传授过的写作技巧纷纷涌进脑海，化成灵感跃然纸上，叶淑桦也因此获得了区级二等奖的好成绩。

首战告捷，这在叶淑桦的写作之路上无疑是动力和鼓舞。她手不释卷，笔耕不辍，读写结合创作的《习近平扶贫故事》读后感，还获得第十四届广东省中小学"暑假读一本好书"活动三等奖。

很快，叶淑桦接到了梁浓欢老师的邀稿——"劳动创造幸福"2022 年广东省少年儿童践行社会主义核心价值观主题征文。

"征文主题是'劳动创造幸福'，选择怎样的素材会更好呢？"叶淑桦在思考如何下笔时，也征询了老师的意见。

"选材要新颖，不能千篇一律，要写自己在生活中有亲身体会的事情，才能写出最有真情实感的体验。"梁老师循循善诱道。

经过两天时间的沉淀，一次偶然，叶淑桦听到了守林人陆叔叔的消息。在她的想象中，继承父辈植树造林使命的两个同龄人和成荫的胡杨树林通过网络穿越了 5600 公里，尽显眼前。那一瞬，叶淑桦仿佛看见荒漠上漫天黄沙席卷而来，那棵她亲手种下的胡杨树正昂首挺胸地立在边疆，与无数树木一起手拉手，像城墙一样挡住了来袭的风沙。

她顿时感到热泪盈眶，两年前因为劳动带来的幸福感再一次涌上心头，她结合想象，在亲身经历中提炼素材，打磨出《美丽的防护"墙"》一文。她在文中写道："如果没有守林人的劳动，就不会有成荫的防护林，如果没有防护林，现在周边城市的人们依然承受风沙的肆虐。因为有了劳动，大家才得以快乐地生活，这难道不是劳动所创造的幸福吗？"

扎根进生活的土壤

对"劳动"和"幸福"的思考，叶淑桦从亲身实践出发，付诸笔端，后又从纸笔上时时延伸回日常生活。

她的家乡江门市古井的龙王庙旁，有一条四季流淌的小河。

"这条河在我们那时可是清澈见底的，人们常在岸边洗衣服、洗菜，河水甚至可以直接舀来喝呢！"村里的老人们对这条河都津津乐道。

2022年寒假，叶淑桦行走在河边，看着河面漂浮的各式各样的垃圾和浑浊发黄的河水，心中涌起无限酸楚。她征求了父母同意后，径直走到村委会报名参加了河道清理的志愿活动。

"我和其他志愿者们坐上船，拿着渔网，见到河面有垃圾便用渔网捞起，机械地重复着这个动作。虽然当时手非常酸，但看着捞完垃圾后洁净的河面，我的心中充满了成就感。"叶淑桦回想着当天的劳动场景，那时一同参与清理河道的志愿者，很多都是同个村子里的长辈。志愿活动结束时，看着干净的河面，他们都开始谈论起年少时与河流相伴的点滴时光，叶淑桦看到每个人的脸上都泛起了幸福的微笑，这是"绿水青山就是金山银山"环保理念的植根人心，也是饮水思源、回报桑梓的故土深情。"这大概就是劳动创造幸福吧。"叶淑桦笑着说，眼睛弯成了月牙状。

如今，因学业未能再次重返西北植树的叶淑桦时时关注着2023年北方的沙尘暴。她知道，要改善生态环境，防护林建设是一个长期而缓慢的过程，其中需要付出的劳动是不可计数的。资料显示，防护林工程的建设让我国近50年来的沙尘天气逐渐减少。

"我也要在'蚂蚁森林'公益项目中种树了，在我去西北前，我要积攒够215680克能量，争取再种一棵胡杨树。"叶淑桦笑着打趣道。收到"劳动创造幸福"征文活动的证书后，这份荣誉让她更坚定了劳动创造价值的观念，她说："我明白了劳动是一切幸福与快乐的源泉，我感谢这次比赛，它让我获得极大鼓励，未来的人生中我也会秉持着'劳动创造幸福'的理念为家庭、为社会贡献自己的一分力。"

叶淑桦亲手栽种的胡杨树在遥远的沙漠里深深植根于大地，在荒漠中挺拔、坚毅，在金秋里斑斓、热烈。2023年，面临升学的叶淑桦渴望顺利进入高中，也像她的胡杨树一样，在金秋九月绽放芳华。再远一些的未来，叶淑桦会继续用心浇灌她的文学理想，在这片时代沃土上，相信总有一天，她的理想会长成一棵参天大树。

张悦：在自信中成长

□ 钟灿辉

从2019年到2023年，4年光阴匆匆而逝，可每当想起那篇文章和那次获奖经历，张悦心中便会燃起一股莫名的激动。

从文学起步

张悦有一个特别重视教育的妈妈。和在华为研发部门当程序员的爸爸不同，妈妈只是一个普通的超市职员，但妈妈不像"工作狂"爸爸，她给予了张悦足够多的爱与陪伴。在张悦两三岁时，妈妈便经常耐心地带着她读书、认字，这让她早早体会到了阅读的快乐，并有了强烈的写作欲望。

从小学起，张悦每次的作文成绩都很不错，经常会被老师拿来当作范文进行讲解。"其实，最开始我有点害羞，老师总会当众挑出我写作上的一些毛病。"但后来，张悦就慢慢放开了，觉得这是对自己的一种认可。甚至课后，她还会主动向老师、同学请教，跟他们一起探讨写作上的问题，并乐在其中。

可应试化、模板化的作文写作是把双刃剑，它在给予张悦鲜花与掌声的同时，也束缚住了她原有的灵气，"小学阶段，我可能没有从中收获太多"。这时，一位语文老师像一道曙光，将她正式引上了文学之路。

这位老师姓余，是张悦的初中语文老师，说话慢条斯理的，很儒雅。平时，他会在课后布置一些作文题目，并向同学们推荐一些书籍阅读，比如《边城》《狂人日记》《我与地坛》等。在他的教导下，张悦养成了良好的阅读习惯，史铁生、阿加莎·克里斯蒂、张爱玲、阿贝尔·加缪、木心、三岛由纪夫等作家的书籍都是她的心头之好。

渐渐地，文学作品成了她的避风港和加油站。每当陷入久久不能自拔的精神内耗中时，张悦就会习惯性地投身书海，"有时候，读书能让我更松弛地迎接一切挑战"，等心情平复后，再走出文字的世界，回到现实当中，想办法解决问题，往往有意外之喜。

初三那年，班里换了新的语文老师，姓陈，脾气直爽，做事风风火火，不拖泥带水，对张悦同样关爱有加，经常指正她在写作上的问题，这让张悦的写作能力得到了飞速提升。在陈老师看来，张悦的文学素养很高，在写作方面极具潜力，虽然刚开始在语文学习上没什么头绪，但只要稍加点拨，就能转过弯来。"而且她不是三分钟热度，她会想办法一步步接近自己的理想。"陈老师对张悦如此评价。

2019年4月，"腾飞新中国　辉煌七十年"广东省少年儿童庆祝中华人民共和国成立70周年征文活动正式启动。可当时正是备战中考的冲刺阶段，为了不影响张悦复习，直到中考后，陈老师才将此事告诉张悦："放假也不要太过于放松，文笔还是要继续磨炼的，这个比赛你想参加的话，可以去试试，不过还有几天就截稿了哦，时间有点赶。"

"好的，我试试！"抱着锻炼一下的心态，张

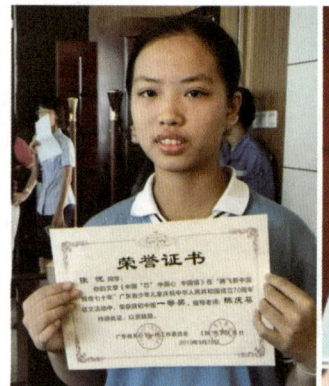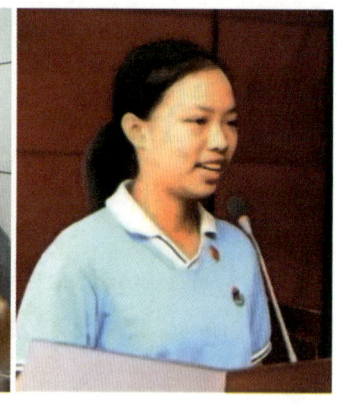

2019年，张悦荣获"腾飞新中国 辉煌七十年"广东省少年儿童庆祝中华人民共和国成立70周年征文活动初中组一等奖并作为获奖学生代表登台发言

悦开始构思自己的参赛作品。这时，她想起了因为工作错过自己成长的爸爸，他在华为为国造"芯"，一股强烈的爱国情怀瞬间在她心中激荡开来。于是，她花几天时间提笔写下了《中国"芯" 中国心 中国情》一文，献礼祖国。没想到，这篇文章最后竟荣获初中组一等奖，这给了她极大的惊喜与信心。

2019年9月28日，张悦以获奖代表的身份出席了颁奖大会，并怀着激动的心情登台发言。"颁奖大会很隆重，广东省关工委领导和《秋光》杂志社的老师们为我们颁发了证书、奖品，让我很有成就感。"也正因这次获奖经历，让她下定决心，以后要做一个德智体美劳全面发展的中国特色社会主义接班人。

奉献自己的爱心

光想不做假把式。升入高中后，张悦便自告奋勇地加入了学校的团委义工部，经常跟师兄师姐们一起去做义工，帮助社会上需要帮助的人。

张悦印象最深刻的，是2019年的中秋节。那时，她刚上高中没多久，碰巧赶上了团委义工部组织的中秋节慰问活动。该活动由学校团委的老师们带头，义工部近70名成员踊跃参加。慰问对象是学校附近社区里的孤寡老人、残障人士等低保户、困难群体。张悦和同组的小伙伴们身穿学校派发的印有团委义工部logo的红马甲，提着大包小包，穿街走巷，拜访了四五户人家，为他们分别送上一盒月饼、一袋营养品和若干水果。

记得当时，张悦和同组的小伙伴们拜访了一位老人家。他家里只有他一个人，老人家腿脚很不方便，口齿也不清楚。当张悦将中秋慰问品递给他时，他操着颤抖的粤语，从喉咙里挤出一句又一句"唔该！多谢晒！"这一下子就击中了张悦内心

最柔软的部分。"第一次看到这样的晚年生活，很受触动。"离别之际，大家围在老人家身边，说了很多祝福的话，并嘱咐他要保重好身体。这场面让张悦感到很温暖，她觉得世间大爱莫过于此。

"我认识到，世界上还有很多在过苦日子的人，也有很多善良的人，我希望自己能成为奉献爱心的那一个人。"活动结束后，张悦搭乘公交车回家。中秋节当天，车流量很大，路上很堵。但此时，张悦并没有感到半点烦躁，内心出奇平静。她看着车窗外停停走走的风景，对这个世界有了更深刻的认识。

新的开始

虽然在生活中，张悦不太善于与人打交道，但其实，她内心深处对广交好友有一种莫名的渴望。她平时也敢于挑战自我，对互联网有着浓厚的兴趣。"我热衷于尝试新兴事物，哪怕有失败的风险，我也不想困住自己。"

2022年高考结束后，张悦尝试在微博上开通了账号，通过观看教程、请教网友等途径，初步掌握了剪视频、修图等新媒体运营技能，并不时发布一些自己剪辑的年轻人喜欢的娱乐潮流类视频，在网上有一定热度。"现在互联网发展太快了，导致鱼龙混杂，但我有自己的底线，不会为了流量去造谣、传谣。"几个月下来，坚持初心的张悦也收获满满，微博粉丝量增长到了1400左右。同时，她也在网上认识到了不少多才多艺、有趣善良的网友，内心世界得到了进一步的满足，人也变得外向、开朗了不少。

步入大学校园，张悦还加入了学院的排球队。因为热爱，她每天课再多也会抽空坚持练习，打到晚上十点才回宿舍是常事，手臂上全是伤，经常腿痛、腰痛，"总之浑身没一块舒服的地方"；再加上学校的排球场还是露天的，夏天非常晒、非常热，张悦一度想要放弃。但这时，她又想起了自己中学时期的那次征文获奖经历，消极的情绪瞬间荡然无存。于是，她咬咬牙，继续坚持了下来，还参加了2022年广东医科大学排球院际杯比赛，以替补队员的身份助力团队夺得第一名的好成绩。"不管遭遇多大的挫折，只要想起自己曾经被认可过，就会重拾信心，这是一种勇气的来源。"张悦骄傲地说。

目前，张悦就读于广东医科大学，主修英语专业。爱好语言的她，希望自己以后能当个英语老师，教中国学生学英语，或者教外国学生学中文；她还梦想能环游世界，看看不一样的风景，体验不一样的风情，将中华优秀传统文化传播到世界各地。可以说，这一路走来，张悦都在自信中成长。相信她的未来，也将会光彩夺目。

叶颖宜：热爱生活，与幸福劳动握手

□ 黄嘉晖

奇思妙想的生活观察家

走进郁郁葱葱的校道，两旁是高大挺拔的香樟和洋紫荆，猛烈的阳光从细碎的叶子间隙穿过，给地上还没来得及打扫的叶子铺上一层金黄色。充满生命力的夏蝉，正"吱喳吱喳"地叫着，满腔热情地迎接校道上的初一新生。

"真美啊！"这是叶颖宜第一次踏上广东省云浮市郁南县西江中学的校道，感受着温热的夏风掠过发梢，眼前是美不胜收的校园小景，她由衷地感叹道。未来三年，她将在这里度过美好的初中岁月。

叶颖宜赶紧掏出笔和本子，将这美妙的一刻记录下来。她是个喜欢记录生活的女生，所有美好的、难忘的事，都能成为她笔下翩跹的精灵。正如她的人生格言——"对待生活永远保持热情"一样，她擅长发掘生活中的光亮。

她这个习惯，来源于小学三年级。三年级的小女生，时常充满各种奇特的幻想。窗外飞过的燕子是一台战斗机，草地里的小草是一栋栋高楼，趴在上面的毛毛虫则是一只大怪兽……在一次课堂小练笔中，叶颖宜将她的奇思妙想一并写了进去，并满心期待能得到老师的赞扬。

叶颖宜在课堂上分享读书心得

可是，她的愿望落空了。在文章发回来后，上面的"C"等评分格外刺眼。她眼窝浅，泪水"唰"的一下就涌了上来，诚惶诚恐地等着语文老师温老师的批评。但温老师并没有批评她的文章不切实际，反而亲切地询问她为什么要这样写。

小小的叶颖宜一愣，随即小声地回答老师的问题。当得知原因后，温老师极力赞扬她的文章想象力之丰富，并解释文章评分低是因为不符合题意，并不是写得不好。

"你要学会发现生活中的点滴美好，取材于生活，用之于文章。"温老师温柔地抚摸着叶颖宜的小脑袋，耐心地说道。

于是，在温老师的指导下，她又将作文改了一遍。这次，温老师满意地点着头，夸赞她领悟力强。就这样，在温老师的循循善诱下，叶颖宜养成了勤写作的习惯。校园中的一草一木，天空中的飞鸟晚霞，身边的人和事……像使者一般，带领着她遨游于写作的广阔天地。写作成为她生活中不可或缺的一部分。

"虽然我知道我的文章并没有那么好，但温老师那毫不吝啬的夸奖激励着我坚持写作。"回忆起这件事时，叶颖宜面带微笑，轻快地说道。

"小红褂"，大力量

进入西江中学后，叶颖宜在认真学习的同时，还积极参加学校举办的各项课外活动，如运动会、文艺晚会、书法比赛等，努力拓展自身的兴趣爱好，让自己在各个方面都有所发展。其中，她尤其钟爱硬笔字练习，一手好字常常让老师和同学们大加赞叹。"拥有一手好看的字，对我的学习和写作都是一种激励，是我不断前进的动力源泉。"

不仅如此，作为一名新时代的中学生，自幼受到良好家风的影响，叶颖宜有着强烈的社会责任感。在周末、寒暑假等闲暇时间，她经常参与到社区志愿服务中，是一名光荣的"小红褂"。街道、养老院、福利院……都能看见她和小伙伴们忙碌的身影。就像她说的那样："志愿活动滋养了我的心灵。"

但有时志愿服务也并不是一帆风顺的，在一次社区志愿活动中，叶颖宜就遇到了令人不快的一幕：正当"小红褂"们热火朝天地投入清洁道路的活动中时，一位路过的叔叔将抽完

叶颖宜参与校园志愿服务活动

的烟头，随手丢到他们刚刚打扫完毕的街道上。而不远处，就立着一个垃圾桶，在阳光的照射下格外醒目。

扔完烟头，那位叔叔就像什么都没发生一样，在"小红褂"们炙热的目光下继续往前走。这时，一位正在他身旁扫地的"小红褂"姐姐站了出来，礼貌地请求那位叔叔将烟头捡起，并将它扔到不远处的垃圾桶。

但是，那位叔叔并不听劝告，反而大声呵斥，态度十分恶劣。叶颖宜和其他志愿者也看不下去了，纷纷走过来，据理力争地向那位叔叔解释说理。而旁边一些散步的群众也加入了"战场"。

在众人的劝说下，那位叔叔认识到了自己的错误，捡起了烟头，真诚地向大家道了歉。

经历了那次事件后，叶颖宜得出了一个结论："干净整洁的社区环境需要我们共同去维护。作为社区居住一员，我们要积极配合社区管理人员合理的工作安排；当作为一名服务社区的人员时，应以良好的态度劝阻不当行为，承担起相应的责任。"

在积极参与社会实践的过程中，叶颖宜增进了对社会的了解，提高了认识问题、分析问题、解决问题的能力。千里之行，始于足下，这些丰富的经历，对她日后树立正确的世界观、人生观和价值观起到了重大作用。

一家三代人的劳动故事

2022年2月的一天，叶颖宜在课间的时候，接到了语文老师田雪情老师的一项"任务"：参加征文活动。了解得知，原来是"劳动创造幸福"2022年广东省少年儿童践行社会主义核心价值观主题征文活动。

看到这个主题，叶颖宜脑海中立即想到了自己家的家风——"劳动最光荣"。她的思绪随着"劳动"二字，飘出课室，飘出学校，一直飘向远方。

她仿佛回到二月的乡村山麓下，空气中弥漫着清新的气息，太阳慢慢升起，照在田间地头上，照得一块块水田菜畦散发着光芒，也照亮了地里那个忙碌的身影，那是爷爷啊。人与地、地与山麓，三者融为一体，构成了一幅美丽的乡村田园耕作图。

紧接着，她的思绪飞出了小城，目光也随之来到了璀璨繁华的大城市。城市高楼林立，一旁的建筑工地上一片喧嚣。起重机在空中穿梭，工人们在各自的工作岗位上干得热火朝天。烈日下，他们的衣衫被汗水浸湿。叶颖宜在一个角落里看见了爸爸，他正拿着抹泥刀，和着水泥，快速地砌着墙。黝黑粗糙的皮肤，与一旁大楼光滑透亮的玻璃外墙形成鲜明的对比。

"颖宜，考虑得怎么样？"田老师的声音将她的思绪拉了回来，叶颖宜决定接受这项挑战。她希望通过这次比赛来检验自己的学习成果，同时锻炼写作能力和胆量。更重要的是，她要通过描写一家三代人辛勤劳动的故事，来传承优良家风，感受劳动带来的幸福。

在阅读了不下 10 次征文启事后，叶颖宜已经在脑海中思考、构建出文章的基本框架。下笔时，一幕幕往事涌上心头：与爷爷一起在菜园除草施肥，听爸爸分享在工地施工时，看着一栋栋高楼拔地而起而油然滋生的满足感……在耳濡目染下，叶颖宜从小就懂得劳动能给人们带来幸福。

很快，她就完成了文章的写作。在田老师的悉心指导下，叶颖宜又对文章进行了语句调整和结构修改，使其更加贴合"劳动创造幸福"的主题。最终，她的文章《劳动，幸福的奥秘》从全省众多优秀征文中脱颖而出，荣获初中组省级一等奖。

"能够取得不错的成绩是在我的意料之中的，但出乎我意料的是居然获得了一等奖。"得知这个好消息，叶颖宜抑制不住内心的愉悦，激动地说道，"我最想感谢田雪情老师，在写作时，田老师给了我

叶颖宜在校园文化墙前阅读

许多建议和帮助，初中两年多来，田老师对我在写作等方面的栽培，使我收获颇丰，让我能够在写作这条道路上越走越远。"

涓涓细流成大海，点点星光亮银河。正是因为有了平时的厚积之功，叶颖宜才能在写文章的时候游刃有余，手到擒来。这次获得一等奖，为她在写作道路上前行增添了一份勇气。同时，通过本次征文活动，她更深刻地体会到了劳动给个人、给社会带来的意义。

在谈及未来规划时，这名当时仅九年级的小女生坚定地说："成为一名医生是我一直以来的梦想。"但同时，她也表示不会放弃文学创作，会将它作为一生的兴趣爱好，一直坚持下去。左手医学，右手文学，在拯救生命的同时，亦注意体察大众心灵。

何韦漪：斜杠少女中华魂

□ 钟灿辉

斜杠（/）是个间隔符号，代指汉语里的"或"。在新时代，不少时尚男女将自己看成是一个"斜杠"人物，对外介绍时，经常会用斜杠来分隔自己的诸多身份。例如，"张三，作家/编剧/记者/摄影师"。何韦漪是一个名副其实的斜杠少女，有着各种光彩夺目的头衔，她目前是广东省小作家协会会员、广州市少年宫合唱团团员、校青年志愿协会干事、正佳广场东南门志愿驿站青少年服务队副队长、四星志愿者、广青交原小提琴团员……简直就是一个"六边形战士"，多才多艺，是中国新少年的杰出代表。

广府人：弘扬本土文化

何韦漪出生在广州，因为妈妈是台山人，爸爸是阳江人，她从小就接受广东本土文化的熏陶，会说粤语，爱吃粤菜，是地地道道的广府人。身处这座繁华的大城市，随处可见广府元素，粤剧、广绣、广彩、舞狮、咏春等一系列广东传统民俗文化的魅力深深打动了她，强烈的自豪感、责任心驱使着她争当新时代广府文化传承人。

上小学时，学校每年都会举办"新春广府庙会"活动。那天，校园内处处张灯结彩，喜庆洋洋，大伙结伴同游，东逛逛，西逛逛，看看粤剧，吃吃点心。不远处，鼓点敲得轻快密集，舞狮表演正火热进行中，围观的师生们发出阵阵惊呼。

记得有一次，何韦漪所在的班级准备了一个粤剧节目。何韦漪因拔尖的综合素养，有幸被老师选中，扮演花旦。准备阶段，她和同学们排练了很多次，吃了不少苦，受了不少罪，不管是唱腔练习，还是动作训练，她全都认真对待，和同学们一起将节目打磨得足够精彩。正式表演那天，何韦漪和同学们一大早就回到学校化妆、做头发、换衣服，她相当兴奋，但有些许不安。看着镜中的自己，何韦漪突然有种陌生感，忍不住臭美一番。"这是谁？这是我吗？天啊！太有趣了吧！"不敢说美若天仙，但绝对韵味十足。这次演出非常成功，别看只有短短三分钟时间，在整个演出过程中，台下沸腾不止，掌声、欢呼声此起彼伏，大家都纷纷掏出手机，争相为小演员们拍照留念。难得当一次明星，何韦漪从中受到了极大的鼓舞，这让她发自内心地热爱上了广府文化，切身体会到了其中的魅力。

2018年，何韦漪参加了以"新时代 新广州"为主题的第十五届广州市中小学生书信节活动。何韦漪当时所在的越秀区农林下路小学是广州出名的粤剧及粤语童

"腾飞新中国 辉煌七十年"广东省少年儿童庆祝中华人民共和国成立70周年征文活动上何韦漪作为学生代表发言

谣特色学校,很鼓励学生宣传广府文化,再加上妈妈经常会提起为弘扬广府文化作出较大贡献的广州原市长黎子流爷爷。何韦漪突发奇想,打算写一封信给黎子流爷爷。"黎子流爷爷对广府文化的贡献让我很感动,很想向他请教一下,对于青少年来说,我们该如何传承广府文化。"令何韦漪感到惊讶的是,没过多久,她就收到了黎子流爷爷的回信。信里写着的一句话,让她记忆犹新:"希望您认真学习,读好书,有健康的身体,立志高远,做一个有益社会、人民的人。"这让何韦漪的内心充满了力量,立志当一名优秀的广府文化接班人。

2019年,何韦漪参加了"腾飞新中国 辉煌七十年"广东省少年儿童庆祝中华人民共和国成立70周年征文活动。这次,她以"做新时代广府文化传承人"为题,将与黎子流爷爷信件互动的经历写了进去。超越同龄人的老道文笔,独特的切入点和事例材料,让她从众多参赛者中脱颖而出,荣获小学组省级一等奖。事后,她被邀请作为学生代表在颁奖典礼上发言,还顺利加入了广东省小作家协会。对此,她感触颇深:"感谢父母的陪伴,感谢老师的教导,也感谢一直努力拼搏的自己。通过这次比赛,我的写作能力得到了提升,对生活、学习有了更深的体会。未来,我会继续努力,再创新的辉煌。"

志愿者:才艺助力爱心

生活在新时代,何韦漪非常知足。比起父辈,她觉得自己的成长条件更为优越。"我们这代人可以通过多种渠道获取知识,有更强的创新和表达能力,自信大方,充满激情。"她很珍惜自己当下所享有的优质资源,在学习上特别用功,兴趣也相当广泛。在学校,她是学霸,各科成绩名列前茅;回到家里,拉得了小提琴,弹得

广州市原市长黎子流给何韦漪的回信

了钢琴。小学三年级时,何韦漪就取得了英皇钢琴和小提琴的八级证书。她说:"备考期间,除了兼顾各科学习,我每天还要练琴5个小时。上了考场,一番演奏下来,考官们都被我出色的表现惊呆了。"

到了小学四年级,何韦漪开始参加志愿服务。"当时,我经过广州市天河区正佳广场东南门志愿驿站,看到穿绿色马甲的志愿者们在做旅游文明宣传,我很感兴趣,便走了过去,想加入他们。"正佳广场东南门志愿驿站青少年服务队经常会组织志愿服务活动,何韦漪积极跟随服务队里的哥哥姐姐们一起慰问独居老人、参加社区义务劳动、宣传消防安全知识、为乡村儿童置换书籍……忙得不亦乐乎。通过志愿服务,何韦漪收获了友谊,懂得了感恩,培养了责任担当,树立了正确的三观。后来,何韦漪还当上了正佳广场东南门志愿驿站青少年服务队副队长,积极地带领队员们参与各种志愿服务活动,广州日报、广州青年报等媒体争相报道,她也收获了不少点赞和支持。

2021年2月15日大年初四,正佳广场东南门志愿驿站举办慰问留穗过年人员音乐会,何韦漪组织有艺术特长的同学在驿站前面,为当地市民演奏起了小提琴、琵琶、古筝等乐器,欢快的音乐增添了节日的喜庆气氛,展现了新时代少年昂扬向上的精神面貌。

利用才艺助力志愿服务活动,学以致用,这让何韦漪深刻感受到了奉献的喜悦。如今,何韦漪志愿服务时间累计已超过1000小时,被评为四星志愿者,她将在志愿服务之路上保持初心,继续努力,越走越远。

传播官：发声彰显担当

何韦漪还是一个具有国际视野的新时代少年。目前，她已初步掌握英语和西班牙语两门外语。谈及喜好学习外语的原因，她表示："一是因为从小到国外自由行，接触国外民俗文化，觉得外语是对工作生活非常有用的工具；二是受自己初中广州外国语学校的办学宗旨和外语学习氛围的影响；三是想通过外语演讲，提升表达能力，开阔视野。"

小学五年级时，何韦漪参加了"2019国际青少年外语精英峰会"，这是以6~17周岁具有出色外语能力的青少年为活动对象，注重开阔青少年眼界，增长见识，提高英语能力的比赛。何韦漪凭借扎实的基础，一路过五关斩六将，从校赛到市赛，从市赛到省赛，最后进入全国总决赛。这次经历让她对外语学习，以及演讲产生了浓厚兴趣，她觉得学习外语和演讲是一件非常有意义的事情。

同年11月，何韦漪在家人的陪同下，来到北京外国语大学参加由教育部中外人文交流中心和北京外国语大学联合举办的2019世界青少年模拟联合国大会。参加大会的有来自我国24个省、自治区、直辖市及特别行政区共600余名中小学生，何韦漪被分到了一个孟加拉国代表的外交官身份。面对众多青少年选手，何韦漪毫不怯场，沉着应对，依照联合国会议规则，用流利的英语和其他青少年选手一起交流合作，共同探讨解决"世界儿童如何免遭受暴力和虐待"的问题。因积极发言，表现突出，她被推选为会场代表，在闭幕式时，在千人礼堂上总结发言，宣读决议草案，向世界迈出了一小步，展现了中国新少年的风采。

抱着成为一名多语种人才的愿望，何韦漪还积极学习西班牙语。"一是我的英语启蒙老师来自拉美的巴哈马，她的国家讲西班牙语，我想用西班牙语跟她交流；二是我在合唱团会学到一些西班牙歌曲，懂西班牙语的话，学唱起来会容易很多。"虽然目前，何韦漪的西班牙语还没达到自由对话的水平，但她在初三就通过了西班牙语DELE青少年等级考试，获得了A1等级证书，获得了口语满分的好成绩，相当厉害。如今，在合唱团排练时，有了西班牙语的加持，学唱什么西班牙歌曲，都难不倒她，她一学就会，成了不少同学眼中的榜样。

2023年9月，何韦漪升入高中，就读于广州市第二中学。不管是文科还是理科，她都认真对待学习，最喜欢历史和生物。在她看来，历史很重要，只有牢记历史，才能更好地创造未来；生物也很重要，目前她正在参加学校的生物竞赛学习。她希望自己能脚踏实地向前进，为了理想奋勇拼搏，不负青春，不负时代，传承中华之魂。

田耀星:夜空中最亮的星

□ 林枫炀

用心"看"世界

2022年9月的一天,在清晨六点的珠海市斗门区井岸镇,田耀星像往常一样跟妈妈周俊一起出门,准备坐公交车去学校。夜里刚下过一场雨,她感觉到空气是湿润的,带着雨后泥土的清香,风吹在脸上有些许凉爽。

田耀星抱着一本厚厚的书坐在公交车里靠窗的位置,她留着齐耳短发,有着一张圆嘟嘟的娃娃脸。起初车里很喧闹,自动车门开合的噪音、乘客的交谈声、公交车的电子提示语等不绝于耳。但渐渐地,她什么也听不到了,因为她正用手指在细细阅读着一本足足有800页的《哈利·波特与魔法石》(盲文版)。

田耀星在学校操场

田耀星是一名盲童,虽然她无法用眼睛看到这个世界的万事万物,但此刻,通过阅读,她用小小心灵"看"到了书中那个缤纷多彩的世界。

从耀星家乘坐公交车到珠海市特殊教育学校需要一个小时的车程,耀星妈妈早已习惯了女儿沉浸在阅读世界中,妈妈知道,当星星在阅读的时候,她与常人并无二致,都在书里遨游,在书里"看"另一个世界。

星星是田耀星的乳名。2012年8月27日,星星降生于中山市神湾医院,在她出生两三个月后,家人就发现星星似乎和其他婴儿不太一样,她的眼睛不会追光,出门会畏光大哭,等到八九个月大时,父母才确认星星看不见东西,经过多方求医,她被确诊为先天性视网膜发育不良。

焦灼的情绪席卷了整个家庭,爸爸妈妈为了恢复星星的视力不惜一切代价,在各个医院四处奔走,有位医生建议可以到广州做激光康复训练。之后每年,妈妈都会带着星星到广州的医院进行康复训练。为了方便治疗,他们省吃俭用,在白云区清湖村的大布路口租了一个每月350元租金的小单间,每天地铁公交辗转两个小时到医院进行治疗,就这样反复坚持了三年。可是,一切努力都无济于事。

没有视力,星星就通过阅读了解、用心灵感受这个世界。自从学会阅读盲文,每天,在搭乘公交上学的路途中,在学校一天四节课的课间,饭堂里午休时用餐的间隙,甚至在放学回家的路上,人们都能看到星星捧着一本本厚重的盲文书认真摸读的身影。

阅读就是透进星星生命里的那束光,就算看不见,她也是自己人生的追光者。

当看不见的她被看见

田耀星的爸爸偶尔会惋惜道:"你的眼睛看不见,美丽的风景都不知道是什么样子。"他多希望女儿有一天能看到这世间美好的一切。

星星敏锐地感觉到爸爸语气里的难过,懂事的她从不怨天尤人,反而耐心地开导起爸爸:"虽然看不见,但我也能闻得到风景:清风徐来,一阵花香,那不是一大片的花海吗?不仅如此,我还可以感知空间距离:站在一堵墙的面前,我可以准确感知到门的位置。这是为什么呢?因为我有超能力呀,能敏锐地捕捉到空气流动噢!"

星星的一番话把爸爸逗得哈哈大笑。

整个家庭对星星的爱从未因她的身体缺陷而消减半分,反而愈发浓郁,星星乐观向上的性格得益于父母全心全意的陪伴与教导。

星星第一天来上学的情景,珠海市特殊教育学校的万方玲老师至今记忆犹新。2018年9月的新生入学日,在川流不息的人群中,万老师远远便看到有个小女孩高高地骑在爸爸的肩膀上,脸上洋溢着幸福的笑容。

"大家好呀,我叫田耀星!"星星在爸爸的引导下,落落大方地进行自我介绍,她瞬间吸引住了在场的老师们。因为视力障碍,星星被安排到了万方铃老师执教的启明班。

开学第一节课,万老师就发现了星星的语言天赋,她的嗓音仿佛被天使吻过,而且非常擅长讲故事。于是,当珠海市特殊教育学校举办2018年学生才能选拔赛时,在万老师的力荐下,星星站上了人生中的第一个舞台。

首次登台,星星心里有些紧张,握着话筒的小手都是汗津津的。但她太喜欢讲故事了,独自在黑暗中摸索成长的她无比渴望与大家分享自己喜爱的故事。星星只要想到自己的声音将会被很多人听到,喜悦感很快便盖过了紧张的情绪。星星在台上为大家绘声绘色地讲述着《伊

万方玲老师在指导田耀星朗诵

索寓言》里《狐狸和仙鹤》的故事。在观众眼里，台上这个小小的女孩也跟她的声音一样明亮起来，变得熠熠发光。

星星的表演赢得了那一年的"最佳才能奖"。从那天起，全校师生几乎都认识了她——一位声音甜美、会讲故事的盲童女孩。

自那以后，校内外各种朗诵比赛都会有星星的身影，在大大小小的比赛历练中，星星成长飞快。2018年，她从学校的舞台走上了珠海市首届"小小朗读者"比赛的舞台；2022年，她又从市级舞台走上了广东省第十三届盲人诗歌散文朗诵大赛的舞台。一分耕耘，一分收获，星星取得了无数优异的成绩，她的声音也被越来越多的人听见。

田耀星在舞台进行朗诵表演

2020年5月，在家人的帮助下，星星在B站（全名哔哩哔哩或bilibili）开通了一个名为"启明小星星"的视频账号，每周都会不定期地更新自己的读书视频，她的账号粉丝数量慢慢地从起初的几百涨至10万多。来自全国各地的网友都在关注、关心着她的成长，给予她善意的鼓励与支持。

看不见的星星逐渐被人们看见了，田耀星心中的希望越来越清晰明亮。

不幸的她有发现幸福的眼睛

好景不长，2022年10月16日，一直食欲不振的星星被妈妈带到医院做常规的抽血检查，但伴随着诊断结果而来的是一纸病危通知书，这声晴天霹雳让妈妈脑里一片空白，当即瘫软在地。

星星被诊断为慢性肾衰竭，也就是尿毒症。当天医生马上为星星安排了血液透析临时置管的手术。

手术时，打了半麻醉的星星因为害怕，浑身颤抖得厉害，她的眼泪在眼眶里打着转，只能尝试通过唱歌给自己壮胆，她哆哆嗦嗦、断断续续地唱着周深的《大鱼》。听着星星微弱但坚强的歌声，一直强撑冷静的妈妈哭了，就连几个护士也悄悄抹起了眼泪。

几经波折，转院后的星星又重新做了一次腹膜透析插管手术。自此，一根用来治疗的救命导管插入了她的腹腔里。

腹膜透析俗称"洗肚"，是一种肾脏替代治疗方式，这根导管能代替星星衰竭的肾脏实现"排水、排毒"的功能。为了适应这根救命导管，星星吃了不少的苦头，手术后的伤口，血流了七天才止住。那时，妈妈每天最怕揭开星星的被子，怕看到雪白的被子又被鲜血染得通红,也怕看到蜷缩在病床上的星星那副咬牙坚持不哭的模样。

即便如此,住院期治疗的一个月内,虚弱的星星仍然没有忘记读书,精神状态稍好一些,她就请求爸爸帮她把盲文书拿到医院来。只是命运实在不公,妈妈周俊不久后也同样确诊了慢性肾衰竭,这无疑让整个家庭雪上加霜。

正当这些坏消息如巨石般压得星星的家庭快喘不过气的时候,学校那边传来了一个喜讯:三年(1)班田耀星同学的文章获得了"劳动创造幸福"2022年广东省少年儿童践行社会主义核心价值观主题征文活动的省级一等奖!这个消息给星星一家饱受病痛折磨的身心带来了一丝慰藉。

热爱阅读的星星在浩瀚书海遨游之际,早已萌发了创作的想法。在万老师的指导下,她还未住院时使用盲文写下了《勤劳创造　幸福自来》这篇文章,再由老师进行翻译后拿去参赛。在星星笔下的"劳动创造幸福",是做好每件生活中的小事,是为操劳的妈妈分担家务,是未来能通过自己的双手养活自己、照顾父母、帮助他人,甚至是努力报效祖国。

即便命运不公,星星也没忘记自己曾写下的这些字句,更牢记着妈妈告诉她的一句话:"幸福要靠勤劳的双手去创造。"

出院后的星星和妈妈都要持续进行居家腹膜透析治疗。除了日常的洗澡和治疗需要妈妈的协助,星星的生活基本可以自理,治疗期间,她会帮助妈妈分担一些力所能及的家务。

笔者第一次见到星星是在2023年7月23日,笔者陪同高小莉作家专程到珠海市特殊教育学校采访她的事迹,星星那天穿着漂亮的公主裙,扎着可爱的双马尾,虽然唇色苍白,但接受采访时落落大方,不时发出爽朗动听的笑声。被星星的乐观打动的高作家紧紧握着星星的手,告诉她:"你多漂亮啊,虽然你看不见,但你的心里其实有很多双眼睛,有感受色彩的眼睛,有发现幸福的眼睛,未来你可以和我一样成为一名作家。"

田耀星接受作家高小莉的采访

"您是作家吗?"星星突然惊呼起来。

"我就是作家呀,你'看看'我。"高作家温柔地拉起星星的小手放在自己的脸上,星星仔细地摸了摸高作家的脸,露出了幸福的微笑。那一刻,她或许是看到了梦想的模样。

她的生活是《星星历险记》

如今的星星白天上学,晚上回到家便开始接受腹膜透析治疗。治疗一般持续到隔天早上起床,星星会在治疗完毕后前往学校。这是她一天的作息。

除了在阅读方面持之以恒,星星的写作兴趣和写作能力也在逐渐提高。同时,她也拥有了想要奔赴的梦想——长大了做一位广播电台主持人,或者成为一个作家。

有一天,田耀星拄着盲杖跟妈妈外出游玩的时候,路过一个小公园的池塘,在妈妈的引导下,星星好奇地用盲杖去触摸池塘的水面。

妈妈说:"小心盲杖掉下去噢!"

"啊,我想到了!我要写一个盲杖的故事!"

星星被妈妈的话启发,开心地畅谈着她的故事构思:"如果我的小盲杖掉到了水里,它就会顺着水流漂呀漂,然后它会遇到另一个盲人,小盲杖长大后就和这个盲人成了同事……这个故事就是《盲杖历险记》!"

吃饭的时候,星星又突发奇想,手舞足蹈地分享着自己想到的故事:"有一天,厨房里的辣椒、茄子、西红柿决定反抗自己将被吃掉的命运,为了躲避人类的追捕,它们搭乘着纸飞机逃走了……这个故事的名字就叫《蔬菜兄弟历险记》!"

田耀星的生活何尝不是一部《星星历险记》呢?她和她故事的主人公一样乐观、坚强、勇敢。先天残疾带给她黑暗与挫折,后天疾病带给她苦痛与磨难,即使命运待她不公,她仍是笑靥如花地面对生活,在黑暗中摸索出一条光明的道路。田耀星最喜欢的一首歌是《夜空中最亮的星》,就像父母为她取的名字一样,她就是夜空中最闪亮耀眼的星星。

在 B 站"启明小星星"2023 年 11 月 8 日的视频里,耀星父母带着前不久刚复诊出院的星星来到田野上。星星摸着菜地的豆苗、路边的杂草、攀到路沿上的喇叭花以及裤子上沾到的苍耳,不时轻笑出声。走到一条宽阔的大路时,妈妈让星星自己往前走,星星拿出盲杖,小心翼翼地探索着向前。爸爸妈妈在她身后,视频面前来自全国各地的人们都在她的身后,看着她,关注她,盼望她能健康长大,做那个永远亮闪闪的田耀星。

星星拿着盲杖在户外行走(视频截图)

梁盈玮："小姐姐"的三个梦

□ 钟灿辉

作为一名"10后"的女生，梁盈玮喜欢自称"小姐姐"。她说，这是对"萌系"女生的俏皮称呼，既可以让自己显得活泼可爱，又能拉近与同龄人之间的距离，一举两得。

恰逢盛世，时代赋予了她阳光与自信。"我们这代人的表现欲很强，胆子很大。"课堂上，面对老师的提问，她和其他同学一样踊跃举手，一点都不害羞。课外，她除了积极参加阅读、朗诵、合唱等特色活动，还乐于助人，有些同学心情不好，也愿意找她倾诉。"和大家一起共同进步，是我最快乐的事情。"

2022年3月，以"劳动创造幸福"为主题的广东省少年儿童践行社会主义核心价值观主题征文活动正式启动。得知此事，广州市荔湾区文昌小学六年（5）班的班主任黄颖怡老师鼓励班里品学兼优的梁盈玮参加比赛。"我觉得这个活动立意非常好，有助于学生树立正确的人生观、价值观。"黄老师表示。于是，2022年5月初，梁盈玮满怀热情，提笔撰写了《幸福的味道》一文，并顺利斩获小学组省级一等奖，成为大家心目中耀眼的明星，这让她感受到了前所未有的快乐。

文学梦：用笔记录每一份感动

梁盈玮的文学之路从"一件错事"开始。

有一天，还在读小学一年级的梁盈玮看到爸爸将一个精致的盒子小心翼翼地放在书架上。好奇心使然，在爸爸出门后，她兴奋地一路小跑到书架旁，踮起脚尖，轻轻一跃，一把将盒子取了下来。打开盒子，里面赫然躺着一支华贵大气的钢笔。梁盈玮瞬间被它迷住了，立马找来一张白纸，跃跃欲试。"当时可能没有墨水，写不出来。"她便大力一甩，可惜没掌握好力度，钢笔"啪嗒"一声，直接

梁盈玮在妈妈的鼓励下养成了写日记的习惯

摔在地上，笔身也出现了裂痕。

梁盈玮怕挨骂，没敢当面向爸爸道歉，但内心满是愧疚。妈妈察觉出她的慌张，一再追问，这才得知事情的原委。妈妈并没有责怪她，反倒温和地说："我们可以通过写信跟爸爸道歉。"这是个好办法，梁盈玮一拍脑袋，"之前怎么没想到？"她立马找来纸笔，写下自己的"罪行"，承认错误，请求爸爸的原谅。

梁盈玮受邀参与 2022 年广东省少年儿童践行社会主义核心价值观主题征文活动总结大会视频录制

爸爸收到信件后，看着上面歪歪扭扭的字迹，不但没有责怪她，反而夸她是个诚实的好孩子。尝到甜头的梁盈玮，对写作产生了浓厚的兴趣，在妈妈的鼓励下，养成了写日记的习惯，每周写三四篇，"把生活中开心或难过的事都记录下来"。

五年级时，梁盈玮遇到了黄颖怡老师。"在讲四大名著时，黄老师让我们角色扮演；讲《竹节人》时，黄老师又举办了激烈的斗竹节人大赛，鼓励我们根据这个活动写篇作文。"在梁盈玮眼里，黄老师是她的文学启蒙老师。这次比赛，她之所以能获得小学组一等奖的好成绩，跟黄老师的辛勤付出密不可分。

动笔前，黄老师便提醒她："不着急下笔，先好好回想一下，在你生活中有没有因为劳动而感到幸福的瞬间。"梁盈玮抓耳挠腮，左思右想，最终灵光一闪，决定从"分享自家种的蔬菜给邻居"这件事入手。事情虽小，但胜在真挚。这也是她能拔得头筹的关键所在，"盈玮很用心，轻轻点拨，就能形成终稿"。

能取得小学组省级一等奖，梁盈玮对此颇感惊讶。她纯粹把这当成是一个锻炼的机会，以平常心来对待。可在黄老师看来，获奖并非意外，"在平时，梁盈玮的习作就相当出色，经常会被当作优秀范文在班里展示，是出了名的小作家。"黄老师对她赞不绝口。

2022 年 12 月 9 日，梁盈玮以获奖学生代表的身份，受邀到广东文学艺术中心参与 2022 年广东省少年儿童践行社会主义核心价值观主题征文活动总结大会的视频录制。那天，她扎起漂亮的长马尾，穿上红灰相间的校服，戴着鲜艳的红领巾，自信大方地站在镜头前，抑扬顿挫地朗读着获奖感言和获奖作品《幸福的味道》。台风之稳健，赢得了在场所有人的掌声。回家的路上，她细细回味着这次难忘的经历。

她感谢班主任黄老师的鼓励和指导,感谢组委会对她作品的肯定,这让她在文学创作道路上迈出了坚实的一步,让她更有信心提起笔,记录生命中的每一份感动。

幸福梦:感受劳动的快乐与光荣

2022年4月,受疫情影响,梁盈玮被迫居家学习。起初,当得知要在家里上网课时,她还有点开心,"又有多些接触电子产品的机会了"。可日子一天天过去,她不由得焦虑起来,毕竟已经六年级了,正处在非常重要的冲刺阶段。幸好班主任黄老师教学有方,在帮助毕业班学生巩固语文知识的同时,积极响应学校号召,每周都为同学们布置一些好玩有趣的劳动实践作业,锻炼同学们动手能力的同时,也减轻大家的学习压力。

梁盈玮在做柠果西米露

梁盈玮印象最深刻的一次劳动作业是给妈妈做小甜品。那时,妈妈很晚才下班,还为工作上的事情烦恼。梁盈玮本身就是个爱吃甜食的女生,她觉得吃甜食能让人心情变好。碰巧那次劳动实践作业就是为家人做点吃的,于是她便兴冲冲地上网搜了个教程,有样学样地做了两碗柠果西米露,"我看妈妈吃得很开心,心里是满满的幸福"。

梁盈玮还是个热心的小邻居,在疫情暴发前,就有经常去邻居叔叔阿姨家串门的习惯,还会主动教邻居爷爷上网买菜、在网上预约挂号。平时出门,只要看到邻居爷爷家门口有垃圾,她也会顺便帮着一起扔掉。疫情防控期间,考虑到邻居爷爷的儿女都在外地打工,三个月左右才回来一趟,买菜困难,梁盈玮便想起了自己最近正在做的劳动实践项目——在小菜园里种菜。"妈妈,我们摘些新鲜蔬菜给爷爷吧!"妈妈摸了摸她的头,对她的想法予以肯定。这正是她的获奖作品《幸福的味道》的创作背景。

少女的细腻让梁盈玮的文字富有生机活力,同时也让她具备了对生活、对社会独到的观察眼光。"三年疫情,我们都经历了太多太多,我们要做自己健康的第一责任人,与病毒做顽强的抗争。"她祝愿,中国能迎来新的春天,走上高质量发展的快车道;她希望,大家都能通过双手,打开属于自己的幸福之门,共同感受劳动带来的快乐与光荣。

舞蹈梦：成为一名体育舞蹈教师

穿上校服，戴好红领巾，梁盈玮是大家眼中标准的"乖乖女"；换上舞服，化上浓妆，她便摇身一变，成为舞台上光彩夺目的存在。

"以前，我很不喜欢运动，妈妈就给我报了体育舞蹈启蒙班，想让我通过学习舞蹈来锻炼身体。"起初，梁盈玮只会"库克拉恰"（伦巴舞里面的基本舞步）。后来，在老师的谆谆教导下，她又慢慢学会了国际标准舞。这是一种极富律动感的体育舞蹈，内蕴追求卓越、自由平等、竞技合作等主流体育精神，同时也是自我个性、情感的另一种艺术表达。每次表演，她双眼炯炯有神，苗条的身躯随着音乐或快或慢地扭动、摇摆、旋转，在舞台上将少女的青春活力展现得淋漓尽致，点燃全场。

练舞四年，梁盈玮参加了不少体育舞蹈比赛，并取得了相当不错的成绩：2021年广州体育舞蹈比赛摩登单人快步冠军、探戈亚军，2022年第八届广东省高校体育舞蹈锦标赛暨青少年体育舞蹈公开赛单人摩登和拉丁A组

梁盈玮在跳国标舞

双冠、双人拉丁争霸冠军，2022年"哇塞"巡回赛（广州站）单人摩登A组冠军、双人摩登精英冠军、双人拉丁精英季军……"体育舞蹈不仅让我拥有了强健的体魄，塑造了我优美的体态，还让我克服了胆怯，变得更加自信！"

在未来，梁盈玮希望自己能成为一名体育舞蹈教师，帮助更多的孩子增强体质，改善体态，提升气质。当然，这是后话了。目前，作为一名优秀的小学毕业班学生，她始终把学业放在首位，课余时间再抽空练练舞，"短期计划是好好学习，考上理想的初中"。相信，有志者事竟成，这位"小姐姐"的美梦定能成真！

巴桑玉珍：绽放在海滨的雪域格桑花

□ 林枫炀

1

"待到茶香弥漫时，便是学成归来季。"
——巴桑玉珍

"桑培顿珠！秀角（藏语：加油）！"

巴桑玉珍坐在观赛台上，兴奋地跟着人群一起呐喊。

赛马场上，马背少年驭风飞驰，在一声声"秀角！秀角！"中，那匹叫作"桑培顿珠"的棕黄色骏马，四蹄腾空，长鬃飞扬，遥遥领先地冲过了终点线……

又是一年8月，西藏自治区那曲市迎来了一年一度的那曲赛马节，这是藏北草原最隆重的传统节日。在西藏，有一句谚语：远在阿里，险在昌都，苦在那曲。那曲市平均海拔4500米，年平均气温4℃至2℃，

巴桑玉珍

这里高寒缺氧，条件艰苦。但是，在巴桑玉珍看来，那曲市的8月是甜的。因为每逢8月，寒冷萧瑟的藏北高原会变得风和日丽，草原上水草丰美，生机盎然。藏北各地的牧民们会给自己和自家的骏马盛装打扮，带上美味的青稞酒和酥油茶，从四面八方涌向赛马节盛会。

巴桑玉珍从小定居在拉萨，但她每年也会和家人在8月回到家乡那曲共贺这个盛大的节日。

赛马比赛后，人们个个笑逐颜开，巴桑玉珍和家人、朋友以及陌生人围拢在一起，手拉着手跳起了锅庄舞《阿拉耶》。他们步伐整齐，不时围拢、散开，他们唱起高亢的藏族民歌，歌声和笑声久久回荡在藏北高原上。

巴桑玉珍在拉萨长大，在雪域高原的滋养下，她有着小麦色的皮肤和轮廓流畅的圆脸蛋，她能歌善舞，且非常爱笑，性子里充斥着草原民族的热情奔放。巴桑玉珍的血液流淌着一半藏民的游牧精神，也流淌着一半巴蜀之地的红色气质。她的爷爷曾是一位援藏的解放军战士，来自四川，在阴差阳错下，爷爷与生在那曲的奶奶

相爱，自此定居在西藏，为西藏的建设事业奋斗一生。

2020年，巴桑玉珍把爷爷和奶奶的故事写了下来，把为祖国无私奉献的家风传承凝聚在笔端，用文字倾诉自身的梦想，这篇题为"待到茶香弥漫时"的文章在同年获得了"中国梦·家风美"广东省少年儿童践行社会主义核心价值观主题征文活动的一等奖。巴桑玉珍笔下的"茶"是藏族的酥油茶，酥油茶融汇着薪火相传的家风，而那茶香也像淡淡的乡愁，让巴桑玉珍总能在一碗酥油茶中，回想起雪域雏鹰决心插上理想的羽翼，飞向大海的那一天。

巴桑玉珍在赛马节现场

2

"我站在山的顶端，眺望着那片离我很远却又很近的大海。"

——巴桑玉珍

盛夏的拉萨，格桑花开得漫山遍野，这些看似弱不禁风的花朵在高原上开出了坚韧的美丽，生生不息地装点着藏族大地。童年的巴桑玉珍最喜欢这些尽态极妍的花儿，她时常到草原上采摘几束，献宝般捧到爷爷面前。

巴桑玉珍知道，这些花和爷爷的藏文名字一样，都叫作"格桑"。

爷爷格桑曾是一名光荣的解放军战士，已至垂暮之年的他最爱坐在一把太师椅上，拉着巴桑玉珍的小手给她讲故事。

巴桑玉珍总会听得入神，她在爷爷娓娓道来的故事里，时常能透过他越来越多的白发与皱纹，看到西藏和平解放初期那个如火如荼的年代，无数革命先辈用身躯和恶劣的高原环境作斗争，他们翻过了无数座雪山，穿过了无数个沼泽，蹚过了无数条河流，用坚守诠释家国情怀，在巍巍高原铸就了精神高地。

"巴桑玉珍，这个名字的寓意是家里的珍宝，我们家的珍宝不仅有你，还有这份'老西藏精神'。"爷爷慈爱地摸了摸巴桑玉珍的头。小巴桑玉珍的心里泛起了一股奇异又温暖的热流，她也自此开始向往起雪域高原外的世界。

再大些，巴桑玉珍到了上学的年纪，那时几乎所有藏区学子都知道雪域高原之外有内地西藏班，她萌发了到内地求学的梦想。这不只是她一个人的梦想，巴桑玉珍说："到内地求学是很多西藏孩子的梦想，因为我们从小就知道内地有西藏班，也知道要很努力学习才能考进西藏班。"

在巴桑玉珍的文章里，有许多关于"雪山"和"大海"的描写：

"朔风呼啸,仿佛呼唤着我踏上征途。登上山顶,不知怎的,耳边突然响起一种声音:走!那是一个多么温柔而坚定的声音。我想,那就是梦想的声音。我站在您的肩膀上,眺望着那个离我很远却很近的大海。"

她笔下的"大海",就是海滨城市——珠海。2015年9月,巴桑玉珍凭借着优异的成绩顺利通过西藏自治区区内的考试选拔,考上了珠海市第四中学的西藏班。

离家前往珠海那天,巴桑玉珍坐在火车上,紧紧抱着爷爷临行前送给她的本子。这个泛了黄的本子是陪伴爷爷大半生的笔记本,翻开本子,里面是爷爷写下的藏区日记和三两句日常记录,它们是巴桑玉珍最初的文学启蒙,而最新的一页,夹着一朵淡粉色的格桑花,还有爷爷那遒丽的笔迹——"珍儿保重"。

背井离乡去求学,巴桑玉珍的眼泪决堤般地流,实现学业梦想的喜悦和对亲人的不舍让她百感交集。临行前,爷爷那句"学成归来建设西藏"的殷殷嘱托,更是从此烙印在了她的心里。

3

"我躺在大海的臂弯里,眺望着那个离我很远却很近的故乡。"

——巴桑玉珍

不同于西藏地区的雪域高原以及常年干燥寒冷的气候,广东省珠海市潮湿的空气、冬季的暖阳、潮涨潮落的大海让初来乍到的巴桑玉珍有了许多截然不同的体验,欣喜与奇异的感受就像湿润的海风一样时常包裹住她,她即将在南海之滨度过中学时光。

"来到这里,除了第一年经历回南天的时候很不适应,其他时候都很顺利,因为老师们都把我照顾得很好。"对于巴桑玉珍而言,珠海市第四中学的学习生涯,让这个地方成了她的另一个家。能歌善舞的她很快加入了学校的舞蹈队和合唱团,跟学生老师们打成了一片。

许多南方人不可一日无茶,藏族也有一句老话:没有喝茶就等于没有吃饭。在西藏,巴桑玉珍每天都习惯喝一碗酥油茶,本以为在珠海求学再难品尝到家乡味道,但在开学第一周的周日晚上,包括巴桑玉珍在内的西藏班学子们都在学校的食堂里喝上了热腾腾、香喷喷的酥油茶和用青稞做成的糌粑,这是学校老师们特意为他们准备的。一碗酥油茶消解了巴桑玉珍的乡愁,也启发了她的创作灵感。

2020年的一天,语文老师宋薇给同学们宣布了"中国梦·家风美"广东省少年儿童征文活动的征稿通知,彼时读高一的巴桑玉珍当即报了名,她想写写自己亲身经历的故事:从爷爷身为解放军战士来到西藏解放西藏,再到爷爷奶奶相识相爱;从父母都用自己的力量投身到西藏的建设,再到自己来到内地求学……但要用一个怎样的意象来串联起她的家风故事呢?为此,她冥思苦想。

"这茶有这么烫吗?都拿了多久了,你还不喝呀?"同学的话把巴桑玉珍拉回了现实,原来她一直捧着老师每周为他们准备的酥油茶在构思文章,入神得都忘了喝,也忘了放下。

看着手中这杯茶香弥漫的酥油茶,巴桑玉珍的心里有了答案。

文章完成后,语文老师宋薇对巴桑玉珍的文章框架进行了进一步的调整和完善,最终经过班级、年级、学校,再到市级、省级的层层筛选,巴桑玉珍的《待到茶香弥漫时》一路过关斩将,最终斩获了高中组省级一等奖。

2021年1月7日星期四上午,巴桑玉珍和指导老师宋薇一起参加了纪念珠海市关工委成立20周年暨全市关心下一代工作总结大会并领奖。

会后,一位退役军人紧紧握住了巴桑玉珍的手,称赞她的文章写得好,他告诉巴桑玉珍:"我也在西藏驻扎过几年,有很多西藏本地的战友,退役后回了内地当老师,这篇文章让我想起来以前的日子了……"听完这番话,巴桑玉珍比当初得知获奖消息时还要高兴,她知道爷爷教导她的都是真才实学,只要注入自己的真情实感,就会成就一篇好文章!

巴桑玉珍在青少儿艺术花会上献唱

她翻开爷爷送给她的笔记本,拿出那朵夹在本子里的格桑花,这朵花象征着一颗文学的种子,她在那一页认真写下自己的感言:"这次征文带给我的,不仅是掌声和荣誉,更是难得的经历和最深刻的成长。从曾经的讨厌写作到接受写作再到与'她'磨合,渐渐地离不开'她',热爱'她'。原来,格桑花的种子早已生根发芽、含苞欲放。"

此后,受到鼓舞的巴桑玉珍更加热爱文学,她对自己的要求越来越高,不仅多栖发展,充分展现藏族儿女能歌善舞的才艺,在舞台上绽放青春的风采,还通过竞选担任了校学生会主席和校团委副书记,2021年,巴桑玉珍还获得了广东省宋庆龄奖学金。

雪域雏鹰在南方羽翼渐丰,那颗从西藏带来的格桑种子已经生根发芽,在南海之滨傲然绽放。2022年9月,巴桑玉珍以优异的高考成绩被江南大学录取,爷爷在同年5月也已驾鹤西去,他那句"学成归来建设西藏"的嘱托,成了巴桑玉珍的终身梦想。完成学业后,巴桑玉珍想回到西藏,争取成为一名公职人员,像她的父辈们一样,用青春赓续"老西藏精神",让象征着幸福美好的格桑花开遍雪域高原。

李思奇：生命以痛吻我，我却报之以歌

□ 林枫炀

1

要在人群中认出一个患白血病的孩子并不难。他们常服用的药物激素会导致脸部浮肿得厉害，体内的血红蛋白较低也使他们的脸蛋和唇色都失去了健康的红润，伸出手，青一块紫一块的痕迹似乎在无声控诉着治疗过程的艰辛。两年前，就读于东莞市南城阳光第六小学四年级的李思奇因为白血病被迫离开校园，到医院接受治疗，他在病房里照镜子，以自嘲的口吻，用文字记录下自己生病时期的"自画像"。

"他有一张圆圆胖胖的脸蛋，一双看起来有些浮肿的大眼睛，还有一个圆圆的鼻子。没错，这个人就是我。因为生病吃药，英俊潇洒的我变成了现在这副令人不忍直视的模样。唉！"

——李思奇《我的"自画像"》

这已经不是李思奇第一次因为白血病住院了。"奶奶说，十年前，我们在医院整整待了365天才出院，当时我还小，好多事情记不清了。"李思奇回忆道。因为父母都是残疾人，在爷爷奶奶的陪护下，三岁的他在医院度过了一整年，此后逐渐康复，在家休养。直到2020年的端午，佳节的粽香没能为他驱逐瘟神，白血病复发的噩耗打破了这个家庭短暂的七年安康。

十岁本是孩子开启梦想之旅的年龄，是一个崭新的人生起点，李思奇也和这个年龄的多数孩子一样，对生活充满热忱，对世界充满好奇，对求知充满渴望。白血病未复发前，在学校的课间常常可以看见他在操场驰骋的身影，打篮球是他最喜欢的运动。和同学们大汗淋漓地打完一场球，他又转身投入课堂，聆听老师的教导，如饥似渴地汲取知识。生病后，医院代替了学校，治疗变成了日常，最喜欢的篮球运动也成了一种奢求。他每天要经历的，是无休止的量体温、抽血、输液、上药……问起李思奇在住院期间最大的愿望，他几乎不假思索地回答道："最想做的事就是回到学校和同学们一起学习。"

回到学校学习，多简单的一个心愿，但回归普通人的生活，对于一个白血病患者家庭来说，恰是一件最奢侈的事情。

2

"奶奶,我好疼!"

白血病带来的最直接的折磨,就是疼痛,而且是全身骨骼一起发作。李思奇常疼得一宿一宿睡不着觉,年近六旬的奶奶看在眼里,痛在心尖。她经常在半夜起床为李思奇擦药按摩。

奶奶粗糙的手掌一下一下地按着思奇被疼痛侵袭的身体,眼皮也一点一点地耷拉垂下,又强打精神睁开,一边继续手上的按摩,一边温柔地安抚道:"睡吧,思奇,不疼了哦,奶奶帮你按按。"这一幕永远留在了李思奇心里,他强忍着剧痛,侧过脸,假装睡着了,两道泪却无声无息地流下。

即使身体遭受着巨大的病痛,治疗期间,李思奇也没有落下任何功课。为了不掉队,回校能和同学们坐在同一个教室里学习,住院的每一天,他都会严格要求自己根据老师当天布置的学习任务完成作业。如果打着吊瓶不方便写字,他就会看书复习或预习功课。李思奇孤零零地在病房学习,看着雪白的墙壁,心里有时会想起往日和同窗好友一起比赛写作业的场景:浩天有没有我读得快呀?恒逸有没有我写得好呀?……想着想着,泪水便湿了课本。

"他感到痛苦的时候,会拿出课本来写作文、做练习题、背英语单词,以此分散注意力,减轻痛苦。"李思奇的爷爷说。爷爷时常鼓励李思奇以乐观的心态战胜病魔,学校的老师和同学也时时挂念他,通过各种方式为他加油鼓劲,特别是在他有放弃的念头时,大家的支持便成了他最有力的"强心剂"。

药物反应是李思奇的梦魇,每次上强烈的化疗药物时,他都会满嘴长溃疡,疼得吃不了饭,睡不了觉,就连说话都费劲,简直痛不欲生。每当李思奇感到自己快

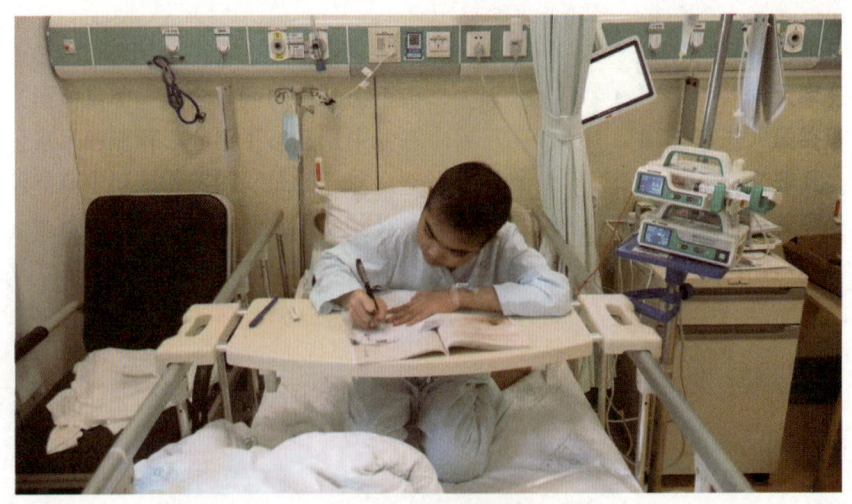

李思奇在病房里写作业

撑不住的时候，他就会反复地看同学们给他写的信："思奇，今年的足球比赛我们班获得了年级冠军！你要快点好起来！明年的篮球比赛我们也争取拿冠军！""学校开辟的劳动基地里种了很多蔬菜呢，你要快点来一起劳动哦！""思奇，我们都很想你，祝你早日康复！"……

大家的鼓励成为他坚持治疗和学习的动力。在医院自学期间，思奇的语文成绩一直名列前茅，总成绩也保持着超过班级平均的水平，这也使他成为同学们学习的榜样。作文课上，老师布置大家写《一个令我佩服的人》，很多同学都写了他。

后来有人问他："你病得如此严重，为什么还那么努力学习呢？"李思奇坚定地回答："只有努力学习，将来我才有能力回报帮助过我、关爱过我的人。"自打他住院起，除了病痛的折磨，治疗方案、骨髓配型、治疗费用这些难题接踵而来。白血病复发要进行骨髓移植，七年前的第一次发病，家里就已经花光了所有积蓄，整个家的收入全靠爷爷一个人打杂工、干苦力。虽然爷爷每天起早贪黑地工作十多个小时，但微薄的收入根本抵不上高昂的手术费用。东莞市南城阳光第六小学的梁校长得知消息后，立刻组织学校进行募捐，全校每个班的老师、同学井然有序地把自己的善款投进募捐箱里，十元、百元、千元……学生家长们也自发、积极转发水滴筹链接，初期医疗费的负担被大家的爱与支持解决了，李思奇看到了生的希望。

在进行骨髓移植的那个晚上，老师和同学们为他录制了一个祝福小视频，看着大家在视频里一遍遍地齐声呼喊着："思奇，加油！我们等你回来！"他感动得泪流满面，打开视频在无菌仓里一遍一遍地播放，正是这些爱，在一个个生死关头提醒他要坚强，让他在逆境中充满了力量，也正是自强感恩的信念，支撑着他与病魔进行了一次次的斗争，顽强地挺过了一段段煎熬的日子！

3

生命以痛吻我，我却报之以歌。李思奇热爱写作，在那段近乎黑暗的日子里，文学写作是照进他生活的一束光。

从2020年端午节发病到正式出院，李思奇的治疗经历了整整260天。在与病魔抗争的260天里，李思奇从未停止写作。他的右手打着输液港，连接静脉血管的输液袋一滴一滴地往他的身体里输送药物，右手无法执笔，他就用左手慢慢写。因为身体虚弱，写不了几行字，手指就会发颤。但李思奇不气馁，他拿起手机一字一句地讲述他心中的故事，再用语音输入法转译成文字，发给语文老师贺玉玲老师指导。贺老师每次都通过语音或视频耐心地教他怎么修改。他便按照老师的要求，一遍又一遍地改……住院的半年多里，他写了数十篇作文，贺老师帮他投稿后，有十篇发表在《学习报》《作文周刊》《小学生作文》等报刊。亲身经历让他有太多想要倾诉、想要感谢的话语。

李思奇在阅读

"奶奶年近六旬,已经好几天不曾睡过好觉了,半夜里不是帮我盖好被子,就是看我有没有发烧,现在还要为我按摩双脚……"他记录下自己生病期间家人的艰辛与陪伴,将真情融入文章《难忘的一夜》。

"我一定要战胜病魔!我要把病魔当作一个巨大的怪兽,勇敢地打败它。只有战胜了它,我才能回家,回到我日思夜想的学校去。"在《我和病魔的斗争》这篇文章里,他感恩老师和同学们无时无刻的鼓励,将与病魔抗争到底的信心与承诺写在纸上。

"我只想自强不息,学好本领,成为时代好少年,等长大了用我的所学来回报帮助过我的人、回报社会!"他将身患重病、配合治疗、克服痛苦等亲身经历,融合他对自强的诠释与对时代的感恩,写成了文章《我用自强拥抱青春》,这是一曲在病痛中奏响的成长乐章,充满真情实感,也代表着当代少年自强不息的最强音。凭借这篇文章,李思奇在2021年广东省少年儿童践行社会主义核心价值观主题征文活动中荣获小学组一等奖。

这次征文活动获奖让李思奇大受鼓舞,不仅让他懂得了努力的重要性,也激励他继续发扬自强不息的精神,更积极地对抗病魔。此外,他已经通过写作获得过第二届"快乐读写杯"全国作文大赛二等奖、《小学生作文》"第九届微作文挑战赛"一等奖等,是名副其实的"小作家"。

天行健,君子以自强不息。苦难的洗礼让他变得出类拔萃,就像含沙的蚌壳,在疼痛中磨砺出了最宝贵的珍珠。李思奇获得的荣誉数不胜数:"最美南粤少年"、广东省"优秀少先队员"、广东省"新时代好少年"……他实现了自己立志成为时代好少年的承诺,用自强拥抱这个时代、感恩这个社会,而来自这个时代的爱也照亮了他的生命和未来。

顺利做完骨髓移植手术,李思奇如今还要经过几年的康复期。没有了疾病的困扰,他如愿回到了梦寐以求的课堂,汲取知识、学习技能,并开始有了更为长远的人生规划——"我想当一名民航飞行员",他眼中发亮,笑着说出了那个在生病期间深埋心中的梦想,"未来我要驾驶飞机,以最安全的方式把乘客送达目的地。耶!"

李思奇的人生已经重新起航,带着对社会的感恩与自强不息的生命力,他会在属于自己的天地间展翅高飞!

(编者注:在本书的编校过程中,我们突闻噩耗,李思奇已于2024年8月18日凌晨离世,愿他在另一个世界里健康快乐,没有忧愁与疾病。)

林怡钰：向着光，安静地长大

□ 钟灿辉

那天，与往常一样，铃声响起，同学们纷纷回到各自座位，端正坐好。班主任兼语文老师李柳虹推门而入，缓步走上讲台，笑吟吟地宣布了一大喜讯："恭喜我们班的林怡钰同学荣获'科技引领我成长'2023年广东省少年儿童践行社会主义核心价值观主题征文活动初中组一等奖！"消息来得突然，林怡钰正在题海中遨游，一时竟没反应过来。她抬起头，侧了侧脑袋，目光呆滞，嘴巴张成"O"形："什么？怎么好像听到我的名字？"班里掌声如雷，同桌比谁都兴奋，抱着林怡钰不停摇晃："初中组一等奖！你得了初中组一等奖啊！恭喜！恭喜啊！"林怡钰这才逐渐清醒过来，捂嘴偷笑着，思绪飘得很远很远……

用奋斗点亮青春

林怡钰身材娇小，为人低调内敛，扎着个短马尾，笑起来特别清纯可爱，目前就读于茂名市化州市杨梅中学八年（3）班。李柳虹老师非常欣赏这位女生，并给出了高度评价："她就像森林里的小鹿，有丰富多彩的内心世界，每次找她谈话，我都柔声细气地，生怕惊吓到她。"但其实，别看林怡钰长着一副邻家妹妹的模样，平时她可倔强了，体内蕴藏着巨大的能量，积极乐观，喜欢挑战自我，迎难而上，追求各种全新体验。

作为一名农村孩子，林怡钰家庭条件相对艰苦。爸爸是普通的工程师，妈妈打散工挣钱。林怡钰深知读书改变命运的道理，学习特别刻苦，成绩在年级名列前茅。初一期末考，她考了全级第一；初二期中考，她数学和英语在班里单科第一，是师生们心目中的大学霸。有人说，她是个读书的好材料，拥有超强的学习天赋。但林怡钰清楚，没有谁可以随随便便成功，这些成绩都是自己用汗水、泪水甚至血水换回来的。

记得上小学六年级时，有次月考，林怡钰退步明显，完全不在状态，语数英三科考得一塌糊涂。她感觉整个世界都变得灰暗起来，压力很大。但她是个不服输的女生，只要还有一丝机会，就要努力一把。

林怡钰在做作业

不试试，怎么知道不行？她抹去眼泪，收拾好沮丧的心情，认真分析试卷上的错题，总结考差的原因，遇到不懂的就去问老师，平时也抓紧时间复习，查漏补缺。有次自习课后，林怡钰还在思考一道复杂的数学题，想弄清楚，却不知如何下手。走着走着，一不小心摔了一跤，膝盖直接摔在石头上，鲜血瞬间喷涌而出，止都止不住，同学们赶紧上前搭把手，将她送去校医室。好在福祸相依，膝盖破时，题也破了。代价就是，爸爸连续三天背她上学。正是凭借这股韧劲，林怡钰重新考回年级前三，惊艳了所有人。

在家里，林怡钰排行老三，前面有两个姐姐。大姐比她大5岁，二姐比她大3岁。三姐妹都是学霸，都爱看书。"姐姐们在我们这边最好的高中读书，年级排名都很靠前，是我学习的榜样！"林怡钰闲下来，就会跟姐姐们一起扎进家里的书堆。看着姐姐们坐在书桌前翻阅书本，时而会心一笑，时而做起笔记，林怡钰的内心便很受触动，自然而然地拿起书本，阅读起来。时间长了，林怡钰的写作能力也得到了提升。直到现在，她的作文依然经常会被老师拿来当作范文朗读。几乎每次作文，她都能获得班里最高分。满分50分，她总能稳定在45~48分之间。目前，她是班里的语文科代表。李柳虹老师说："林怡钰的作文往往构思妙、结构美、细节丰、立意高，注重遣词造句，总有那么几个精彩之处让我眼前一亮，惊叹不已。"显然，这不是一朝一夕就能达成的，这是林怡钰长期阅读、不断积累的结果。

以文学歌颂科技

初一刚开学时，学校有几天军训。其他同学都到位了，偏偏林怡钰不见人影。妈妈帮她请了个病假，说是要去动个眼部斜视手术，无法参加军训。"斜视"这个问题是在体检时，一名眼科医生发现的。虽然不是什么重大疾病，但也要动刀子。第一次得知自己要做手术，林怡钰内心是恐惧的，非常担心会出意外。毕竟，眼睛是很脆弱的，要是医生一不小心失误了，说不定自己就永久失明了。真是越想越害怕！但如果不做手术，她的双眼就不能同时注视目标，看东西就没那么立体，外表也会给人一种怪怪的感觉。纠结再三，林怡钰和家里人还是选择相信国家的医疗技术水平，去医院做了手术。手术很成功，军训过后，林怡钰顺利返校，开启了自己新的征程。

2023年2月，"科技引领我成长"广东省少年儿童践行社会主义核心价值观主题征文活动正式启动。在李柳虹老师的鼓动下，林怡钰和其他同学积极参与比赛，提笔写下了自己与科技的故事、对科技的理解。由于化州市杨梅中学属于农村学校，和城里的孩子相比，这边的学生在眼界、思维、文笔等方面都稍逊一筹。果不其然，稿件收集上来后，李柳虹老师便发现，绝大多数同学对科技了解不够深入，也没几个同学有动手实验的经历，写出来的文章千篇一律，喊口号居多，没什么特点。

这时，李柳虹老师想起了林怡钰，希望她以那次眼部斜视手术为契机，写一篇参赛作文。毕竟，林怡钰经历过手术，见识过高端医疗技术，那次手术也成功治好了她的斜视，让她体会到了科技的魅力。对此，林怡钰很感兴趣，听从老师指导，很快完成了初稿。可没多久，新问题便来了。林怡钰做的眼部斜视手术并不复杂，如果按真实经历来写，似乎看上去略显平淡。就在林怡钰抓耳挠腮之际，李柳虹老师又给她想了个点子，让她去看看那些与高端眼部手术相关的电影或纪录片，通过艺术加工，突出科技元素，重新包装那次独特的经历。林怡钰拍手称好，利用空闲时间查阅资料，修改文章，最终完成了《追光而来，逐梦成光》一文的撰写，并荣获此次征文活动初中组省级一等奖。

林怡钰在看书

没有李柳虹老师的耐心点拨，没有林怡钰的反复修改，就没有这篇契合主题、兼顾文采的参赛佳作。"能获得初中组一等奖，我非常开心！感谢指导我写作的李柳虹老师，感谢带我去医院做手术的家里人，也感谢国家医疗技术的不断进步！以后，我想当一名医生。现阶段，我要好好学习，为中考做准备，为梦想打好基础！"林怡钰激动地说。

借音乐点缀人生

除了学习，林怡钰还热衷于音乐。虽然家庭条件相对艰苦，家里没有多余的钱资助她学习才艺，但这阻挡不了一个少女对浪漫的追求。学累了，她会戴上耳机听歌。林怡钰最喜欢房东的猫这个中国女子双人唱作组合。夜深时，《月亮鲸鱼》这首歌在她耳畔回荡了无数遍："等阳光／一路上／经过大地海洋／它又会从远方／带来新的光亮／等阳光／一路上／听过森林歌唱／你醒来又看见／那是新的太阳。"虽然自己唱得一般，但林怡钰每天都会在不经意间哼上几句，这是她用音乐释放压力、装饰生活的方式。

爸妈也支持林怡钰在音乐方面的爱好，花了750元替她买了一把木吉他。可能这价位的吉他在一众品牌货中不算特别昂贵的存在，但对于林怡钰来说，这已经是相当贵重的礼物了。更何况，爸妈的爱无法用金钱来衡量。

韩国／新西兰双国籍女歌手朴彩英是林怡钰的偶像，弹吉他时，她也喜欢学着朴彩英边弹边唱。"她让我意识到，在青春里，学习固然重要，但用生命去热爱音乐，也是一件很酷的事情。"请不起吉他老师，林怡钰就看着网上的吉他课程自行摸索。每当感到烦躁、焦虑、伤感时，她都会抱起自己的木吉他，拨动琴弦，弹奏起来。

那一刻，时钟似乎停止了转动。悠扬的旋律里，她寻觅着内心的宁静。闭上眼，她仿佛看到一束光，那是她前进的方向。

美合日阿依·艾斯凯尔：
新疆少女的"三个家"

□ 钟灿辉

你有几个家？绝大多数人有两个，一个是与爸妈组建的小家，一个是庇护每个小家的国家。这位来自新疆的少女美合日阿依·艾斯凯尔除了拥有这两个家，还非常有幸在青春期收获了一个团结友爱的大家庭。她自豪地在"中国梦·家风美"2020年广东省少年儿童践行社会主义核心价值观主题征文活动获奖作品《弦歌不辍，薪火相传》中写道："北京师范大学（珠海）附属高级中学是我的第二个家。在这个大家庭里，我也受到了浓浓的家风熏陶。"

小家：养成良好的习惯

"艾斯凯尔"是姓，"美合日阿依"是名。在珠海，老师和同学们都热情地称呼美合日阿依·艾斯凯尔为"美合"，但其实"美合"这个词本身并没有什么特殊含义。准确点来说，"美合日阿依"这个名应该分为"美合日"和"阿依"两个部分。"美合日"是善良的意思，"阿依"是月亮的意思，爸妈希望美合日阿依成为一个善良的姑娘，像月亮一样静谧、皎洁、美丽。这么多年来，她也没辜负爸妈的期望，品行优良，受人喜爱。

妈妈是喀什市疏勒县第二小学的老师，特别重视对美合日阿依阅读习惯的培养。在她的熏陶下，美合日阿依从小就特别爱看书，没事就往书店跑。小一点的书店离家近，离学校也近，放学后过个马路就到了；大一点的书店离家远，要坐40分钟公交车，但藏书丰富，这里同样是她的乐园，她几乎每周都去。有时，母女两人相约在书店看书，一看就是一下午，丝毫不觉得累。直到妈妈说："该回家了。"美合日阿依这才回过神来，恋恋不舍地放下书本。次数多了，妈妈也察觉出了女儿的心思，每次离开书店前都允许她买一本自己特别喜欢的书带回家。看女儿捧着书本，蹦蹦跳跳去结账的样子，妈妈就感到特别欣慰。

最开始，美合日阿依喜欢看《一千零一夜》之类的故事书，后来长大了点，又慢慢喜欢上了散文。像朱自清的《背影》就给美合日阿依留下了深刻的印象。"我和爸爸一样，都深爱着对方，但不知该如何表达，所以读到朱自清的《背影》时，感触就比较深。"父爱无声，工人身份的爸爸总是在默默付出，为美合日阿依，为这个家，贡献了很多。他也经常督促美合日阿依阅读，说好习惯不能丢，但有时，看美合日阿依保持一个姿势坐久了，怕影响她身体健康，又忍不住唠叨几句，说："站起来动动吧！走，我们去跑步！"美合日阿依的思绪这才从文字中抽离出来，应声道："好呀！"放下书本，迎接她的是爸爸满满的爱。

"以身作则的教育，就是最好的家庭教育。"美合日阿依认为，爸妈为她共同营造了一种良好的家风。他们不仅指导她学习，更是在指导她如何过好这一生。

大家：接受更好的教育

在老师眼里，美合日阿依内敛害羞，但其实，这个"善良的月亮"是ENFJ人格（主人公型人格，约占全世界人口的2%，带有利他主义精神，人们常被他们的人格魅力所折服），进取心强，不服输，越被否定就越想证明自己。记得在小学的时候，美合日阿依偏科严重，数学成绩优异，但语文成绩很差。虽然自己平时也爱看书，但看归看，怎么答题，怎么写作，是另一回事。语文老师说，她再这样下去，考不上好初中了。美合日阿依听到后，心凉了一大截，眼泪都快出来了。可语文老师的这番话也激起了她的求胜欲。"哼！说我考不上，我偏要考上！"之后，美合日阿依恶补语文知识，学习应试技巧。小升初时，她的语文考了全年级第一，惊艳了所有人。"我很感谢我的小学语文老师，人确实需要一点打击，才能有不断往前冲的动力！"到了初中，曾经文笔不好的她，也开始参加各种写作比赛，虽然每次都不如人意，拿不到奖项，但比起结果，她更享受表达内心所想的过程。

美合日阿依·艾斯凯尔（第一排右二）和同班同学合照

2019年，美合日阿依通过努力考上了内地高中班，被随机分配到了北京师范大学（珠海）附属高级中学。在学校，一个年级有两个内地高中班，一个班大概60名学生。这是党中央和国务院为了让新疆少数民族学生在内地接受更好的高中教育，在内地经济发达省市举办的内地新疆高中班，这一政策旨在为新疆培养优秀的现代化建设者。远离家乡，远离爸妈，美合日阿依在珠海感受到了不一样的习俗文化，遇到过许多学习生活上的困难，连回家也成了一件奢侈的事情。因为寒假时间短，她和其他新疆同学一样，到了暑假才回一次家。好在校

美合日阿依·艾斯凯尔高中毕业照

领导们十分关爱这帮来自新疆的孩子，每年春节，校领导们都会和他们一起其乐融融地看春晚，一起过春节。多年后，美合日阿依回想起这段经历，仍会发自内心地说："北京师范大学（珠海）附属高级中学就是我们的家，校领导就是我们的家人。"

高中三年，美合日阿依跟同学们相处得很融洽。班里，一半左右是新疆生，一半左右是本地生。美合日阿依经常开玩笑说："以后我回广东就直接住你们家，我在广东有20多套房哦！"本地的同学也经常开玩笑说："我在新疆也有20多套房，以后去新疆，你们可要当导游啊！"如今，美合日阿依时常会怀念自己的高中生活，怀念那些可爱的同学们。虽然已经毕业一两年了，但他们之间的联系从来没断过。

2020年4月，"中国梦·家风美"广东省少年儿童践行社会主义核心价值观主题征文活动启动。美合日阿依看到后很感兴趣，她从"家风"入手，向大家分享了自己对家风的理解，介绍了自己眼中的三个家，结构分明，层层递进，最终取得了征文活动高中组二等奖的好成绩。这次获奖，对美合日阿依来说，意义非凡。在此之前，她从未获得过一次征文比赛的奖项。从投稿石沉大海，到最后荣获省奖，她经历了太多挫折。以前，她总抱怨自己的努力没有回报，但现在她相信，那些努力得不到回报的日子叫扎根。

国家：建设美好的社会

2022年，美合日阿依参加高考，考了520分。最终，她根据兴趣，报读了郑州大学的法学专业，开启了自己新的旅程。"维护社会公平正义，维护人民合法权益，

让法律发挥最大的效能，让人民感受到幸福，是我现在最想做的事情。"

在大学这两年，美合日阿依也成长了不少。她学会了打扮自己，变得更自信了，学习生活上也更独立了，理解能力、自控能力都有所提升。高三时，她就喜欢打篮球了，但学业繁忙，没时间去钻研。现在上了大学，她便主动加入法学院女子篮球队，慢慢在训练过程中学会了用手腕发力，掌握

美合日阿依·艾斯凯尔（左）和法学院女子篮球队队友合照

了投球技巧。2023年5月，美合日阿依还以替补队员身份和其他队友一起参加了郑州大学2023年女子篮球联赛，最终获得了联赛第五名的好成绩。

"万分之一的错误，对于当事人来说，就是百分之百的灾难。"电影《十二公民》中的这句台词让美合日阿依认识到了法律工作者的重要性，她立志成为一名优秀的检察官。她想努力通过司法考试，并考取硕士研究生，往自己感兴趣的方向继续深造，以便未来更好地回馈社会，中国政法大学的宪法学与行政法学专业是她的新目标。大学四年，说长不长，说短不短，美合日阿依希望自己的大学生活能过得充实、多彩。有时间，她还打算去法院实习，或旁听庭审，增长经验。她热爱专业，相信专业也定不负她。就像之前那次征文获奖经历一样，努力的收获将会在某一天，以意想不到的方式闪亮登场。

"清澈的爱，只为中国。"这些年来，美合日阿依那颗爱国之心跳动得愈加强烈。她相信，自己必将成为担当中华民族伟大复兴大任的时代新人，中国将会越变越好，越变越强，在世界之林中挺直脊梁。

詹惠琳："藕"遇青春，蓬勃向上

□ 黄嘉晖

2022 年 11 月，"劳动创造幸福"广东省少年儿童践行社会主义核心价值观主题征文活动结果揭晓，来自湛江市坡头区第一中学的詹惠琳同学凭借文章《劳动创造美好，劳动氤氲幸福》荣获高中组二等奖。

詹惠琳在这篇文章中，结合了父亲的种藕经历，不仅彰显了"劳动创造幸福"的主题，还表达了她对国家乡村振兴战略的赞美和美好祝愿。小小的藕塘，带给了詹惠琳大大的幸福。

詹惠琳个人照

与藕结缘

湛江，靠海而生，是我国大陆最南端的城市。冬无严寒、夏无酷暑的温和气候和"咸淡水"交界的区域，为莲藕的生长提供了十分适宜的自然环境。其中，湛江市坡头区有数百年的莲藕种植历史，更有"万亩藕乡"的美誉，莲藕种植是当地的主导产业。詹惠琳，正是土生土长的坡头人。她与莲藕的情缘，要从小时候说起。

那一年的冬天，气温没有想象中低，受到海洋性气候的影响，甚至有一丝丝温热的气息。可这个冬天，对于詹惠琳一家来说，却是异常难熬。父亲所在的工厂倒闭了，奶奶还因中风进了医院，一时间，愁云笼罩在整个家庭上空。

詹惠琳的父亲是个实干家，既然前方无路，那就自己创造出路。他看中了村子后面那几亩荒芜的池塘，在与村干部商量后，决定将其承包下来种莲藕。

莲藕，对年幼的詹惠琳来说并不陌生。坡头区内随处可见的藕塘，早就在她的心中留下了不可磨灭的印象。一想到以后家里将会拥有一池荷花，詹惠琳小小的心灵便按捺不住地激动。

从那天起,父母就一心一意"泡"在藕塘里。平整池塘、引水、埋藕苗、施肥……那一株株慢慢成长起来的荷花,见证了父母辛勤劳作的样子。

詹惠琳的家庭,从此与莲藕结下不解之缘。小小的藕塘,成了她家的致富法宝。

无独有"藕"

夏天到了,这座海滨之城也变得热烈起来。那几亩荒芜的池塘,在父母勤劳的双手下,已是满塘的亭亭荷叶,迎风拂动,珊珊可爱。

虽说湛江夏无酷暑,但温热的天气下,人还是容易上火。这时,那些碧绿的荷叶便成了詹惠琳母亲手下的祛火神器。詹惠琳喜欢跟在母亲身后,看着母亲将新鲜的荷叶割下,撕碎后加入其他材料与清水一同煮开,再加入一丝白糖,一锅清热下火、甘甜生津的荷叶凉茶就制成了。詹惠琳和弟弟会迫不及待端起碗,"咕噜咕噜"地喝得一滴不剩。一碗荷叶凉茶下肚,是夏日里难得的一份清凉。

夏天也是湛江的雨季。詹惠琳喜欢在雨后的夏日午后,和弟弟溜到荷塘边欣赏荷叶荷花。荷塘四周绿树掩映,只见那碧绿的荷叶像一叶叶扁舟停泊在水面上。叶上残留的雨珠闪烁着晶莹剔透的光芒,微风吹过,调皮的雨珠迫不及待"跃"进塘里。站在荷塘边上,看着亭亭玉立的荷花,詹惠琳和弟弟感到心旷神怡。

她注意到塘边在水面轻轻摇晃的泡沫船,那是父亲在池塘作业用的工具。有一次,她叫上弟弟,偷偷跳上泡沫小船,两手一拨,泡沫船便轻轻向荷塘中央滑去。父母是不允许姐弟俩私自划船的,她叫上弟弟,被发现时或许不会被骂得那么惨。但现在她已经初中了,看过那么多次父亲驾驶泡沫船,倒也能熟练地"开"这小船了。

泡沫小船穿梭在碧绿的荷叶间,偶有几朵粉红的荷花点缀。詹惠琳忽然想起语文课本上的"误入藕花深处"这半句诗,想象着秋收后莲藕胖乎乎的样子,她不禁笑了出来。

"阿琳!弟弟!"父亲的叫喊声传来。"糟了,姐,被发现了!"弟弟一脸着急。"赶紧划。"她大喊一声,双手开始快速地拨动水面,弟弟有样学样,顿时,一片水声、欢笑声充盈在荷塘间。

到了秋收的时候,一家老少齐上阵,虽然秋天的气温还很高,但阻挡不了他们收获的热情。收回来的莲藕,除了卖给商家外,詹惠琳的妈妈还会留下一部分,用来制作莲藕粉。莲藕粉拌上红糖做成莲藕羹,软糯甜蜜,是幸福的味道。

就这样,经过多年的努力,詹惠琳一家逐渐摆脱了贫困。她的父亲还在当地办起了莲藕专业合作社,带领乡亲们迈向共同富裕。从小跟在父母身后帮忙照料藕塘的詹惠琳,也在日复一日的耳濡目染中,感悟到了劳动的意义,学到了吃苦耐劳、勇于承担责任的精神。生活中可能会遇到各种困难，但永远不能丧失对生活的希望。

近年来，詹惠琳目睹了家乡人民在政府有关部门的技术和资金支持下，乘着乡村振兴的春风，大力发展莲藕产业，形成了集种植、生态旅游观光、休闲度假、加工销售于一体的产业链，逐渐走上了脱贫致富的道路。她满怀感恩地说："我们都真心感谢政府的帮扶，让我们坡头的莲藕能走出坡头，走出湛江，走向全国各地。"如今，绵延成片的"万亩荷塘"已然成为坡头区的一张名片，更成为当地乡村发展振兴的"源头活水"。

妙手"藕"得

2022年2月，"劳动创造幸福"广东省少年儿童践行社会主义核心价值观主题征文活动启动。正在坡头区第一中学就读高二的詹惠琳从李梅芬老师口中得知了这个活动后，决定去试一试，检验一下自己的写作能力。

在开始构思文章的时候，詹惠琳脑海中立即蹦出了"莲藕"这个词。作为一名土生土长的坡头人，她从小就与莲藕结缘。在她看来，莲藕不仅仅是一种简简单单的农产品，更是带领家乡人民走向富裕的"金子"。她还想到了父亲，那个每天泡在藕塘的父亲，想起多年前父亲走投无路的时候，看准机会投身于莲藕种植的日子。多年来，为了照料莲藕，父亲弯了无数次腰，这使他患上了腰肌劳损的毛病，他的后背时常贴满药膏，严重的时候还要吃止疼药。大大的藕塘，洒满了父亲辛勤的汗水。詹惠琳决定要写一写莲藕，写一写父亲。

找到了以"莲藕"作为文章的切入点，詹惠琳回想起在藕塘开心玩耍的时光，以及与父亲一起收藕的经历，经过细心研磨，一篇以"莲藕"为核心的文章——《劳动创造美好，劳动氤氲幸福》完成了。在李梅芬老师的悉心指导下，她又仔细修改了文章中一些生硬的词句，最后满怀信心地提交了文章。

她在文中写道："一望无际的绿荷迎风而立，那袅袅的清香沁人心脾，它无声地诉说着劳动者奋斗的故事。"这个"劳动者"，是父亲，是所有像父亲一样为了美好生活而奋斗的普通人。

最终，她的文章不负众望，勇夺高中组省级二等奖。

初出茅庐便夺得省级比赛的奖项，这给了詹惠琳极大的鼓励。其实，这也与她一直保持着阅读与写作的习惯有关。每每遇到喜欢的文章，詹惠琳都会进行摘抄和仿写，一方面积累写作素材，另一方面也能从名家笔下学到各种叙事方法和用词技巧。

她尤其喜欢看路遥的小说《平凡的世界》，喜欢里面平实、朴素却意蕴丰富的语言风格。就像"每个人的生活同样也是一个世界。即使最平凡的人，也得要为他那个世界的存在而战斗",这话给了她向上的力量。

时间来到2022年11月22日,第九届全国中学生科普科幻作文大赛启动。在一节语文课上,老师为了鼓励同学们积极参加比赛,在课前特意设置了"课前分享"活动,让大家都说说自己脑海中有关科幻的记忆。从同学们的分享中,詹惠琳听到了"三体人""水滴""星球大战""星际战争"等科幻词汇,她感到很新奇,仿佛打开了新世界的大门。

有了参加征文比赛首战告捷的经验,她决定乘胜追击,参加本次科幻作文大赛。后来,她的文章荣获广东省赛区二等奖。这次比赛激发了她对科幻小说的兴趣,让她对"科幻"二字有了更深的认识。

"'操千曲而后晓声',写一篇好的文章不仅需要灵感,也需要结合一定的生活经验和文学积累,更需要反复地对文章进行打磨修改。"从两次获奖中,詹惠琳渐渐总结出自己的写作经验与思考。同时,两次获奖也让她心中的文学小天地绽放了绚烂的花朵。

正如詹惠琳的座右铭——"越努力越幸运"一样,无论在学习上还是生活中,她都是个勤奋、努力向上的女孩。

詹惠琳的偶像是史铁生,她喜欢《命若琴弦》里的一段话:"人的命就像这琴弦,拉紧了才能弹好,弹好了就够了。一帆风顺的人生,是可遇而不可求的。陷入人生低谷的时候,恰恰也是触底反弹的时候。"她说,史铁生用行动践行着自己的信念,用热烈的赤子心在浮躁世界里托起沉静之美,在喧嚣人世间静候理想之梦,他身上可贵的品质像一座灯塔,指引着她勇于追梦。

说起理想,高三阶段的詹惠琳有个教师梦,她希望能考取华南师范大学,毕业后成为一名光荣的人民教师。梦在前方,路在脚下,相信这名18岁的花季少女,能在历尽千帆后,让理想之花绽放,谱写新时代青春之歌!

贺文骏：编程少年成长记

□ 黄嘉晖

2022年11月，"劳动创造幸福"广东省少年儿童践行社会主义核心价值观主题征文活动结果揭晓，来自广东省东莞市莞城少年宫的贺文骏同学，凭借文章《智慧劳动，创造幸福人生——"人工智能科学家"的追梦之路》，在全省众多优秀作品中脱颖而出，荣获小学组一等奖。

作为互联网时代下成长的新一代少年，贺文骏正伴随着编程一同成长，构建出属于自己的人生方向。

当兴趣遇上天赋

一年级的时候，小小的贺文骏屁颠屁颠地跟着妈妈去参观公司。妈妈的公司里有许多工业机器人，这对于6岁的他来说，可真是个新奇的玩意儿。

他站在工业机器人的不远处，呆呆地看着它们有规律地运作，一时竟看得入迷。妈妈走过来，摸着他的头问："我的宝贝儿子在看些什么呢？"

他抬起小手，指了指眼前那些运行自如的机器人，然后又转过脸，用稚嫩的口吻问道："妈妈，这些机器人会不会伤人？"

"如果操作不当就会伤人。"妈妈抱起他，回答道，然后又耐心地跟他解释了工业机器人运行的原理和一些编程相关的知识。当然，他也听不懂，只是他的内心忽然燃起了一团火，他想让这些机器人也按照他的想法来运行，让它走它就走，让它原地打转它就原地打转，这也太酷了吧！同时，另一个更伟大的想法涌上他的心头：努力学好编程，利用编程指挥机器人来造福人类。

于是，从一年级起，贺文骏就加入了编程学习的行列。每天上编程课的半小时，是他最开心的时光。

在编程课上，他遇到了最早的编程引路人——海星老师。海星老师带领贺文骏进行Scratch编程语言学习，细心地指导他编写编程语言，并及时解答他的问题。在海星老师的循循善诱下，他对编程的兴趣日趋强烈，编程技术逐渐步上了新的台阶，也开始在一些编程比赛中崭露锋芒。

三年级时，他的编程天赋被班主任杨老师发现。为了支持他的特长发展，杨老师推荐他加入学校的科技小组。但贺文骏的年龄太小了，不符合进组要求，科技组的老师也不愿松口，让他等到小学高年级再来申请。

杨老师不放弃，一次次地去找科技组的老师，非常真诚地恳求他们给贺文骏一个机会。最终，在杨老师的努力下，学校愿意破例，让贺文骏加入学校科技组编程队。

事实证明，他的确是个可造之才，虽然是组内年龄最小的队员，但他的编程技术稳居上游。四年级时，他和队里的其他成员在当地科学技术协会举办的编程比赛中勇夺三等奖。初出茅庐的他，向大家证明了他的实力。

厚积分秒之功，方能一鸣惊人。好成绩背后，是日积月累的坚持，是分秒必争的训练时间，"兴趣＋天赋＋努力"，是贺文骏成功的"药方"。

贺文骏手持"2019年第九届中国教育机器人大赛研学活动"获奖证书

让想象力照进现实

四年的编程学习，让贺文骏积累了大量经验。青少年学习编程，并不像我们想象中的"程序员写代码"的形式，他们有特定的平台和课程，在玩与学中感受编程的魅力，循序渐进了解编程这一学科。

同样，这些好玩的"工具"也让贺文骏爱不释手，有时他的那些天马行空的想象，能通过编程语言变为现实，他还能通过编程，解决生活和学习中的难题。

就像他在文章中所说的，留意到老师统计学生信息的辛苦，他便自告奋勇地为老师写了一个统计程序，只需录入信息，就能自动生成统计结果，极大减轻了老师的工作。贺文骏将自己的真才实学，真真正正地应用到了生活的实处。

而伴随着年龄的增长，贺文骏也开始"思考人生"，看到一些有感触的事物，开始融入自己的思考。同时，编程也给了他一个窗口，让他能梳理自己的想法，表达自己的情感。

某日，贺文骏无意间看到了爸爸的工作群聊，名字叫"努力工作，幸福生活"。他那时在想：我能不能也用编程制作一个关于工作的游戏呢？

说干就干，他开始搜集资料，并向爸爸咨询有关工作上的问题。经过不懈的努力，他的得意之作——《努力工作，幸福生活！》诞生了。

这是一款关于"打工赚钱"的游戏，它真实地模拟了打工人的工作生活，通过努力工作来赚取应得的收入，提升生活幸福感。

游戏界面上最明显的一个按键就是"打工"按键，玩家只需按下按键，就能获得一块钱。玩家还能自行雇佣员工，不同级别的员工能为你带来不同的收益，但同样你也需要为员工支付工资。当然,"打工人"也需要劳逸结合,玩家通过与雇佣的员工一起旅游,能大幅增加员工的工作效率,为玩家带来更多的收益。

同时,游戏内还有一个有趣的机制——"找工作就把老板弹",通过这个机制,员工就有机会"翻身当老板"。但是"老板"也不好当,员工只有十分之一的概率能成功"翻身"。如果"翻身"成功,奖励可是很丰富的,按下"打工"按钮,获得的金钱会从原来的一元变为二十元。要是员工倒霉"翻身"失败,马上就会损失一百元。这就和我们创业一样,"创业有风险,当老板请谨慎"。

游戏内还设置有交流群,玩家能在群里畅所欲言,分享自己的游戏心得,提出建议……这些高度贴合"打工人"生涯的游戏机制,很难不让人感同身受,甚至有玩家"哭诉":"这不就是我吗?"

当同龄人还在找游戏玩的时候,贺文骏已经开始动手"造"游戏了,这是他感到颇为自豪的一件事。这个游戏,融入了他对打工者和创业者的思考,从而也促使他对"劳动"一词有了更深的认识与体会,是他的编程技术更上一层楼的最好证明。

编程背后的小小世界观

时间来到 2022 年 2 月。有一天,莞城少年宫的何易林老师神秘兮兮地对贺文骏说:"文骏,最近有个比赛,你想参加吗?"

"好啊好啊!"以为是编程比赛的贺文骏,兴高采烈地答应了。

随后,他才得知,原来是一项征文比赛。可这也难不倒他,因为他从一年级起就保持着写日记的习惯。

说起写日记,他还得感谢妈妈。妈妈是个很细心的人,喜欢记录生活,她把贺文骏从开口说话时起的每一句富有想象力的话都记录下来。这也影响了他,让他懂得了记录生活的重要性和乐趣,妈妈就是他的写作启蒙老师。

在接到这项征文"任务"后,贺文骏开始思索到底怎么样才算是"劳动创造幸福"。他的目光不自觉地在电脑桌面上的编程工具间游走,突然,他灵光一闪:为什么不以"编程"作为素材呢?自己做过的最有意义的劳动不就是持之以恒地学习编程吗?

灵感迸发,四年的编程学习生涯回忆瞬间涌入脑海。其中有欢笑也有泪水,更重要的是他在编程世界中满满的收获,包括不断提高的编程技术、将其运用在生活中的幸福感,以及从中所学到的逻辑思维能

贺文骏在进行编程练习

力，这些都是人生的无价之宝。

在文章的第一段，贺文骏写道："不论是体力劳动还是脑力劳动，只要过程付出辛勤的劳作，最终能给别人带来便利的劳动，都是光荣的，值得称赞的。"他以自身的实际经历，融入自己的思考，最终得出了这个十分正确且富有意义的结论，充分体现了在新时代下中国少年世界观构建的新转变，展现了深刻的时代烙印。

贺文骏把文章命名为"智慧劳动，创造幸福人生——'人工智能科学家'的追梦之路"，在一口气写完整篇文章后，他请妈妈帮忙，给他作品中的标点、字词、语句等细节进行修改。随后，何易林老师又为文章作了结构上的调整，并给他提供了许多宝贵的建议。不负众望，2022年11月，好消息传来，他的文章成功斩获小学组省级一等奖。

"这次获得一等奖，我受到了很大的鼓舞。这篇文章代表着我对劳动和编程的看法与思考，能获得一等奖，则表明了组织对我的认可，它使我对编程的理解进入了一个新的阶段。"当得知自己获得一等奖的好成绩时，贺文骏抑制不住内心的激动，开心地说道。

编程、学习与未来

贺文骏是个兴趣爱好广泛的孩子，编程、写作、书法、奥数、快板、钢琴等对于他来说，都是陪伴他一起成长的"好朋友"。在他心目中，编程是"老大哥"，紧随其后的是数学和写作。

在他看来，广泛的兴趣爱好与学习是互相扶持、互相促进的关系。借助编程中的计算思维，他能轻易弄懂数学中的难题；通过写作与练习书法，他对作文和中华优秀传统文化有了更深刻的认识；而钢琴和快板，则增加了他的生活趣味，逐步提升了他的审美品位……多方面的发展，让他学会了合理安排时间，使得学习与兴趣相得益彰。

登录贺文骏电脑中的编程工具，你会发现许多充满想象力的作品，或已完成，或正在制作中，它们或许带着一些青涩，但都是他努力的结晶。"我想成为我的偶像图灵那样伟大的人工智能科学家！"这是他的远大理想，是他遨游于编程世界的坚定方向。

作为互联网"原住民"，贺文骏和众多学习编程的新时代少年一样，不仅是互联网的使用者，也是其中的建设者。他们的创新能力和探索精神，为互联网注入了一股朝气蓬勃的生命力。在不久的将来，他们或将成为互联网新世界的开拓者、人们美好生活的缔造者。他们在编程的江湖里一点点成长，用青春探索出属于自己的人生道路。

他们是祖国的花朵，也是祖国的未来与希望！

文铭：科学新星的文学奇遇

□ 林枫炀

"2020年初，全国各地暴发了新冠疫情，我认为科技力量在防疫工作中不可或缺，于是我决定制作一款智能防疫消毒机器人。经过我多日的潜心研制，我的机器人'克尔'横空出世了……"

——《做中国"智"造接班人》

在由广东省关工委、广东省作家协会、广东省教育系统关工委主办的"用青春拥抱时代"2021年广东省少年儿童践行社会主义核心价值观主题征文活动中，一个五年级的孩子用朴实而诚恳的笔触写下了自己畅游在科学研究中的所感所思，他用自己的科技爱好拥抱着这个时代，也将这种力量倾注于笔尖，抒写着属于自己文学道路上的新篇章。这篇以"做中国'智'造接班人"命名的文章，直抒梦想，且脚踏实地，最终在本次比赛中脱颖而出，斩获小学组一等奖。

机器人"克尔"惊艳亮相

2020年10月，在第二十届广东省青少年机器人竞赛机器人创意比赛项目的现场，一个小小的机器人在众人面前惊艳亮相。它的脑袋圆圆的，"穿着"一身深蓝色的"外衣"，"蹬着"一双棕色的"皮鞋"，肚子看起来像一个小信箱。人们只要把手放进机器人的肚子里，它就能准确地显示出体温，并自动在伸进来的手上喷洒消毒液。当机器人检测到体温异常时，还会响起警报声，并通过语音提醒被检测者及时到医院进行核酸检测。人们或许很难想到，这个集测温、报警、喷消毒液以及人机对话于一体的多功能机器人，竟然出自一个年仅11岁的少年之手。

这个小发明家叫文铭，来自广东省中

文铭与机器人"克尔"

山市三乡镇光后中心小学,他设计的这个机器人名叫"克尔",是一个智能防疫消毒机器人。

在比赛的前一天下午,文铭的辅导老师吴锦梅带着他到东莞市参加广东省青少年机器人竞赛机器人创意比赛项目。疫情下的比赛规则严格,为了做好防疫工作,第二天的正式比赛主办方只允许参赛队员和评委入场,其余人——包括指导老师都不能陪同参赛。

在此前的科技赛事上,文铭已经将1项国家奖、4项省级奖和11项市级奖尽收囊中,他虽然参赛经验非常丰富,但在刚得知任何人不得陪同参赛选手参赛的消息时,内心还是有些忐忑不安的。大相径庭的是,之前的比赛都是有老师和家长陪同,这一次的新规则意味他要单独面对三轮评委的考验、测试与答辩。

我自己能做好吗?文铭脑子里回旋着犹疑。当看到其他参赛选手自信大方地开始练习时,他抬头看了看老师殷切且信任的目光,心里的犹疑很快变为了肯定。他那时下定决心:这次比赛,我不仅要做好,而且一定要发挥出色,不能辜负学校和老师对我的期望。

比赛当天,对比现场很多参赛选手,个子小小、年纪也小小的文铭带着他的机器人"克尔"走上赛场。历经整整五个小时,面对专业评委们的三轮考验,他从容淡定的态度,不慌不忙的解说以及对"克尔"专业熟练的演示,最终收获在场评委的频频点赞,一举拔得头筹。

科学的背后,不仅需要勇气,还需要严谨细致的态度、锲而不舍的尝试和日积月累的沉淀。

起初,文铭在研究制作机器人"克尔"时,经常会遇到人工智能模块失灵的问题。为了破除困境,他需要反复地检查人工智能模块程序,然后再由检查结果去不断调试数据和改进编程。

这往往要花费很多的时间去尝试。在11岁这个专注力有限的年龄,文铭尝试了一次、两次、三次,甚至到第四次再一次碰壁时,他也毫不气馁,小小的身影仍然埋头专心调试自己的机器人。即便尝试成功,他还要重新一遍又一遍地反复测试,确认正确率和有效性。比起同龄人,他很沉得住气,也正是这一份严谨细致和锲而不舍的科学态度,他的机器人"克尔"才得以在竞赛场上惊艳亮相。

大家都叫我"行走的百科全书"

父母是孩子的第一任老师。文铭尚在咿呀学语的年龄,他的妈妈就开始拉着他的小手,绘声绘色地给他阅读各类绘本故事。

孩提时期的文铭入迷地听着西方的安徒生童话、东方的古老神话、大自然的奥秘与宇宙的奇景……书籍为他打开了一扇观看世界的窗口,他也逐渐养成了每天都

文铭与他的获奖证书

阅读课外书的好习惯,迄今已经阅读了成千上万的书籍。

到了懂事些的年纪,文铭迷上了发明类的电视节目。平时在家一刻也停不下来的他能一动不动地坐在电视机前,收看完许多科学发明节目。结束后,一知半解的他还意犹未尽地缠着妈妈陪他做实验,直到把发明原理都弄懂为止。小到用气球吸附起纸片的静电实验,大到用磁铁、电池和铜线制造"旋转小胖兔"的电磁实验,在妈妈不厌其烦的引导和陪伴下,一颗科学启蒙的种子悄然埋藏在了文铭的心中。

上小学后,文铭遇到了他的伯乐——吴锦梅老师,吴老师很快发现了这个爱思考、动手能力很强的小男孩,随即将他带进了科技创新专业队训练,参与各种实验探究,文铭与科学从此结下了不解之缘。

在书籍中畅游,在科学中求索,文铭拥有无穷无尽的求知力量,这种力量也让他的知识储备越来越丰富,身边的大人和同学都开始给他起各种各样的爱称:"小文老师""小小科学家""行走的百科全书"……

文铭最喜欢大家称他为"行走的百科全书",因为这也是他的目标。他未来也想成为一个知识渊博、面对多数问题都能有正解的睿智之人,即使问题无解,他也希望自己能孜孜不倦地探索答案。

有一次,文铭和班里的同学们相约一起去广东省博物馆,那时恰逢博物馆讲解员换班。大家正发愁时,文铭主动请缨,往前一站,摇身变为了博物馆讲解员。

"现在大家看到的是阳春孔雀石,它的颜色非常美丽,就像孔雀羽毛斑点的颜色一样,在古代,孔雀石还被称为'石绿'或'绿青'……"

"小文老师!那为什么这块孔雀石是绿色的呢?"有位同学好奇地问道。

这可难不倒文铭,他气定神闲地将双手背在身后,一副十分权威的模样:"这位同学别急,小文老师刚要说呢,这块孔雀石来自阳春,是典型的石灰岩地貌,那里有着很多铁、铜共生的矿脉,这样的地质构造可以形成绿色的石头……"

"哇!"同学们不由得"哗啦啦"鼓起掌来,连随行的家长也打趣般一口一声"小文老师"地叫他。

在日常生活中，文铭也非常热衷于和他人交流，上至天文地理，下到军事历史，他都信手拈来，侃侃而谈。除此之外，他还有着丰富的诗词储备，曾入选《中国诗词大会》第六季的"云上千人团"选手，这可不就是一本"行走的百科全书"吗？

科学精神就是人文精神

科学与文学，一直以来都是人类文明的两翼。归根到底，两者互相启迪，不可分离。除了在竞赛场上旗开得胜，机器人"克尔"的制作过程也在《做中国"智"造接班人》这篇文章中成了点睛之笔。在语文老师刘映伦的指导下，文铭在反复而枯燥的科学实验中提炼出了趣味性，以鲜活的实践吹响了梦想的号角。

文铭热爱科学，也酷爱文学，他认为两者都在他的生活中占据了十分重要的位置。日常生活是文铭创作的灵感缪斯，每次进行科学实验或执笔写作时，他的奇思妙想，都来自日常生活中的方方面面。《做中国"智"造接班人》这篇文章受《走近钱学森》这本书的启发；而在制作机器人"克尔"时，他的许多灵感也来自日常生活中与父母的交流，以及对于外界的观察与感知。

11岁的文铭现今已有12篇文章在省级刊物上发表，在他的写作取材与文学喜好中，也总有科学探索的蛛丝马迹。比如在旅途中，他曾到入选世界文化遗产名录的古村落安徽宏村参观，在古色古香的村落中，他观察到的是"仿生学"：

"整个宏村被设计成牛的形状，村西石碣头为牛头，旗杆是牛尾，村中大水圳是牛大肠，小水圳是牛小肠，月沼是牛胃，西溪上的四座木桥是牛腿，南湖则是牛肚子。我不禁感叹，千百年前的老祖宗的智慧真让人佩服，他们已经能依照'仿生学'原理来建造宏村了。"

文铭最喜欢的是李商隐的《锦瑟》，缘于这首诗历来被视为诗中之谜。千余年来注家蜂起，众喙不一，诗中含有很多层意思，可以引发许多不同的遐想。这调动起了文铭旺盛的探索欲，让他感受到探讨文学与探索科学一样有趣。

德国科学哲学家波塞尔说过："科学精神就是人文精神。"文学是人类的精神家园，而科学应用的前景也无时无刻不充满着人文精神的表达。作为一颗冉冉升起的科学新星，文铭发明机器人"克尔"的本质也是从人文关怀出发的，他身上这种嗅觉与精神都是非常难能可贵的品质。

"用青春拥抱时代"2021年广东省少年儿童践行社会主义核心价值观主题征文活动的获奖对于文铭而言是另一场文学奇遇，不仅使他与文学缔结了更深的缘分，也为他的科学梦带来了莫大的激励和鼓舞。未来，他会在科学探究与科研创新的道路上，一如既往地热爱阅读，积极写作。

少年不负凌云志，文铭已经做好了砥砺前行的准备，去探索未知，去挑战未来！

陈梓扬：少年眼中的自然之美和科技之慧

□ 黄嘉晖

站在汕头第一高峰——南澳大尖山上，往东眺望，能看到蔚为壮观的风车阵耸立在南澳东半岛草木葱郁的山巅，上接万仞云空，下连千里沧海。蓝天、苍山、风车、大海，组成了一幅壮丽的南粤山水新风景线，构筑了一道自然与科技共生的和谐景致。

作为一名生长在海边的少年，陈梓扬从小对海岛的变化耳濡目染，他用一笔一画写下了自己的眼中所见和心中所想，描绘出了海岛的科技与绿意，以一篇《科技绽光，绿意常伴》，勇夺"科技引领我成长"2023年广东省少年儿童践行社会主义核心价值观主题征文活动初中组一等奖。

科技的光芒在南澳岛上绽放，照亮了岛民们的生活，也照亮了陈梓扬畅想的人生之梦。

人与自然的第一课

8000年前，南澳岛就留下人类文明的足迹。在南澳县人民政府网站上，可以看到对它的介绍：南澳县是广东唯一的海岛县，也是中国大陆12个海岛县（区）中唯

南澳长山尾灯塔静静伫立在南澳大桥旁

一的全岛域国家 4A 级旅游景区。南澳由南澳岛及周边 35 个主要岛屿组成，处于闽、粤、台三地交界海面，素有"粤东屏障，闽粤咽喉"之称，历来是东南沿海通商的必经泊点和中转站，也是对台和海上贸易的主要通道、"海上丝绸之路"的重要节点。

2019 年暑假的一天，小汽车载着陈梓扬，平稳地行驶在南澳大桥上，两边是辽阔的海域。随着与海岛的距离不断缩短，一座鲜艳的红色灯塔跃入眼帘，它就是享有盛名的长山尾渡口灯塔。灯塔静静地立在南澳大桥边上，聆听海风低语，仿佛一位等候归家游子的母亲。陈梓扬抑制住内心的激动，踏上了这座历史悠久的岛屿，他将要在这里开展一段充满趣味的暑假之旅。

第二天一早，父亲便叫醒陈梓扬，原来他们要一起出海去钓鱼。正值盛夏，早上的阳光异常猛烈，明晃晃的日头挂在天空，晒得陈梓扬满脸通红。他一手握着钓竿，一手擦着额头的汗，眼睛紧紧盯着海面的渔线，丝毫不见有厌烦之色，大约是兴之所至。

未几，鱼线抖动，料是有猎物上钩，陈梓扬兴奋地大喊一声："有了！"旋即将钓竿一提，一条约莫二指粗的海鱼瞬间被甩出海面，在阳光照耀下，银白的鱼鳞闪闪发光。他提着小鱼来到爸爸跟前炫耀，爸爸却淡淡地对他说："放了吧！"

"为什么？我好不容易才钓到的。"陈梓扬有些泄气，预想中的赞扬没听到，爸爸反而还让他放生。

爸爸继续说："俗话说靠山吃山，靠海吃海。我们作为海岛居民，要感谢大自然的馈赠，同时也要给未来的自己留生存空间。这条鱼太小了，吃又吃不了，放回海里让它继续成长，然后繁衍后代，才是最好的选择。"

小小的陈梓扬虽然对爸爸的话一知半解，但他还是点了点头，把鱼轻轻捧在手心，放回大海。小鱼"咚"一下钻进蔚蓝的海水，水中出现一串小水泡，仿佛在向他致敬，然后摇着尾巴快速游走了。爸爸的话，深深地印在了陈梓扬的脑海中。

后来，在自然课上，陈梓扬才明白了原来当时爸爸所说的是保持生态平衡和可持续发展的理念，只有这样才能实现人与自然的和谐发展。这是爸爸给年幼时的他上的重要一课。

南澳陆上风电场

傍晚，陈梓扬和爸爸漫步在沙滩上，抬头看见山上成排列阵的大风车。这些白色的大家伙在海风的吹拂下缓缓转动着，岛上的千家万户也开始亮起点点灯火。爸爸对他说，这些大家伙是用来发电的。陈梓扬知道这个，他在南澳东半岛果老山脉上的风电场游览区看过相关介绍，这些大风车配合其他机器，先把风的动能转变成机械能，再把机械能转化为电能，这就是风力发电。这个由上百部风机组成的风车阵，形成了一幅大自然与高科技和谐共生的奇特风景线。

从人与自然，再到自然与科技，小学时期这趟趣味十足的暑假南澳行，给陈梓扬留下了极深的印象。初中时，当陈梓扬再次徒步南澳大尖山时，映入他眼中的除了山上的白色大家伙外，还有远处海面同样立起来的一座座高大的海上风电机。原来，在 2021 年，大唐南澳勒门Ⅰ海上风电项目就已经投产。站在高山之巅，仰望着苍穹，俯瞰着沧海，陈梓扬深深感受到科技发展所带来的变化。

自然与科技，共谱和谐乐章

2023 年 2 月，"科技引领我成长"广东省少年儿童践行社会主义核心价值观主题征文活动启动，时任陈梓扬班主任的林漫珊老师推荐他参加本次比赛。陈梓扬自幼就有阅读和写作的习惯，大量的阅读也为他积累了丰富的写作素材，他欣然接受了这项"任务"。

在陈梓扬开始构思文章时，平时写作时思如泉涌的感觉却荡然无存。他尝试了很多种题材，却始终缺乏真情实感，达不到预想的效果。指导老师陈晓雯看到他的窘况，对他说："多一些不为什么的坚持，总能和惊喜撞个满怀。"听了老师的话，陈梓扬静下心来，继续构思文章。

一天黄昏，陈梓扬漫步在宽阔的汕头市龙湖区东海岸线上，金黄的夕阳余晖洒向海面，波光粼粼，犹如一幅壮丽的画卷。海风拂面，带着淡淡的咸味和清新的海洋水汽，让人感到心旷神怡。此时，数十台风力发电机组正迎风而立，热情地拥抱着每一缕海风，悄然进行着风与电之间的能量交换。他突然灵光一现：这些大家伙，不正是体现了科技的发展吗？

在找到了创作方向后，陈梓扬信心满满，他决定将自己在南澳岛生活的独特经历以及徒步大尖山时的见闻感受，通过文字展现出来。在陈晓雯老师的悉心指导下，他深入挖掘了文章的立意，精心构建了整体的架构，最后认真完成了文章——《科技绽光，绿意常伴》。在文中，他不仅用诗意的语言描述了汕头南澳的美好风景，还突出了风力发电项目给当地渔民带来的便利，充分彰显了人类、自然与科技三者和谐共生的智慧。

最终，在全省 93.6 万名少年儿童的文章中，陈梓扬的《科技绽光，绿意常伴》脱颖而出，成功夺得本次主题征文活动初中组一等奖。

厚积薄发，笃行致远。正是因为平时的积累，陈梓扬才能抓住宝贵的机会，在比赛中一鸣惊人。作为一名在互联网时代下成长的"Z 世代"，陈梓扬见证着科技发展给海岛人民带来的各种生活和工作上的便利。

"相信科技日益迅猛发展是大势所趋，家乡从'自然岛'转变为'科技岛'，

陈梓扬和陈晓雯老师

再到'科技与自然和谐共生'的岛屿，为时不远了。"基于对科技发展和家乡建设的观察和理解，陈梓扬满怀信心地说出了这个美好的愿景。

向着未来出发

作为我国首个海岛风力发电场，在南澳的高峰和海面上，美丽的大风车依旧屹立，源源不断地为人们提供着清洁、可再生的能源。这些大风车是科技与自然和谐共生的象征，也是引领陈梓扬成长的人生灯塔。

陈梓扬心里怀揣着一个梦想——成为一名站在讲台上的人民教师，将科技的力量通过教育的途径传授给下一代的人们。对他而言，这个梦想既是少年时期就已萌生的宏大志向，也是他为了实现人生价值而积极追求的动力源泉。

少年应有鸿鹄志，当骑骏马踏平川。新时代下，青少年拥有实现抱负的时代机遇，更应自强不息、奋发图强，将成长融入科技兴国的伟大事业中。

高择鑫：蹀躞万里少年行

□ 林枫炀

高择鑫在翠园中学校运会
担任国旗护卫队队员

朝乾夕惕，易一声长鸣

2023年8月，午后的阳光炙热，在阵阵蝉鸣声中，高择鑫在电脑前正襟危坐，他眉头紧锁，眼睛十分专注地凝视着电脑屏幕。

万事开头难，新建文档一片空白，"科技引领我成长"这七个大字在高择鑫的脑海里盘旋着。他的手指缓慢又犹疑地敲击着键盘，如同此刻的思绪一样，他脑海里的字句像一团乱麻。时间在他的反复斟酌中流逝，高择鑫叹了口气，电脑的屏幕随即暗了下去。

很快到了下午，不甘向征文主题屈服的高择鑫又坐回电脑前，双手放在键盘前蓄势待发，两个小时后，看着电脑屏幕上的空白，他又一次缴"笔"投降。

"这个周末就要截稿了。"语文老师给高择鑫下了"最后通牒"。

我能不能不写了？高择鑫很焦虑，内心的呐喊呼之欲出，但很快又吞了回去。也就是这一刹的挣扎，让他想起自己失败了数十次才制作出达标航模的经历——如何制作出合适的火箭模型，如何让模型飞得够高，如何保障飞行过程和降落时的安全性，这都是当时的他需要解决的问题。而此刻，如何理解"科技引领我成长"的主题，如何排篇布局，如何提炼素材、兼收并蓄……这些也是他需要解决的问题，他为什么要放弃呢？

高择鑫调整了坐姿，重新打开电脑，制作航模时那种经历无数次失败后又重来的毅力涌上心头，支撑着他进行文学创作。

夜，越来越深，房间里只有高择鑫敲击键盘的声音在回荡。字斟句酌下，他郑重地为已完成的文章输入标题"朝乾夕惕，易一声长鸣"。这个标题是对文章内容高度集中的概括，他阐释道："'朝乾夕惕'对应的是我做航模的过程，映射国家航天发展的轨迹；'易一声长鸣'是我的火箭模型发射成功的象征，同时也寓意着国家的航天事业走到新的高度。"

2023年11月3日，这一声"长鸣"，如同胜利的号角，在高择鑫的人生中又一次响起。得知自己的文章在2023年广东省少年儿童践行社会主义核心价值观主题征文活动中获得一等奖的好消息，高择鑫第一时间抬头看向天空，他仿佛又看到了自己制作的航模顺利升空、突破百米的场景。

高择鑫笑了，那一刻的喜悦无以言表。

文以载道，与灵魂共舞

高择鑫是深圳市翠园中学高二（2）班的一名学生。16岁的他有着185cm的身高，身形挺拔壮实，在同龄人中十分显眼，一双不大的眼睛笑起来时总会不自觉地眯成两道弯弯的月牙，展现出温暖和真诚。高择鑫是个热爱运动的热血少年，健身、跑步、羽毛球、乒乓球等信手拈来；同时，他也是个多面发展的学霸：曾拿过中国童话节童话故事创作大赛的银奖、世界少年奥林匹克数学竞赛亚洲精英邀请赛广东选区比赛一等奖，还有在雅思考试取得7分的好成绩。

他就像一块美好的璞玉，内里蕴含多重色彩和层次，时间和经验会将其雕琢成璀璨的模样。在高择鑫众多的爱好中，文学对他而言非常特殊，他说："文学是我的导师，是我前行的动力之一，也是我心中的一片净土。"

在阅读上，高择鑫爱看"余"姓作家的书籍，他看余秋雨的散文，看余光中的诗歌，看余华的小说。同时，他也深爱古代文学，他这样描写自己在古代文人墨客的书海里遨游的经历："当我在一回回心游万仞中，将灵魂放诸广袤天地，或带着先秦的争鸣，或带着建安的风骨，或带着盛唐的繁华，新芽，夹杂着泥土的腥气，悄无声息地冒出了土壤。于是，我有了根。"

文学让他的灵魂起舞，让他的心灵扎根，也让他能将内心的声音、眼里的事物形诸笔墨。高择鑫喜欢将所见之景，耳闻之音，在脑海中转录为文字。他打了个比方："当我看到日出，便会想到'初升的霞光为云絮

高择鑫在把控船帆

高择鑫作为学生代表在颁奖会上发言

披上一层淡淡的金纱'之类的句子，于是慢慢有了将想法转变为文字的能力。"这也得益于他扎实的阅读累积和对外界敏锐的感知力。尚在读初中的他看到一场雨，便能娴熟地运用古文进行描写："此时一场雨，吹的尽数是凉风，既有春雨之沁人心脾，又有夏雨之声势浩大，是为上佳。登时，天与云与山与水，上下一白，雨中屋舍，如远山之草木，惟寥寥几影而已。然其雷声轰鸣，雨势浩荡，恍若天地空灵，如孤舟悠悠于天池耳。"

文以载道，文学也带给了高择鑫坚定的理想信念。在创作《朝乾夕惕，易一声长鸣》这篇参赛文章时，除却前期的挣扎，撰写过程中，高择鑫也因真正看到了什么叫"科技引领我成长"，心中不自觉涌起喜悦、热忱与自豪。他很喜欢作家刘慈欣笔下的一个人物——《三体》中的章北海，这个人物在书中是一个持有坚定信念的人，具备远大的眼光和冷静决断的行事风格。在高择鑫眼里，这个人物对人类充满大爱。他希望自己的心中也能拥有这种大爱，能使他在文学和科技的领域，为人类文明的进步而奋斗终生。

新的起点，出发再出发

小学二年级时，高择鑫遇到了教语文的杨孟老师（现就职于盐田区田心小学），老师曾布置过一篇300字左右的读书笔记，他依稀记得那是一个有关恐龙的故事，那时的高择鑫调动想象力和运用知识积累，趴在书桌上奋笔疾书，很快完成了这篇课堂作文。杨孟老师看完后，让他上台诵读给全班听。站在讲台上，高择鑫的心跳得很快，当他朗诵完，听到教室里响起热烈的掌声时，内心的喜悦和满足感让他自此爱上了写作。这是他最初的文学启蒙。

十年后，高择鑫又一次站在了台上，不过，这一次是更大的舞台。

2023年11月11日，2023年广东省少年儿童践行社会主义核心价值观主题征文活动颁奖大会在广州举行，高择鑫作为高中组唯一的代表上台发言，原本议程安排是为大家诵读自己的获奖文章，就像他十年前站在讲台上那样，但这次，他有一些肺腑之言要讲。

高择鑫在台上镇定自若，185cm的身高和强大的气场并驾齐驱，他向主办方、评委老师、学校和家人等表示感谢后，平和而有力地讲述起自己在这次征文写作中的所思所想，当讲到国家科技进步的成就时，他的眼眸越来越亮，语气越来越昂扬，他心潮澎湃地对广大青年发出呼吁:"此时,科技引领我们成长;彼时,我们引领科技进步。"

这一番慷慨激昂的发言收获了在场观众的热烈掌声和一致赞许,广东省作家协会党组书记张培忠在发言时还特意提到高择鑫的获奖文章,赞扬其融合了科技创新和传统文化,并鼓励青少年坚持培根铸魂,弘扬科学家精神。

"哥,你的发言稿能让我学习一下吗?我看完马上还给你。"会后,有个来自广州市番禺区的参赛学生飞快地越过人群找到高择鑫。高择鑫微笑着点了点头,当即将稿子递给了那个同学。

他被这件小事深深触动:"当时没想那么多,只感到被欣赏的喜悦与自豪。"但回家后,高择鑫又幡然醒悟:"能进到这个会场的,哪一位身上没有实力?哪一位身上不带有少年得志的风发意气?这个同学却能虚怀若谷,做到欣赏他人,用心汲取他人身上的优点,这也是我应该向他学习的。"

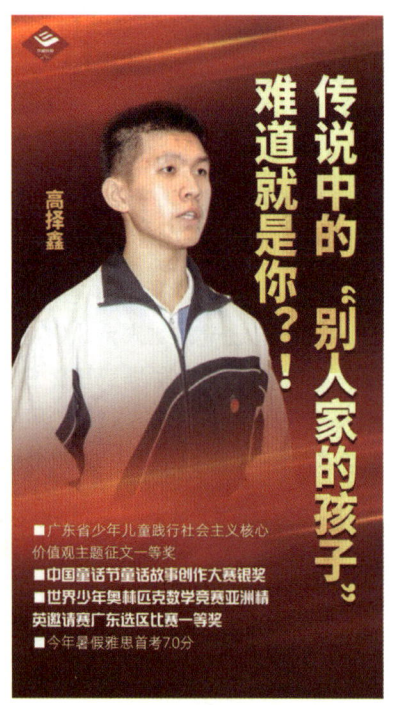

罗湖区教育公众号上刊登
关于高择鑫的喜报

16岁少年的名字第一次出现在了"学习强国"学习平台、广东卫视、羊城晚报、深圳特区报、光明日报等各大媒体的报道上,深圳市罗湖区教育局和深圳市翠园中学也特地将高择鑫在会上发言的照片截取出来,制作成一张大大的喜报刊登在官方媒体上。那段时间,高择鑫被无数荣誉与目光包裹,但这位16岁的少年却能理性而平和地看待外界的认可,胜而不骄,将这些光环吸收为自己前进的不竭动力,他说:"'省一等奖'并不是文学道路上的终点,而是一个新的起点。我要在这个起点之上,出发,再出发;跨越,再跨越。"

出于对传统文化的热爱和对现代科学的探索热忱,今后高择鑫希望能通过对现代科学的研究,解释传统文化的诸多原因和道理,他想为社会在科技领域做一些实事。当然,他的短期目标是要考进一所理想高校,为实现理想追求打好坚实的基础,同时争取撬开进一步探索科学的大门。

"达到这个目标需要走很长的路,但是我知道,我已经准备好了。"高择鑫语气坚定。纵使未来蹀躞万里,逐梦少年亦勇敢前行。

詹承睿:"吃"出一项国家级专利

□ 林枫炀

吃东西是有学问的。老子在《道德经》中提出"治大国若烹小鲜",由吃饭烹饪而通治国之道;北宋诗人苏东坡"长江绕郭知鱼美,好竹连山觉笋香",一路被贬一路吃,把美食写进诗里,成就其艺术与豁达;17世纪的英国科学家牛顿捡起一个掉落在地面的苹果,"吃"出了万有引力定律……在广东省佛山市华英学校,有一个名叫詹承睿的学生,因为爱吃沙拉酱,竟"吃"出了一项国家级专利!

"超级沙拉酱瓶"的进化史

2020年的一天,11岁的詹承睿垂涎欲滴地捧着切好的水果来到餐桌旁,一把抓起他最爱的沙拉酱,准备给水果切淋上美味的精华。

欸,沙拉酱怎么挤不出来?詹承睿摇晃着酱料瓶,再次尝试用双手使劲挤压瓶身。结果,扑哧一声,因力度过大,喷涌而出的沙拉酱竟然溅得到处都是!

好不容易收拾完,小馋猫迫不及待地开始品尝自己制作的水果沙拉,刚一入口,沙拉酱变质的酸腐味道便直冲味蕾,让他眉头直皱。

"沙拉酱为什么会变质呢?"詹承睿此刻脑海里浮现出"十万个为什么",为

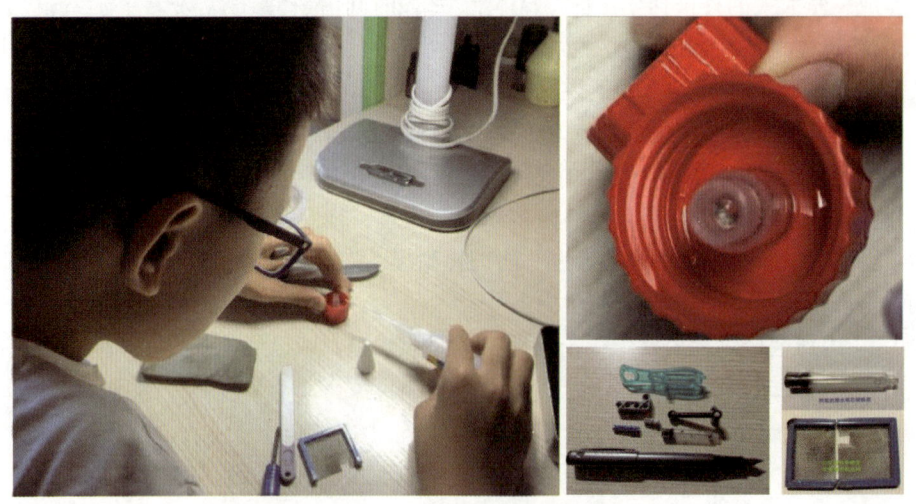

詹承睿利用材料在家里制作"超级沙拉酱瓶"

什么酱料瓶会被堵住？为什么没有办法控制沙拉酱的使用量……他第一时间寻求爸爸的帮助，在爸爸的循循善诱下，他慢慢找到了答案：一切源于酱料瓶的密封性较差。

"我要制作一个可以解决这些问题的'超级沙拉酱瓶'！"詹承睿萌发了一个大胆的想法，他开始研究，如何让沙拉酱瓶能顺畅挤出沙拉酱的同时，又可以防止空气回吸，让沙拉酱处于相对密闭的状态，保持新鲜美味。

受马桶水箱里的止回阀的启发，詹承睿首先为他的"超级沙拉酱瓶"设计了一个防回吸装置，这样可使瓶子保持一个真空状态，可是，这样并不能使沙拉酱顺利挤出。詹承睿画着"超级沙拉酱瓶"的设计手稿，认真整理思路，企图寻求一些启发。画到一半，钢笔缺墨了，詹承睿一边思忖，一边置换着墨水笔芯。突然，他凝视着笔芯里的小球珠，眼睛一亮，继而又陷入了沉思。

"哎哟，家里这是进贼了吗？"看着地面的一块块污渍，买菜回家的外公外婆吓了一跳，顺着污渍的痕迹，他们一路寻到了洗手间，看到了两手乌黑，正在洗手台上努力清洗的詹承睿。

看着这个捣蛋鬼，外公外婆忍不住批评了两句，而詹承睿只是憨笑着把洗不干净的小手藏在背后，点点头说："知道啦，下次不会了。"

回到房间，詹承睿摊开手掌，手心里出现了一个拆卸开的钢笔内芯。经过反复研究，他发现笔芯里的这颗小球珠是用来顶住出水口预防墨水漏出的。如果在他的"超级沙拉酱瓶"里设计这样一个"移动球阀密闭装置"，便能让瓶子真正实现既可以挤出酱料，又可以防止空气回吸的功能！

在确认设计思路可行后，詹承睿开始寻找材料、小部件，利用废弃的钢笔墨水笔芯替换管以及四年级科学箱里的钢丝网、502胶水等材料进行制作和改装。

在学校的综合实践课上，科学老师发现了詹承睿的小发明，当即推荐他参加第36届佛山市青少年科技创新大赛。

市赛前，詹承睿从饭勺获得启发，解决了球珠的粘连情况，将发明更新到第二代，这让他顺利通过市赛专家答辩环节并以一等奖晋级省赛；省赛前，聪明的詹承睿又从哥哥送给他的一套乐高积木中得到灵感，利用积木内的十字设计，将第二代产品精简更新到第三代；后来在佛山市科学技术协会以及专家评委的重视和辅导下，詹承睿在省赛前一共完成了四代产品的设计和迭代更新。

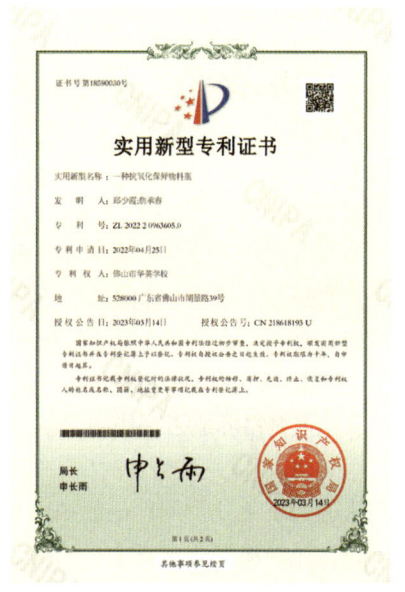

"一种抗氧化保鲜物料瓶"获得国家知识产权局实用新型专利授权

他的"超级沙拉酱瓶"进化成"保鲜抗氧化酱料瓶",一举斩获第 36 届广东省青少年科技创新大赛科技创新一等奖和专利申请奖。后来,"保鲜抗氧化酱料瓶"又进化为"一种抗氧化保鲜物料瓶",在 2023 年 3 月 14 日获得了国家知识产权局实用新型专利授权,专利号为 ZL 2022 2 0963605.0。

一篇省奖文章的背后

4 岁时,詹承睿便来到佛山市青少年文化宫的科技模型班学习。在这里,他得到了科学启蒙,培养了极强的动手能力。再大一些,他时常在书籍里流连忘返,特别是科技理论类、模型类、科学实验方面的书籍。每次看完一本书,受到启发的詹承睿便会寻找相关的工具和零配件,自己动手做实验。

詹承睿的房间里藏着不少"废品":用过的纸杯、老化的放大镜、旧太阳能电池板、废弃小灯泡、废弃木板、空瓶子……在他的一双巧手下,这些东西总会"变废为宝",摇身一变,成为一部自制电话、一个自制望远镜或者是一台简易的风力发电机。

上了初中后,来到佛山市华英学校,詹承睿的科创热忱更是一发不可收拾。在学校的"华英科技创新中心"这个平台,他的科技视野和施展领域都得到了拓展,詹承睿拥有了一个更大的科技舞台。

佛山华英学校的校训是"科学与人文并举,规范与个性共存",这点也在詹承睿的成长上得到彰显。他在校成绩优异,在学校的各项社会实践活动和科技竞赛中获奖无数。在参赛过程中,詹承睿需要搜索和收集不少科创方面的信息和参考文献,每参加一次科创比赛,他都会在指导老师的协助下撰写研发报告,也正是这些逻辑严谨、资料翔实的研发报告撰写经验,让他慢慢养成了写作的习惯。

詹承睿和佛山华英学校校长何轩

2020 年,发烧输液时的一次血液倒流,让詹承睿在针口疼痛之际,萌发了通过发明创造解决这种问题的想法,他秉着"缓解病患的紧张情绪,减轻医护人员工作压力,让输液安心又安全"的初衷,设计出了"智能防回流导管";2021 年,詹承睿看到了一则郑州特大暴雨造成城市内涝导致多人遇难的新闻报道,揪起来的心催促着他做点什么。经过多日的研究,他设计出了一个上下双层结构的智能下水道井盖,以期降低原有城市下水道系统的安全隐患。这两个发明也得到了外界的认可,分别获得了第37届和第38届佛山市青少年科技创新大赛青少年科技创新成果项目二等奖。

2023年，当詹承睿第一次看到"科技引领我成长"这个征文主题时，心想："巧了！'科技引领我成长'的'我'，不正是现实生活里的'我'吗？"他在这个主题里看到了自己的生活缩影。这篇文章中的每一个情节都来自他日常生活和科学成长道路中的点滴，詹承睿把自己研发"一种抗氧化保鲜物料瓶"的经历和心得浓缩成一篇名为"创新小发明，科技领成长"的文章。这篇参赛文章最终获得了2023年广东省少年儿童践行社会主义核心价值观主题征文活动初中组二等奖。

获奖消息传来时，詹承睿在喜悦之际也更深刻理解了科技与人文的密不可分。文学承载着人文精神的核心价值，而科学同样是人文精神的载体。人文精神指引着科学的社会应用，科学也激发人文精神的发展和创新，这一点在詹承睿的发明研究上也得到了验证。

"我们是时代的幸运儿，更是时代的创造者，我们要肩负起时代的使命，在科技引领下成长，努力创新……"詹承睿将肺腑之言写成朴素真挚的文字展现给大众，一篇省奖文章的背后，可以看到少年蕴藏其中的科学精神与人文精神，它们闪耀着未来可期的动人光芒。

科技新星的成长迭代法

詹承睿的成长离不开家庭教育，他的妈妈从事中法外交工作，爸爸则是一名出色的牙科医生。谈及对孩子的教育，承睿妈妈说："爸爸会陪睿睿一起打球、骑车、做实验，而我就更多的是承担孩子思想和教育方面的辅导工作。"

詹承睿和爸爸妈妈的合影

2021年7月4日，妈妈陪詹承睿共读一篇央视新闻的报道《"100年前的启航"图片展在法国蒙达尔纪揭幕》，这是中央广播电视总台欧洲总站与中国旅法勤工俭学蒙达尔纪纪念馆为庆祝中国共产党成立100周年，在法国蒙达尔纪市共同举办的一场活动。

妈妈告诉詹承睿："这个图片展介绍了老一辈无产阶级革命家们在法国留学、入党和宣传马克思主义的经历，从中可以体会到中国共产党人不畏艰辛，为了理想坚强奋斗的崇高品格。"

詹承睿看完文章后，若有所思地对妈妈说："妈妈，我认为那个时代留法勤工俭学的王若飞也是一位非常出色的外交官。如果他没有因为飞机失事牺牲的话，一定可以帮助周恩来总理分担不少工作，为国家作出更大的贡献。"

妈妈听完感到十分惊喜，一方面惊讶于詹承睿的知识储备和记忆力，一方面又为他能有自己的思考与视野感到欣慰。

同年，日渐坚定自身理想信念的詹承睿给十年后的自己写了一封信。在信中，他立志要成为一名科技外交官，并对十年后的自己说："你要知道，当一名科技外交官，必须要深入地了解各国的科技实力，并且与其建交国分享科技成果。科技包括了现代科学、生命科学和空间科学……"一字一句，铿锵有力。目标明确的詹承睿正朝着理想大步迈进。

如今，在科研领域上有所收获的詹承睿，会利用寒暑假的时间回青少年文化宫做义工，回到启蒙地做导师的助手，带着和自己当年一样年纪的弟弟妹妹们一起做模型，力所能及地启发更多像他一样的孩子。

在科学算法中，这种在生活与参赛中不断磨炼提升的路径被称为"迭代法"，是一种螺旋式上升的成长。詹承睿有独属于自己的一套"成长迭代法"，正如发明创造一样，他说："很多时候想法与现实都有一段很长的距离，这个过程是不断学习与实践的过程。"只要在成长过程中不断地尝试、调整、精进，持续地发现，持续地追求，相信总有一天，小发明家詹承睿会超越自我，实现他的科技外交梦。

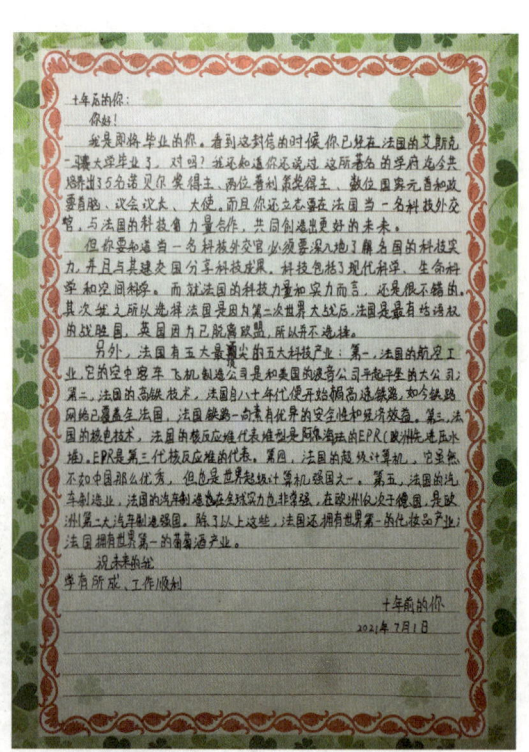

詹承睿写给未来自己的信

百花齐放

　　云蒸霞蔚，气象万千。主题征文活动开展的每个年度，都有许多精彩的学生佳作涌现。据统计，2019年至2023年，参与征文活动的青少年达250.7万人次，其中获奖文章共有3060篇，这些作品或许在文学造诣上尚显稚嫩，但每一篇都饱含着少年儿童对梦想的无限热忱，每一行文字都是他们青春之火的闪耀见证。

　　他们努力践行社会主义核心价值观，怀揣"强国有我"的坚定信念，用青春之笔书写着对祖国的深情敬仰、对生活的无限热爱以及对未来的瑰丽畅想。这里精选部分佳作，以让更多的人一同感知当下少年儿童的爱国心、报国情、强国志，共同见证他们的成长，感受他们为实现中华民族伟大复兴的中国梦所付出的努力与坚持。

爷爷奶奶的柳暗花明

□ 深圳市上步中学　林天乐

我最爱听爷爷奶奶说他们的故事，正好，他们也愿意翻开尘封的记忆，擦亮岁月书页上记录着的模糊过去，任那些前尘往事在我眼前缓缓展开。

莫欺少年穷

1939年，华北平原一个极度困苦的农村诞下了一名女婴，她就是我的奶奶。两年后，另一个偏远的小渔村，一名男婴呱呱坠地，他就是我的爷爷。当时，正值艰苦卓绝的抗日战争相持阶段，中华大地上烽火四起，老百姓流离失所，这两个小小的孩童还能顺利地、平安地长大成人吗？

奶奶的童年是在受难严重、落后、贫困、饱受侵略的华北平原中度过的，家中8个孩子只活了4个。奶奶幼时丧父，少时即耕作，12岁才极不容易地上了小学一年级。爷爷从小没有父亲，一家4个男孩在叔叔家生活。那时，吃的得抢，穿的靠捡，放学就得上山砍柴。即便这样，4个男孩还是坚持上了小学。

虽然有这样苦难的童年，但万幸的是这两个孩子遇到了伟大祖国的崛起。1949年的秋天，有一位伟人在天安门发表了一声最庄严的宣言——"中华人民共和国中央人民政府今天成立了！"传遍了神州大地，回响在历史上空。

十年寒窗终成正果

那个一边种田、放牛一边上学的姑娘，在全村人的援助下，成了村里唯一一个大学生。她凭借着优异的理科成绩被北京钢铁工业学院录取（现北京科技大学）。

那个一边砍柴烧火一边念书的少年，连拍高中毕业照的鞋子都是借的。但是家中那4个男孩不惧困苦，发愤图强，最后3个考取了中山大学。

那时，中华人民共和国成立10年有余，整个国家蒸蒸日上，全国人民热火朝天地建设着新中国，我的爷爷奶奶都有一段看得见的光明前程，他们青春的脚步和中国迅速发展的经济一起飞奔。

遭遇"文化大革命"路坎坷

在"文化大革命"前夕,两人相继毕业,两个名牌大学毕业的天之骄子本以为前路繁花似锦,不料却是乌云遮蔽,大雨倾盆。1966年5月,"文化大革命"开始,许多知识分子、民主人士和干部遭到批斗。刚毕业不久的奶奶被发配到食堂厨房,削了一年的土豆,直到现在姑姑还拿这事调侃她。

林天乐与妈妈

刚从中大毕业的爷爷被分配到了陕西宝鸡的902厂工作(现在是一家叫作"宝钛集团"的上市公司)。也就是在那里,他认识了我奶奶。两个失意而迷茫的人慢慢地走到了一起,生活在他们眼前又亮出了一线曙光,"文化大革命"趋于结束,中华民族在挫折中奋起。

柳暗花明

"文化大革命"结束了,中华大地百废待兴,两个人壮志满怀,一心有所作为,事业也终于走上了正轨。奶奶开始从事技术工作,全程参与了中国第一艘核潜艇"长征1号"的制造。1970年,"长征1号"研发完毕并在1974年装备我国海军。至此,中国成为世界上第五个拥有核潜艇的国家。爷爷则从事有色金属科研工作,参与了中国为波音飞机提供零部件的技术攻关工作。爷爷奶奶意气风发,物质条件谈不上优越,但是他们切身地感受到祖国的日益强大,感受到自己的青春和才华因为紧跟着祖国的脚步而富含意义。他们骄傲地看到中国人民解放军在中国不断强盛的国力和科研人员的努力下,武器装备不断更新,军队现代化建设取得重大成就。

改革春风吹满地,十一届三中全会后,邓小平爷爷在南海边画了一个圈,加快了我国经济发展的脚步。东南沿海改革开放,一切都是新的、热的、快的、飞速发展的,爷爷把热切的目光投向了自己的家乡——深圳。于是,他举家携口,南下深圳,他们成为深圳经济特区的早期建设者,在各自的岗位上奉献到退休。

回顾爷爷奶奶这波澜壮阔的一生,他们和中华人民共和国一起成长,经历了"站起来",参与了"富起来",眼看着祖国越来越强大,看到了"强起来"的前景。他们柳暗花明的一生就是伟大中国茁壮成长的小小缩影。

不经一番寒彻骨,怎得梅花扑鼻香。祝福我泱泱中华,盼望您更加繁荣昌盛。

(此文获2019年主题征文活动初中组一等奖)

(指导老师:刘昕昱)

崛起的见证者——黄河

□ 惠州市惠东县平山镇惠东中学初中部 许伟芬

"浊波浩浩东倾，今来古往无终极。经天亘地，滔滔流出，昆仑东北。神浪狂飙，奔腾触裂，轰雷沃日。看中原形胜，千年王气。雄壮势、隆今昔……"

我是一条河，一条流淌在一个历史悠久的古国中、流淌在一个屹立东方的国度里、流淌在那龙的传人的血液中的河。他们将我称为"黄河"，因为我孕育了他们的文明，于是，他们又将我称为他们的"母亲河"！我在时光中静静地流淌，享受着他们的赞美，见证着他们生活的变化，亦见证着那时代的变迁。

大约是1949年吧，红色的火燃遍了整个国度。我看见，四处悬挂着的都是高高飘扬的五星红旗，那些可爱的生灵们脸上挂着的都是幸福的微笑。我由衷地感到高兴，因为那个叫"中国共产党"的执政党，给人们带来了巨大的幸福。而那个叫"中华人民共和国"的国家，就此屹立在东方。

许伟芬

在1953年的某个早晨，我被机械的轰鸣声吵醒了。睡眼蒙眬的我惊奇地发现，我的身边居然出现了汽车厂、钢铁厂、飞机机床厂……我突然明白，那些可爱的生灵们正在为他们建立起来的国家的发展而不懈地努力着呢！我似乎看到了他们所憧憬的明天和所向往的繁华。当然，他们可能觉得我的脾气有些暴躁吧，所以还帮我"修身养性"，筑坝护堤。在我控制不住自己的暴脾气时，他们所建造的工程便起到了巨大的作用，极大地减少了被我的怒火殃及的人的数量，但这也使愤怒过后的我追悔莫及。我想我也该先休息一段时间了……

再度醒来时，我有些不敢相信自己的眼睛。这真的是曾经那个地方吗？！我发现我身上多了几座水电站，当我的血液不断流动时，我知道正有源源不断的电力输往这个国家的千家万户！我似乎看到了他们满意地笑了！是的，我很感激，也很骄傲、自豪！因为他们使我能源源不断地发挥着自己的作用！我看见我的周围正在不断地发展，原来低矮的平房逐渐被高楼取代；那一个个原本落后的农村，如今却变成一个个正在兴起的城市。我不知道该用怎样的语言去形容它们的繁华，也不知道该用怎样的语言去描述自己内心的激动，但我知道，往来人群脸上带着的微笑，道路上的车水马龙，夜晚城市上空的繁华……这很大程度上源自一个叫作"邓小平"的老人做出的"改革开放"决定，源自这些可爱的生灵们共同不懈的努力！

或许是这些城市太过美丽，我想起了自己身上禁不住岁月冲洗的破碎外衣，心中涌起一点自卑与失望。但很快，我就看到了希望——有一个人提出了"绿水青山就是金山银山"，别人都称他为"习近平主席"。我开始憧憬自己披上美丽的外衣的样子。那一点点的绿，渐渐地晕染开来，我那原本裸露在外的皮肤逐渐被覆盖，我似乎看到了未来自己美丽的样子，更看到了未来美丽的中国！

是的，我骄傲，我自豪！因为这是我孕育出来的文明，是我见证了蜕变的国度，这些中华儿女是我最骄傲的传人！我始终坚信，未来的中国，山更蓝，水更清，国更繁荣富强！因为这是一个有着不忘初心、砥砺前行意志，有着坚定理想信念，有着高度团结意识，有着艰苦付出的民族！这头东方巨狮已经开始觉醒，这条盘旋于东方的巨龙将再度引领世界并铸就辉煌！我是他们的见证者——黄河！我会将他们的故事继续诉说下去……

（此文获2019年主题征文活动初中组一等奖）

（指导老师：周春枚）

给孙中山先生的一封信

□ 广州市南沙第一中学 王 越

敬爱的孙中山先生：

您好！

时光如白驹过隙，眨眼间，近百年已然过去。2019年，我们国家迎来了70岁的生日，也迎来了改革开放41周年。在这几十年间，中华民族重新屹立于世界民族之林，我们的成就，让世界都为之瞩目。今日，请您慢慢听我道来我们中华民族是如何震惊世界的。

在您的《建国方略》之中，您曾明确地提出要修建铁路和公路，将中国内陆、沿海全部连接起来，如今，我国不仅实现了这个目标，而且在高铁里程上遥遥领先全世界。听到这儿，您可能觉得奇怪，什么是高铁？说出来您可能不敢相信，高铁就是速度很快的火车，它的时速可达350公里，从上海到北京只需4.5小时左右，这是多么惊人的数字啊！目前，我国的高铁技术在世界上遥遥领先，相信不久的将来我们的高铁能够更快、更好。

再有，您也提出过要在中国北部、中部、南部沿海各修建一个具备世界水准的大海港。从当时来看，这可能是痴人说梦。然而，经过我国各族人民的不懈努力，尤其是在改革开放之后，我国的海港建设呈欣欣向荣之势。世界上排名前二十的海港，有十个在中国！更加令人欣喜的是，"第一海港"的荣誉也由我国的上海港夺下。百年前的我们，海上贸易远不如他国，百年后的我们，是世界重要的海港枢纽！

我国在科技领域也是先声夺人，上天下海，我们都行！多年前的神话幻想如今已不再是梦。在航天领域，我国最新的"嫦娥四号"探测器飞上了太空，成为第一个在月球背面软着陆的探测器；在下海方面，我国的"蛟龙号"，直接潜到7000米的深海之下。这一切的一切，是百年前的我们不敢想象的，在百年后的今天，我们不仅敢想，而且敢做，还把它做好了！孙中山先生，我还要隆重向您介绍一样东西——计算机。从名字就可以看出它是用来计算的，而根据最新的排行榜显示，我国排名第一的计算机、世界排名第二的计算机——神威·太湖之光，计算速度最快可达12.5亿亿次/秒，一台计算机一秒钟的计算量，一个人要花几百亿年才能算完，是不是令人瞠目结舌呢？神威·太湖之光是完全由我国自主研发的超级计算机，它只是我们在改革开放之后取得的成就之中的冰山一角，还有更多如"墨子号"等，我会之后再给您写信介绍的！

王 越

  最后,我想您一定很想知道我们老百姓过得怎么样吧?请您放心,现在人民安居乐业,大家的钱包都鼓起来了。哦,不对,我们的钱包都是空瘪瘪的,因为如今人们出门已经不带钱包了,大家都用一台叫"手机"的东西,买东西付款时,您只要在上面轻轻点几下,再扫描一个图案,它就会把您在银行的钱转给商家了,全程不用使用现金,是不是很方便呢?人们再也不用担心出门会忘记带钱包了,也不用拿出一沓纸币来交易了。从这里您也可以看出我们百姓的生活越过越好了吧?而这,还是要归功于我国的改革开放给我们带来的思想上的、经济上的开放和进步。

  在祖国70岁生日和改革开放41周年这大喜的日子里,我给您写了这样一封信,是想告诉您我们过得很好,我相信以后会越来越好的!等到祖国100岁生日时,我会再向您介绍这30年间的新变化!

  此致

敬礼!

您的后辈:王 越
2019年3月10日

（此文获2019年主题征文活动高中组一等奖）

（指导老师:蓝凌峰）

修 路

□ 梅州市水寨中学 钟勇添

最近,村主任宣布了一件大事:近日从南洋回来的叔公要为村里修一条路。这消息一出,村里人都叫好。可以预想,这条路修好后,村里人进出就会方便许多,后山果林里的果子也可以用车载出去卖了,再不必担心果子太多,吃不完只能烂在树上了。

可是修路这事却让虎子犯了愁。叔公请来的专家说,要修路就得从虎子家菜园腾出些地方来,其他地方行不通。虎子爹妈早逝,菜园可以说是父母留给他的最后的念想。他没别的本事,但年轻人有的是力气,除了那一亩三分地,他还帮村里人造房子、打水井。至于报酬,都是别人看着给的,他从不计较。

叔公请工程师来看路该怎么修的那天傍晚,虎子去了村主任家谈修路的事。夕阳被乌黑的云遮住,天暗乎乎的。路上他遇到了几个孩子,他们端着饭碗到处跑,后面还跟了一条小黑狗。到了村主任家,他往里叫了村主任几句,村主任赶忙出来招呼他进屋坐。

他进去后,见到了叔公。叔公一身西装革履,戴着老花镜,头上已是白发苍苍。叔公从椅子上站起来,握住他的手说:"好呀,年轻人就该像你这么身强体健才好。"虎子不好意思地低着头,腼腆地回答道:"叔公过奖了。"村主任给虎子倒了茶,让他坐在椅子上。叔公向虎子表明修路之意。他说:"我这次回来,看到了漫山遍野熟透的果子,有些都烂了。我问村主任怎么不想办法把它们给卖了,村主任说路不好走,车开不到山脚下,又不能单靠人力来搬这些果子,只好让它烂掉。"叔公喝了口茶,又说:"我听完村主任这番话,觉得这不是可惜了吗?又想到前几天下雨时,一位乡亲在路上走着走着就滑倒了,他对我说路难走呀,一下雨就总是这么滑。我听了之后觉得心疼,于是就有了修路的想法。"虎子没说话,他知道现在的路是很难走的,下雨天一片泥泞,他也经常滑倒。叔公看了看虎子,接着说:"如今国家搞了个'改革开放'的好政策,鼓励我们这些在外的华人回国建设,回乡办厂,带动农村富起来。我这次回来呀,看到了乡亲们在后山种的果树,想着可以办个卖果子的厂子,帮助村民们富起来,一起过上好日子。也想趁着办厂的同时,给村里修条好路,只是这路要占你菜园一些地方,不知道你肯不肯?"

虎子听得入神,一下子没听明白,再回想时,就犯难了。这菜园是爹妈在世时留给虎子的,他们让他好好守着,一天三顿都要靠它的。虎子心里没个准,叔公看出了他的为难,只是笑着,拍了拍他的肩膀说:"我不强迫你,你回去好好考虑一下,考虑清楚了再来找我。"虎子听了这句话后,多坐了一会儿就走了。

钟勇添

  虎子没回家,他来到村东头小河边想着这事。他随手拿起身边的石头,打起了水漂,但没几个石块是漂得远的。他抬头,看着天空,星星一闪一闪的,围着月牙儿起舞。它们不懂他的愁。虎子回想起了以前的事,他想起了乡亲们在自己的爹娘去世时过来帮他办理丧事、给他安慰;想起了隔壁老大娘在他挨饿时给他带果子和馒头;想起了村主任在他生病时连夜去镇上请医生给他治病而在路上滑倒⋯⋯虎子眼里泛起了泪花。此刻,他已有了答案。于是,他又拿起石头打水漂,这一次石头在水面上"啪啪啪"地跳了七八下。他欢快地跑回家,倒床就睡。这一晚,他睡得很香。

  这天早上,在叔公还没吃早饭时,虎子就过来了。叔公邀他一起吃早饭,他摆摆手,说他已经有答案了,让叔公在菜园那里直接修路过去。叔公很惊喜,要给他一些钱作补偿。虎子想也没想就回绝了,他说:"您给乡亲们修路办厂是做好事,我只是让一些菜园的位置,怎么能图回报呢?另外,工程队来修路时,我也会来帮忙的。"说完,他就头也不回地走了。叔公在屋里回过神来,连连赞叹这年轻人善良朴实。

  工程队来施工时,村子里好不热闹。村民们有出力帮忙的,有带着孩子来帮他们加油鼓劲的,有带着果子、拿着茶壶来送吃送喝的⋯⋯虎子也来了,他还约了几个青壮年,一块儿帮工程队的人提水泥浆。

  几天后,一条乌黑的柏油路就修好了。乡亲们和叔公一起,从村口走到后山脚下,他们笑着谈论以后在哪里建厂子合适。虎子也在其中,他想着,这路修起来了,将来厂子建起来后,山上的果子有了销路,村民们行走又方便,叔公说的好日子,就离他们不远了。

  虎子在跟工程队的人干活时,听他们说外面的世界变了样,很精彩。有许多车、许多高楼,还有比这新修的路更大更长的路。虎子对他们所说的充满了兴趣,他记得小时候父母带自己去过一次外面,那时外面的世界跟村里差不多,怎么会一下子就变了样呢?虎子找到了叔公,希望他多跟自己讲讲外面的世界。

虎子向叔公说明来意后，叔公很高兴，向他讲述了他的所见所闻。最后，他说："现在我们国家搞改革开放，外面的世界精彩无比，你也应该去看一看，开阔视野，长长见识。"虎子觉得有道理，只是不懂"改革开放"是什么。他问了叔公，叔公笑着说："那是我们国家为走向富强而实行的政策，就是改旧革弊。对我们村来说，就是要让村里人都过上好日子。"虎子听了，似懂非懂，但他想，只要是能让人民过上好日子的政策，那就是好政策。叔公让虎子跟随两天前来看他的亲戚去城市打拼，看看外面的世界。虎子欣喜万分，点头答应。

　　听说虎子要去城市了，村民们都赶来看他，给他送东西。虎子很感动，当着大家的面热泪盈眶。到了他离开时，几乎全村人都来给他送行，鼓励他好好干。

　　三年后，虎子开着小汽车回来了。他刚进城市时，靠着叔公亲戚的推荐找到了活干。由于他踏实肯干，很快就被提拔为一家酒店的经理。虎子也见识到了很多以前闻所未闻的东西，他见到了高楼大厦，见到了车水马龙，也有了许多新朋友。他看得更高，看得更远了。而且，他终于明白了叔公所说的"改革开放"是什么了！的确，它就是让我们过上好日子的好政策。

　　虎子开车进村时，他看到路上的乡亲们大多骑上了摩托车、三轮车，大家都热情地和他打招呼。来到村主任家后，虎子意外地看到了再次回到家乡的叔公。虎子和叔公谈起了自己在城市打拼的经历，感谢他给自己机会去看见外面世界的变化。叔公说："归根到底，你应该感谢的是国家的好政策呀。"叔公和村主任带着虎子去看村里的厂房。一路上，虎子发现村里的那条河比以前清了不少，乡亲们的房子大都变成了两三层的砖房，有些还装修得漂漂亮亮。

　　到了厂房门前，虎子往里看到有几十位乡亲正在包装果子，他在叔公的带领下参观了厂房，发现村里的厂房和城市里的比相差不大。在叔公的示意下，虎子随手拿了一个果子吃。"比我以前吃的更甜了。"他说。村主任笑着说："过去，村民不懂得怎么经营果园，现在建了厂，采用现代栽培技术，水果的产量、质量都提高了。很多村民不再出外打工，都回村里帮忙，既有收入，又能照顾家里，两全其美。"叔公也感慨地说："是呀，现在乡亲们挣的钱比以前多了，都过上了好日子。前天，我和村主任商量着要给村里盖个图书馆，要让乡亲们不只是在物质上脱贫，还要在精神上脱贫。"虎子听了，连连表示同意，并且说道："给村里建图书馆是在乡亲们的精神上'修路'，造福百姓，我也要出自己的一分力。"

　　那天晚上，虎子躺在床上想着：这"改革开放"多好呀，让村里变化那么大。熟睡后，他做了一个梦，梦见自己变成了修路人，正把一条名为"改革开放"的路修得老远老远……

（此文获2019年主题征文活动高中组一等奖）
（指导老师：曾雪群）

家风·担当

□ 广州市越秀区东山培正小学 张佑林

什么是"担当"？爷爷说，担当是公而忘私的精神；爸爸说，担当是履职尽责的行动；我说，担当是有一分力尽一分力的自觉。在和新冠病毒奋战的日子里，爷爷、爸爸和我都为"担当"写下了自己的注解。

张佑林在2020年主题征文活动颁奖大会上朗诵文章

不肯下岗的老党员老张

"老张，您明天休息一天吧，别来帮我们，也别来送水了！"街道办主任王伯伯又来家访了，他正握着爷爷的手苦口婆心地劝说着。

话还得从大年初三说起，爷爷听说街道在小区设置了体温监测点，就决定一定要加入志愿者队伍，和街道办的叔叔阿姨们一起在监测点轮值蹲守。王伯伯知道爷爷半年前刚做了结肠癌切除手术，身体还在恢复期，就天天上门劝退。可是爷爷说什么也不肯下岗，不仅每天固定时段上岗，还不时给在岗的志愿者和工作人员送去热茶热水。

这次也不例外。只见爷爷冲着王伯伯摆摆手，坚定地说："王主任，我的身体没问题！再说了，街道才给我挂了'不忘初心、牢记使命共产党员示范户'的牌子，我怎么能在关键时刻当缩头乌龟呢？"就这样，不肯下岗的爷爷反倒劝退了上门劝退的王伯伯。

爷爷说得没错，担当是公而忘私的精神。这一份精神，足以让一名老党员忘记自己的羸弱之躯，在疫情防控的关键时刻挺身而出！

彻夜加班的公务员大张

"出现了疑似病例？好，请继续跟踪，我马上回办公室！" 1月14日，睡到半夜的我被一串急促的手机铃声吵醒，耳边随即飘来爸爸同样急促的回答。"这么晚了，还回单位？"妈妈关切地问。爸爸一边窸窸窣窣地套衣服，一边回答："咱们广东出现了一宗新冠疑似病例，我得去看看具体情况。"

从那天开始，我这个公务员爸爸就像上紧发条的陀螺一样，辛勤地忙碌着，没有了休息日。即使下班回家，也是半夜两三点了，有时甚至一连好几天都睡在了办公室。因为爸爸的早出晚归，我有好长一段时间都没有见到他。好不容易盼到爸爸回家，我看着爸爸浓重的黑眼圈，忍不住说："爸爸，您就不可以好好在家休息一晚吗？"爸爸摸了摸我的头，说："傻孩子，你没听新闻联播说吗？'疫情就是命令，防控就是责任。'全天候做好全省疫情信息收集报送工作就是爸爸的责任啊！"原来在爸爸心中，他的工作岗位就是他责无旁贷的抗疫战场。

担当是履职尽责的行动。挂着黑眼圈，时刻盯着疫情变化的爸爸就是我心目中抗疫后方战场的英雄！

宅家也要有为的少先队员小张

一闻边烽动，万里忽争先。看着爷爷和爸爸都为战"疫"忙碌着，我也不能袖手旁观。可是，我怎样才能找到自己的担当舞台呢？

机会总是青睐有准备的人。当看到班主任陈老师在"钉钉"上发布要举行网上班队课的消息时，踌躇满志的我第一个报名做策划人和主持人。经过一番冥思苦想，我把第一次网上班队活动主题定为"宅家抗疫——我有我的招"，让大家图文并茂地展示各自的宅家妙招，然后投票评选出运动达人、艺术精英、人气厨王。班队课那天，许久不见的同学们在线上开心地分享自己的宅家生活，彼此鼓励、互相打气，热闹友爱的线上交流让所有人觉得漫长的寒假都变得格外可爱了。

除了策划网上班队课，我还积极参加东山培正小学红领巾广播站，和4个小伙伴一起打造《"疫"线先锋，善正同行》栏目，一周一次宣传逆行先锋人物。从串词撰写到推文制作，从稿件征集到诗歌朗诵，我的任务不断变化，而快乐的心情也不断升级——即使宅在家中，我也能向少先队员们传播抗疫好故事、传递战"疫"正能量啦。

担当是有一分力就出一分力的自觉。我，这只小小的萤火虫，终究也能在疫情防控阻击战中发出自己独一无二的光和热！

这就是我们一家三代人关于"担当"的战"疫"故事，平凡而有力量，微小却又温暖。爷爷和爸爸从未在家里板起脸来说"家风"、谈"家训"，但他们却用自己的一言一行、一举一动，春风化雨般教导我该做什么样的人、该做什么样的事。记得习爷爷说过，一代人有一代人的长征，一代人有一代人的担当。我也一定会像爷爷和爸爸一样，在实现中华民族伟大复兴的中国梦的新长征路上，肩负起自己的责任！

（此文获 2020 年主题征文活动小学组一等奖）

（指导老师：陈 蓉）

周家训·心中莲

□ 江门市新会葵城中学　周宇陶

家乡有座周氏祠堂，先祖周敦颐的画像正居其中。茂叔先生一生不慕名利，大公无私、洁身自好的优良品德与高尚情操一直为世人称赞，为我们周家树立了优良的家风。

先生爱莲，众所周知。莲者，"出淤泥而不染，濯清涟而不妖"，正是正人君子的写照。妈妈办公桌上的座右铭——"水陆草木之花，最爱者是莲"，是我最早熟读的一句话。爸爸也曾叮嘱："我女可贵，贵在玉洁冰清。"从我记事开始，父母和其他长辈就种了一株莲花在我心中：不管是读书还是做事，都不能贪慕富贵、追逐名利，只求一己之私而损害他人之利。

幼时的我，不懂，有惑。先生说："牡丹，花之富贵者也。"这样的人生，不好吗？慢慢长大后，读的书多了，经历的事多了，我才

周宇陶

发现，我们家的家风弥足珍贵。从古到今，多少人为了追求名利，不择手段。远如北宋末年大奸臣蔡京、童贯等为敛财不惜搜刮民脂，陷害他人，导致当时趋炎附势、追逐名利的世风盛行，从而引致民不聊生，悲歌四起，官逼民反。

莲之家风则不然。记得9年前，身为镇党委委员和村党支部书记的爷爷每天风尘仆仆，冲破重重阻力，带领乡邻集资修建乡村公路，他白天眉头紧皱，深夜辗转反侧。别的村庄的公路不到两三米宽，我们村的路却能让两辆车并排通过还绰绰有余。"您就需要那么累吗？"我问爷爷。爷爷笑了："虽然现在的农村小汽车不是很多，但是不久的将来，农民生活好了，我们乡邻买的汽车就会越来越多。没有足够宽敞的路，

大家的汽车怎么走得痛快呀？我们不仅要为乡亲们的今天着想，也要为乡亲们的明天着想。陶陶，你长大了，也要多做能给大家带来更多便利的事情，好吗？"9年过去了，这条被当地人誉为乡村最美的公路，不仅给乡亲们的出行带来了极大的方便，而且也迎接越来越多的外来游客来我们周屋村旅游观光。

今日之周屋村，绿树葱茏，花映荷塘，民风淳朴，文化气氛浓厚。退休在家的爷爷，有时在假期带着我和弟弟一边擦洗景区的周氏家训牌坊，一边诵读周氏家训：晨则省，昏则定……荷塘边，连那群嬉闹的孩子们也跟着忙碌了起来，他们有的提水，有的递毛巾，有的拧擦布……阳光下，汗珠中，朵朵红莲愈发可爱。每次假期结束返校时，爷爷总是牵着我们姐弟的手在路边反复叮嘱："不要忘记我们周家人的宝，要踩好我们脚下的路……"爸爸的车开远了，爷爷的叮咛不会远。

今年春节刚刚过后，爸爸在自家工厂货源资金紧张的情形下，毅然为周氏教育基金会捐赠了一笔巨款，帮助疫情之下有需要在网上上课的学生购买电脑。望着饭桌上笑容满面的爷爷，爸爸轻轻地对我们说："爷爷的叮咛时时在耳边，我们要做到，对吗？"我们也跟着爷爷一起，笑着点了点头。

如今的我，心中的那朵莲花早已绽放：下课后给同学解题，放学时给路人让路，选举时把班长的位置让给更需要锻炼的同学，雨天时给同学雨衣……前几日，我还悄悄地"模仿"着爸爸，把自己今年的全部零花钱都捐献给了学校友爱基金会呢。莲花之心坚信：传承不慕名利、大公无私、助人为乐、洁身自好的家风，为祖国美好的明天出一分力；秉承理学家训，大踏步走进社会主义新时代。

（此文获2020年主题征文活动初中组一等奖）

（指导老师：麦燕琼）

流淌在血液里的红

□ 阳江市阳春市实验中学　冯心蕊

爱国，在不同时期有不同的诠释，但无论如何诠释，这种情感始终刻在我们的灵魂深处，流淌在我们的血液里，世世代代，生生不息。

乡村教师

他是家中独子，父母含辛茹苦让他读了高中，盼着他能找份体面的工作，却没承想他又回到了这个乡疙瘩。

他执意要留在这里当个老师。

他想将知识的火种带到这个偏远的乡村，为这里的孩子铺一条改变命运的路，更重要的是——他想为国家培育人才。此时，中华人民共和国成立不过十余年，正

冯心蕊

是百废待兴、急需人才的时候，若是能有多几个孩子被悉心教导，就意味着未来能有多几颗星星被点亮。这是灵魂深处冥冥中对他的指引，所以他拿起教鞭，义无反顾。

这教鞭一拿，就是四十多年。他长成了壮硕的青年，又变成了佝偻的老人，唯一不变的，是他手里的教鞭。

他拿过许多奖项，还当上了校长，但这些，都没有他听到自己的学生为社会作了奉献的消息来得开心。当他听到自己的一批学生集资为贫困村修路时，80岁老人脸上的每一条皱纹都在雀跃。

他曾在一个温暖的午后，对他的孙女说，在面临职业选择时，要想想自己能否为国家做贡献，要永远心怀祖国，做对国家、对社会有用的人。

志愿者

2020年，一场疫情席卷华夏。

小城已被茫茫夜色笼罩，男人拖着疲惫的身躯上楼，打开了半个月未触碰的家门。温暖的灯光下，他的妻子和女儿都惊喜地站起，迎接久未见到的他。妻子赶忙进厨房下了一碗面，男人接过，狼吞虎咽。

"这么累，你以后别去了吧？"妻子脸上带着一点期盼的神色。男人不说话，

垂着眼。

妻子眼里希冀的光连同脸上的笑意在满室的寂静中淡去。"你天天去搞那些志愿活动干什么？你知不知道这个会要命的？万一你被传染了怎么办？"男人面对着一连串的质问，不吭声，只是沉默地吃着面。妻子看着他，生气地站起，冲进房间，巨大的摔门声彰显着她的怒气，只留男人和女儿在客厅里相顾无言。

"爸，值得吗？"女儿沉默半晌开口。男人终于抬起眼来，放下已经空了的碗，对女儿说："现在是国家危难的时候，能为国家出分力，那是荣幸，这是你爷爷从小就教育我的。孩子，你要记住，国家才是最重要的，我一直要你好好读书，不仅是为了你以后能过得更好，更是期望你未来有能力为国家付出。这是我们刻在骨子里的责任。"男人脸上是深切的希望。

一阵手机铃声打破了昏黄灯光映照的温情，男人接起电话，匆匆应答。语毕，他站起来，揉了揉女儿的头，快步冲向家门。

男人打开大门，半只脚刚跨出，被甩上的房门骤然打开，妻子冲着男人的背影喊了声"万事小心"。男人身形一顿，却没有回头……

中学生

第一个人，是我的爷爷，他教会我人生理想要和祖国紧密联系；第二个人，是我的父亲，他教会我要积极为祖国奉献。

从前他们耳提面命，我太小，不懂他们话里的深意，现在才明白，祖国是如此需要我们。我年少时的问题也终于得到解答——为什么我要读书？因为我要让我的祖国更加强大。

我希望未来的我是对祖国有用的，我能为祖国贡献我的力量，能将我的血肉和灵魂筑进祖国前进的台阶里。中兴被制裁，我只能与同学一起徒劳大骂；香港暴乱，我只能在网络上发表谴责暴徒的苍白言论；疫情暴发，我也只能在家中眼睁睁地看着不断攀升的死亡人数……这种无助感总是萦绕在我的心头，我决不许我的未来也是如此！

我希望在未来，如果再有制裁，我能用尽全力来打破封锁，让我们的国家不再受制于别国；再有暴徒，我能为让他们付出应有代价而出一分力；再有疫情，我能尽我所能将生命救起……

这种呐喊每日都萦绕在我的心头，在我的血管里冲刷，但我也明白自己的力量现在还太过弱小。我憋着这口气，通过学习将我的"镰刀"磨得更锋利，用血汗将我的"铠甲"冲刷得更坚硬，以期未来我能继承祖辈和父辈对我的期望，守护我最亲爱的祖国。

（此文获2020年主题征文活动初中组一等奖）

（指导老师：黄荣权）

秉承好家风　奉献传久远

□ 佛山市禅城区惠景中学　**杨凯雯**

三代为师育桃李，书香满溢传家风。
——题记

"忠厚传家久，诗书继世长。"我的太公、外公和母亲三代人都是老师，我家可谓是书香门第。代代相传，传承的不仅是职业，更是那份奉献精神。

你们的学费我来交

我的太公是潮州市饶平县浮山镇东官小学的校长。在中华人民共和国成立前，农村的孩子因家庭贫穷，拖欠学费是常事。太公为了孩子们不辍学，想了无数种办法，垫付了无数次学费。有的同学是饿着肚子来上学的，太公平时省吃俭用，经常自己没吃饱，也要给他们留一些饭菜或食品。太公的工资本来就不高，他时常把钱节省下来给学生们买学习用具，给他们送上温暖。经济拮据的太公身上的无私奉献的精神，成为我们家最宝贵的家风和精神食粮。

杨凯雯

我要支援山区教育

我的外公"三尺讲台育桃李，一支粉笔写春秋"，继承了太公的衣钵，踏上了教书育人之路。1959年，外公在广东的一所师范大学毕业。在校期间，他是优秀学生会干部，毕业分配的方案是留在师范大学任教。但外公决心要支援山区教育，到祖国最需要的地方去。他的决定，也得到了太公的支持。外公先后三次递交决心书，终于被分配到了怀集一中工作。那儿的生活条件非常差，学校宿舍很简陋，房顶因瓦片缺失而漏光、漏雨，课室的课桌和椅子都破烂不堪……在如此恶劣的环境下，外公仍然一丝不苟地教学，没有丝毫埋怨。他支援山区教育二十余年，一直担任高三毕业班的老师，所教班级每年都有多名学生考上清华、北大、中科大等名校，外公也从此声名远播。乐于奉献的精神是外公一生的荣耀，更是我们家风的延续和发展。

学生都是我的儿女

太公、外公对教育事业的热爱深深影响了我的母亲，她从小就梦想当老师，并始终为实现这个梦想而努力着。如今，母亲当上了一名中学语文教师，从教以来，爱岗敬业，尽职尽责，为国家输送了一批又一批的人才。在我的印象中，母亲总是很忙，晚上还要备课，批改试卷。母亲从教二十年，她的学生有医生、教师、律师、公务员、企业家等，遍布各行各业，真是桃李满天下。母亲爱学生，常把他们当儿女看待，对他们无微不至地关爱，这也使她深得学生们的爱戴。学生们毕业后总是不忘师恩，经常有学生来探望她。母亲总是慈爱地对他们说："你们都是我的儿女！"她打心眼里就把学生看作亲生儿女了，为他们日夜操劳，呕心沥血地付出。母亲这种乐于奉献的精神，就是我们的良好家风，从小我就耳濡目染，并深深地为之牵动内心。

长大后，我就成了你

在书香门第中成长的我，如同一棵幼苗，良好的家风就是春雨，在春雨的滋润下，小苗健康成长。我们家乐于奉献的良好家风一直伴随着我，让我从小养成了热爱读书的好习惯，并形成了乐于助人、积极向上、诚实守信的好品质。我每年都获得"三好学生"，还被授予了"书香少年"的荣誉称号。母亲曾问我，我的理想是什么？我毫不犹豫地说："长大后我要成为你。我也要拿起那支粉笔，画出彩虹，为祖国的教育事业添砖加瓦，奉献力量。"花朵可以奉献它的芳香，鸟儿可以奉献它的歌声，我也要为实现中华民族伟大复兴而奉献自己的力量。母亲的言传身教使我懂得奉献是"春蚕到死丝方尽，蜡炬成灰泪始干"，是"落红不是无情物，化作春泥更护花"，是"三顾频烦天下计，两朝开济老臣心"。

秉承好家风，奉献传久远，弘扬书香门第中爱的奉献，挥洒青春和血汗铸就中国梦！

（此文获 2020 年主题征文活动初中组一等奖）

（指导老师：何健宁）

感恩时代　立志前行

□ 珠海市特殊教育学校　张居楠

我叫张居楠，出生于 2008 年，今年 13 岁，是珠海市特殊教育学校的一名学生。

出生时，我被诊断为先天性耳聋，一家人非常伤心，四处给我求医。当时年龄小，家人对助听器还抱有一丝希望，但戴了几个月后，我对声音完全没有反应。后来听说人工耳蜗可以帮助我听到声音，虽然手术费用高昂，但为了我，爸爸妈妈四处奔波、四处筹钱，好不容易凑够手术费，父母激动地带我来到医院。可做完各项术前检查，医生却告知，我的双耳耳蜗严重畸形，手术有风险，术后的效果也是微乎其微。这一消息犹如晴天霹雳，把我的家人打入深深的绝望。难道我这辈子都没有办法听到声音了吗？这辈子都听不到父母对我温暖的呼唤吗？我渴望声音，渴望能和父母说话，渴望能听到各种美妙的音

张居楠与妈妈在北京天安门前

乐……之后的几年里，爸爸妈妈继续奔波、继续关注相关消息。妈妈说，我们的祖国日新月异，社会蓬勃发展，医疗技术也一定会蒸蒸日上，总有一天，我一定能听到声音的。

功夫不负有心人，辗转到了 2018 年，我们一家来到了北京。在北京 301 医院，我们与以前给我安排人工耳蜗手术的耳蜗公司业务员见面了，他详细地跟我们讲现在医学技术和医疗条件的进步，讲了很多跟我情况类似且后来手术成功的案例，让我们知道了，耳蜗严重畸形也可以成功植入人工耳蜗了！听到这一消息，我们家喜从天降。可我已经十岁，已经错过了最佳植入年龄，植入会有良好效果吗？一家人

经过深思熟虑后，还是决定让我做人工耳蜗手术，因为大家相信医疗科技的进步，对国家的医疗技术有十足的信心。

果然，手术非常成功！

等待开机需要一个月，这对于我们来说，太漫长了，我早就迫不及待想听见各种美妙的声音。终于到了这一天，我好兴奋、好紧张、好期待，当医生给我佩戴上耳蜗外机的"小耳朵"时，那一刹那，我听到了妈妈呼唤我的名字，虽然当时我听不懂，但我听到了她那颤抖的声音！我听到声音了，我听到各种各样的声音了！我听到了医生和妈妈的说话声，听到了洗手间里水龙头流下来的"哗哗"流水声，听到了窗外枝头传来的鸟叫声……我好开心、好开心、好开心！我雀跃地试着用勺子敲打杯子，叮——叮——当——当——真好听！我又敲打床头、敲打椅子、敲打墙壁，甚至敲打我自己……听着各种各样美妙的声音，我兴奋极了，像只出笼的小鸟，高兴地在病房里蹦来蹦去。看着我手舞足蹈、欣喜若狂的样子，妈妈激动地哭了，用哽咽的声音，一直对着医生道谢。医生也非常感动，说："不要谢我，要感谢国家，感谢这个时代，感谢国家医疗科技的飞速发展！"

手术回来，妈妈带着我去找专业的语训师进行语言康复训练，我刻苦学习，努力练习每一个字母、每一个发音。慢慢地，我从能识别简单的字母、字音，到现在能用口语简单地和家人进行交流了。我很高兴、很自豪，我也相信，以后的我还会越来越厉害！一路走来，感恩我的父母，感谢有你们，对我不放弃！我有幸生在这个时代，有幸赶上医学技术的进步，有幸赶上了人工耳蜗技术的发展和成熟。我们见证了中国人工耳蜗十年来的发展与蜕变，见证了医学科技的飞速发展，见证了太多太多像我一样的听障朋友，重新听到了世界美妙的声音。我们是幸运的，也是自豪的，因为我们生活在一个不断发展、日益强盛的国家。

"少年智则国智，少年富则国富，少年强则国强"，这是我学习的一篇课文里的内容，我也深深体会到了这一点。作为当代少年，我们是祖国的未来，承载着祖国的希望。我们要承担时代赋予的责任和使命，树立人生远大的理想和目标。虽然我身有残疾，但我更应当自尊、自信、自立、自强，要刻苦学习，积极向上，奋发图强，尽自己的努力，奉献社会，报效祖国，为祖国的繁荣昌盛贡献自己的力量。

（此文获2021年主题征文活动小学组一等奖）

（指导老师：罗丽娟、姜志英）

奋斗第二个百年 从我做起

□ 河源市龙川县卓峰学校 朱雨婷

中国共产党从1921年成立以来,到现在2021年,已经走过了100年。今天,是她100岁的生日。她的第一个百年被爱国者们建设得如此辉煌:我国第一颗原子弹在新疆罗布泊爆炸成功;在神秘的太空,已经有了我国的人造卫星;科学家们还造出了"中国天眼""蛟龙号"……一系列"国之重器",让世界刮目相看。这些激动人心的场景,让我的信心和梦想不断被点燃。

朱雨婷

于是,我暗暗发誓:我要为第二个百年奋斗,为第二个百年贡献我的智慧和力量。但现在的我还没有足够的力量去干那些大事儿,所以我认为我应该从小事做起。

拿破仑说过:"人类最高的道德标准是什么?那就是爱国心。"于是,我就怀着这份"爱国心"穿上了志愿者的红马甲,戴上志愿者帽子,并拿上几盒口罩放进包里,向着我的目的地——超市出发了!超市是人流比较密集的地方。我想:超市人员那么密集,在当下疫情肆虐的时候,出门戴好口罩,做好个人防护是很重要的。我认为我能够为这个社会做出一点贡献——那就是让进入超市的每一个人都能戴上口罩。

我很快来到了超市的入口,看着那些叔叔阿姨、爷爷奶奶进出超市。忽然,我看到了一位叔叔没戴好口罩。于是,我走上前对他说:"叔叔,请戴好口罩!"说着,我便把手中的口罩递了一个给他。他说了声"谢谢",还给我竖起了大拇指。我的心别提有多高兴了。就这样,在人来人往中,我把手中的口罩一一递给了那些没有戴口罩的人。

两盒口罩很快就见底了。这时已是正午，太阳正火辣辣地炙烤着大地，只见一对爷孙走进超市，可他们没有戴口罩。我走上前，对那位爷爷说："爷爷，要戴好口罩。"我把口罩递给他，他却把口罩扔到了地上，说："戴什么口罩，我才不戴！"跟他一起的小男孩用可怜巴巴的眼神看着我，好像在说："我爷爷很古怪的，你一定要帮我说服他！"于是，我又对爷爷说："现在是重要的防疫时期，您这样做不就是给国家添乱了吗？"那位爷爷说："反正我又不会被传染，添什么乱了？"我又耐心地对他说："外面疫情那么严重，全靠我们的白衣天使在奔波劳碌。他们也有父母、有孩子，可他们舍小家护大家。有的白衣天使为了抗疫，还导致身体器官衰竭而牺牲了。他们天天戴着口罩，口罩下的脸都是被口罩压出的褶子啊。而我们戴着口罩，很大程度上能防止我们被传染，无形中就减轻他们的工作压力了，况且我们回到家就可以将它取下……"说到这，我的眼泪瞬间滑落。爷爷看着我，愣了一下，然后说道："对不起，我没有考虑那么多，请问还有口罩吗？"我高兴地回答道："有的。"说完，我就把口罩递给了爷孙俩。他们戴上口罩，爷爷还捡起地上先前被他扔掉的口罩，放进垃圾桶后才进入超市。这一刻，我觉得周围的空气都洋溢着美好。

终于，我把手里的口罩都发完了。看着空空的装口罩的袋子，我笑了——我也为抗疫贡献了自己的一分力量。

2021年是一个新的开始，她承载着我们国家的新梦想、新希望。愿疫情逐渐消散，愿我们的国家变得更加富强、民主、文明、和谐。

"奋斗第二个百年，从我做起！"我坚定地告诉自己。

（此文获2021年主题征文活动小学组一等奖）

（指导老师：张 梅）

活出青春该有的样子

□ 潮州市枫溪中学　陈　涵

恰同学少年，风华正茂。青春是人生中最灿烂的时刻，正值青春的我们更应奔赴美好，活出青春该有的样子。

年幼时，我常依偎在爷爷身旁，掰着那双偌大的手掌咿咿呀呀地数着数。爷爷的手布满了清晰的纹路，仿佛在诉说着遥远而意味深长的故事。我把自己稚嫩的小手搭在爷爷的大手上，那一刻，时空隧道之门被打开，一抹红色划过天际，定格在我的脑海里。

陈　涵

我好奇地问爷爷："爷爷，为什么您的手比丫丫的手大这么多？为什么您的手做出的食物那么美味？是因为您的手上有魔法吗？"爷爷总会笑盈盈地告诉我："是呢，爷爷的手可是有故事的。"

我的爷爷年轻时是一名意气风发的战士，他虽然没上过前线，但是一名勤勤恳恳的炊事员——后勤的工作对他而言同样重要。爷爷把自己最美好的青春贡献给了革命事业，贡献给了烟熏满屋的后厨。爷爷说，那时候身上不是背着锅，就是挑着粮，还有其他杂七杂八的炊事用具，它们都是不能丢弃的宝贝。有时候饭菜刚做了一半，突遇敌情威胁，又不得不赶紧收拾，迅速转移阵地。这些都算不上什么。要是遇上粮食供应紧张的时候，爷爷和其他炊事员就会去地里挖野菜来充饥。他们都自觉地把挖到的野菜让给战斗人员先吃，因此炊事员会经常挨饿。每当说到这里，他总是激动而自豪，那双年老浑浊的双眼也顿时镀上金边，变得严肃而庄重。时空隧道被打开，透过那扇门，我仿佛看到了爷爷一行人背着沉重的担子，一边找水源，一边找柴火……就这样，我的心也跟着钦敬起来。

一抹红色划过天际，越过山脉，淌过水流，穿越在我的身边，给我的青春指明了方向。再后来，我成了一名志愿者，每当我与大伙一起为空巢老人送温暖，那老人的笑脸便是青春最美的勋章；多少次，我们顶着烈日，去街道上捡垃圾、发传单，倡导垃圾分类，那汗水落在地上的滴答声，便是青春最动听的回响；疫情严重之时，我们一起为小区住户派发口罩、消毒液，那阳光下重新绽放的笑脸，便是青春最灿烂的模样……也许我只是众多志愿者中渺小的一员，也许我所做的事情微不足道，但我始终坚守在这个岗位上，因为，我想让心中的那抹红永远绚烂夺目。烈日炎炎下，每当汗水浸透衣裳，每当烈阳晒伤皮肤，我都无所畏惧。在青春这条拼搏之路上，我会用自己的方式去拥抱时代，将红色血脉发扬光大，用青春书写最绚丽的篇章，用"生如夏花之绚烂，死如秋叶之静美"的气魄展望未来，将那埋藏在心中的故事编织成国家的希望。

哪怕只是沧海一粟，但聚沙成塔，恰逢盛世中国，吾辈当歌，为实现中国梦踏出勇敢的一步，不负青春，不负韶华，更不负国。

（此文获 2021 年主题征文活动初中组一等奖）

（指导老师：谢湘玲）

南山脚下

□ 深圳市深圳科学高中　张勤越

南山脚下，满目繁华。

一代又一代的青年在南山脚下拼搏奋斗。

他们的奋斗构筑了这繁华，谱写了一首首时代之歌。

序曲：初开

"一九七九年，那是一个春天，有一位老人在中国的南海边画了一个圈……"收音机用它沙哑的声音唱着这首歌。

南山脚下的这片地，就在这个圈内。

一夕之间，这片土地不再只响起古声古调的粤语，而是充满着五湖四海的方言。很快，五湖四海的方言又都汇聚成了各带方言味道的普通话。乡音，只会在同乡面前响起。

他们是全国各地的青年。时代给了他们机遇，而他们，则需用青春抓住机遇。

张勤越

有的人耗尽了青春，却落得满身灰尘落寞离去，更多的人抓住了机遇，用自己勤劳耐苦的青春建设了南山脚下。

他们使破旧的港口变成了目眩神迷的"海上世界"；他们使海湾变成了可以建设的土地；他们在贫瘠的土地上建成了声震全国的大学……

这一曲"初开"，唱的是吃苦耐劳的青春。

变奏：千禧

千禧年来了。

跨入新的千年，中国也终于搭上了信息革命的列车，对知识的需求日趋增长。

这是新的时代，蕴藏着新的机遇。

大批大批的大学应届生踏上了南山脚下这片土地。与二十年前的青年们不同，他们不再寄托用双手在工厂中生存；他们，要用知识改变世界。

或寄居在城中村，或寄居在老旧小区，他们用刚进入人们视线的电脑，打造出了一个新世界——互联网。

这代人的青春不再只有勤劳能干，还有锐意进取和敢于突破。

很快，一只叫QQ的企鹅出现在人们面前。在人们还没搞清它是什么时，就已沉迷于它的便捷和可以"偷菜"的农场。

南山脚下就这样跑入了网络时代。

这一曲"千禧"，唱的是锐意进取，唱的是科技突破。

高潮：新时代

日新月异。

进入新时代后，南山脚下的人常常会这样感叹生活环境的变化。

一批生于斯长于斯的南山青年也在南山脚下成长起来。

他们脚下踩着的是全中国最繁华的土地之一，但这并没有使他们迷失。他们见证着繁华的建造，听过那些青年们的故事，延续着他们吃苦耐劳、锐意进取的精神。而富强民主的国家又赋予了他们国际格局，使得他们的未来更有希望。

学校里，他们谈论的不再是家长里短，而是国际形势与国家发展；在家里，台灯长亮，每一个书桌前的孩子都在为自己心中的理想大学奋斗。

他们更加热爱自己脚下的这片土地，他们期望着、盼望着能更好地建设南山脚下，建设美丽祖国，向第二个百年奋斗目标奋进。

他们正在用青春拥抱时代。

（此文获2021年主题征文活动高中组一等奖）

（指导老师：毛星懿）

茶香一缕品苦乐

□ 潮州市湘桥区实验学校　刘南烨

亲戚文叔，是潮州凤凰山上的茶农。每次来我家做客，他总会带上自己栽种的单丛茶。春水煮茶，茶香盈室，惹得我这个"小茶客"也多呷几口。

又是一年采茶季。文叔邀请父母去采茶，我也跟着前往。春天的凤凰山漫山遍野是春色，花枝招展的野花，一垄垄茶树错落有致、行伍分明，汇聚成道道绿浪，在山间涌动着。那青翠欲滴的茶芽挤

刘南烨

满枝头，在阳光下闪着亮光，鼻息间尽是淡淡茶香，让人心旷神怡！

"采茶的标准是'一叶一芯'，要注意虎口对芯，一捏一提一放……"文叔一边讲解一边示范着。我认真看着，专心听着，跃跃欲试的小鼓已在心中擂响。开始采茶了，我学着大人的模样，头戴斗笠，身背竹篓，穿梭在郁郁葱葱的茶树间，沙沙的足音听起来似一曲悠悠的小令。来到茶树旁，我微微弯腰，瞪大了眼，仔细搜寻着茶树的新芽，按照要领"掐尖"，细心采着深绿的茶尖，手上的动作虽有些生疏，但收获是满满的。

弯腰、采摘、直起，这套简单的动作，我一遍遍重复着。烈日当空，骄阳似火，毒辣的阳光将我的眼睛刺得生疼，一抬首、一弯腰、一伸手，已变得不易。我气喘吁吁，胸膛上下起伏着，豆大的汗珠顺着脸颊滑落，重重地砸进茶地里。我伸手拭汗，才惊觉手指已被茶汁染黑，自己成了花脸猫，逗得一旁的阿姨们哈哈大笑。她们依然头戴斗笠，身披汗巾，弯腰、低头，如蜻蜓点水般灵巧地一捏一提一放，娴熟采摘着茶叶。那被汗水浸湿的后背，全然不影响她们的专注。我看呆了，原来采茶是这样辛苦的。

半天的劳作之后，我已累得像滩泥，瘫在椅子上。回到屋中，文叔告诉我，茶叶采下来，还要经过晒青、摇青、杀青、揉捻和烘干等步骤。我端起茶杯，一边品茶，一边赞许地点头，茶的甘醇在口中散开，我品出了辛劳的滋味，也明白了劳动创造幸福生活的真谛！

韶华飞逝，不知不觉，暑假已至。这天，妈妈提着几大袋茶包回家，忙着拍照。"妈！你这是干什么？""你文叔今年的茶叶余了不少，我帮他在朋友圈卖一下，说白了就是做微商。"听到这，兴致勃发的我揽下了这个活儿。

看花容易绣花难。摆放、蹲拍、侧身拍……单单是为商品拍照，我就折腾得满头大汗，累得腰酸腿麻。然后是宣传文案，我绞尽脑汁，搜肠刮肚，总算写出了满意的文字。最后，我将图片和文字发到朋友圈，轻舒一口气，满心期待着生意上门。

钟表嘀嗒作响，半小时、一小时、两小时……我不停翻看手机。除了几个点赞，根本无人问津。我有点急了，赶紧加大宣传力度：买茶包送小挂件。半天过去了，朋友圈依旧冷清。晚上，妈妈告诉我："儿子，有人想买你的茶包了。"我一听，瞬间就来劲。打开朋友圈，却发现原来是表姐有意来捧场的。我高涨的热情瞬间又跌回谷底，"唉——"我长叹一声，黯然神伤地倒在沙发上。最后，在爸妈朋友的帮助下，茶包总算销售一空。我忙问妈妈，第一回做微商我挣了多少钱。妈妈笑着说："这回可做了赔本生意哦。"我努努嘴，回应道："原来劳动想要创造价值也不容易啊！"

习近平总书记说过："劳动是一切幸福的源泉。"这一程浸润着茶香的劳动之旅，让我接受了一次生动的劳动教育，也让我品尝到了劳动的滋味，这真是：有香有色，有喜有忧，有笑有累。既须劳作，又长见识！我想，作为一名新时代的少年，我应该继续弘扬劳动精神，争当劳动先锋，用"劳动美"托起"幸福梦"！

（此文获 2022 年主题征文活动小学组一等奖）

（指导教师：蔡泽涛）

劳动的春与秋

□ 清远市连州市北山中学　黄腾巍

说起劳动，我最深刻的记忆莫过于第一次种花生了。

2016年春，父亲早早就计划着带我回老家种花生。他说自己的童年离不开花生：春天种花生，夏天给花生除草，秋天拔花生，冬天吃花生。一个周六，在晨曦唤醒老家的雄鸡前，我们驱车回到了老家。

吃过早餐，我们扛着锄头，沿着田间的黄土小路，前往已经提前翻好土的地里种花生。沿途经过的土地大都已经翻整过，有的已经种上了庄稼。

走了大约半小时，我们来到了小山脚下，爸爸指着前面那一大块地说："这就是我们家的地。"这是我第一次看到这么大面积的地，一眼望过去竟看不到

黄腾巍

边际，只见一道道小浅沟有规律地向远处延伸。我好奇地问父亲："干吗要犁成一道一道的小沟？"父亲告诉我："这一道一道的小沟就是花生的家，它们的家之间是要有距离的，相隔20厘米左右最好，每个位置'住'一粒花生米。"说完，父亲就给我分配了任务——负责放种子。他示范给我看，我看着觉得这也没什么难的，便信心满满地接受了这项任务。父亲递给我一个装着花生种子的碗，我兴奋地一蹦一跳跑到一条小沟的起点，轻轻用手在土里弄出一个"小窝"，拈起一颗粉红的花生种子，轻轻地把它放到窝中。

没一会儿，我就被紧急叫停了，父亲说我站错了位置。我一脸疑惑，怎么就站错了呢？我一边往前走，一边放种子的呀。父亲赶紧纠正，说："人应该往后走，

这样才不会踩到已经放到沟里的花生。"我恍然大悟，原来放种子也是有学问的。就这样，我跟着父亲的步伐，继续放花生种子。

　　种完一垄的时候，我的脚就有点累了，背上沁出了汗，手也有点酸。不过，我看了一下自己的劳动成果，再看看那些粉红色、胖嘟嘟的花生种子，还是保持着热情。我和父亲渐渐地拉开了距离，我开始频频地扭头看向田垄的尽头，希望能快点放好这一垄，可越是这样，我心里就越急，越放不好。父亲好像看透了我的心思，说："来，我们比赛吧，第一个完成的有奖励。"有了奖励的诱惑，我把望向远处的眼光开始对准田垄。就这样，我居然一直坚持干到了中午。

　　比赛的奖励是美味的花生粥，味道好极了。"今天真是啥都与花生有关呢。"我说道。吃过简单的午餐，休息了半小时，我们一鼓作气把带去的花生种子全都种完了，我也算是完成了人生第一次真正意义上的春耕。回家的时候，我望着已经盖上了土的花生地，眼前似乎浮现出它们长出绿叶，在骄阳下茁壮成长的样子！

　　春天里的耕耘气息并没有随着夏日的到来而散去，我只回去拔过一次草，就已经把种下的花生抛在脑后了。可那块地里的花生，仍在蝉鸣中成长着。直到秋天来临，父亲突然对我说："走，带你回老家领奖。"虽然我很好奇，但他仍然不肯透露拿什么奖。

　　于是，我们又回到了熟悉的山野。看着那一片谢了部分叶子的花生，我明白了父亲说的奖励——要拔花生了。我们将花生植株缓缓拔起，一把掺杂着泥土气息的花生赫然出现在我的眼前。我将它们捧起来，集中到一台铁架子旁，再用巧劲往架子上一甩，饱满的花生便咕噜咕噜地掉进了铁架底部的麻袋里，还不会伤着它们。最后，我们将装得鼓鼓的麻袋运回家里，宣告着一年的农耕即将随着秋季结束。

　　离开老家时，奶奶将一大袋子的花生递给我，亲切地说："呐，这是你劳动的成果。"我爽快地接过花生，说："谢谢奶奶！哈哈，这是我自己种、自己收的花生啊！"

　　在那个冬日，我们用花生做了很多美食。每次做的时候，父亲总会说："种瓜得瓜，种豆得豆。参与劳动，才能感受到辛勤劳动后的幸福啊！"

　　一次关于播种与收获的经历，让我明白了：劳动，源于人们对收获的渴望与追求，成就劳动者对未来的美好憧憬，虽然过程会有汗水，也需要智慧，但能创造幸福和快乐。

（此文获 2022 年主题征文活动初中组一等奖）

（指导老师：谭建芳）

一树阳桃，劳动如歌

□ 湛江市湛江第一中学　陈嘉雄

北回归线下的丘陵地，有苍郁的野山林，有碧绿的稻田地，有恬静淡然的袅袅炊烟……可是这里，没有江南水乡的柔情万种，没有黄土高坡的粗犷高昂，只有贫瘠在凹凸不平的红土地上静静流淌。几十年来，村子都只是静谧地待在这片大地上，没有任何变化，它的发展实在太缓慢了。

陈嘉雄

种下承诺

年复一年，水田里的稻子又染上了青绿色。迎着晚霞，稻子如翡翠般反射出独特的亮光。看着稻子，老陈紧皱着眉头。在他高挺的鼻梁下，厚厚的唇瓣不禁落下一声叹息，如砾岩块般沉重地砸到地上。

老陈经历了50多年岁月的洗礼，非但没有磨平棱角，反倒更加意气风发，胸前的党员徽章也熠熠生辉。

八九点钟，村里一片朝气盎然。在老陈家门口，村民们你看着我，我看着你，议论纷纷。老陈埋头用铁锹刨出一个土坑，种下了一株树苗，然后把土夯实。那是一棵阳桃树。阳桃树，结出来的阳桃果是五角星形状的，如胸前党员徽章上的红星一样。

"我是村支书，种这棵树，代表着我承诺带大家过上好日子。"老陈拍着胸膛说道。他的双眼炯炯有神，像那党员徽章一样在阳光下闪耀。他又抡起铁锹，指着树说："如果不成，那就把这树砍掉，我不配做大家的村支书！"

村民们听着他的话，不约而同地望向那棵刚种下的阳桃树。

肆意生长

夕阳余晖渐渐消失于地平线，一条一条电线杆静静伫立在大路旁，路两边都是田野。当田野里只剩昆虫嘈杂的鸣叫和老牛疲惫的哼叫时，总有一个骑着电动车的身影穿梭在一片一片稻田间，他终于能在一日的忙碌中歇息下来了。

天色慢慢暗下来，村里的路没有全通路灯，幸好戴着银框老花镜，他还能看得清。回到家，首先就看见等他的老伴。阳桃树旁摆着小木桌，老电灯点亮了院子，黄狗趴在地上，听着树上的蝉鸣声。老陈吃着饭，对老伴的埋怨不以为意。"劳动干活嘛，亲手做，迟些回不是因为我上心吗？"老陈反驳道，老伴也不再说什么。

盛夏，热浪，烈日。不起风的夏天，太阳炙烤着一切。老陈戴着斗笠，在田里用粗拙的手指细细地查看着稻子。他仰起头，看到蔚蓝的天空和洁白的云朵，用白毛巾擦擦额头上豌豆粒大的汗珠。

正午时分，老陈和其他村民挨在树荫下吃盒饭。胸前的白毛巾其实已经泛黄了，不知道湿了又干多少次。捧着盒饭的双手，布满了老茧与褶皱，指甲缝间镶嵌着发黑的泥污尘杂。老伴准备的盒饭不过只是白菜白饭和几块烧排骨。老陈舍不得动这几块排骨，笑着夹给了一起劳作的村民，然后就狼吞虎咽地把白菜白饭吃完，还不忘打趣说："我们村，不就是一穷二'白'嘛！"听的人都笑了。白云在天空缓缓流动，茂盛的榕树上，鸣蝉啃食着树汁，啼叫得更大声了。

灿烂的阳光照耀，阳桃的叶色如画布上未干的青碧色染料，肆意生长。

春华秋实

三伏天后，入秋时节，北回归线下的土地还是炎热难耐。稻穗金黄饱满，纷纷低头看向养育它们的土地。老陈挥舞着镰刀，把稻子一束一束割下来。不料，一个不留神，镰刀就把腿给割破了。伤口隐藏在一块块淤青和疤痕之中，但血很快就流出来了。他痛得站不直，半边腿撑不住，倒进田里，不得已叫喊起来。村民们听到后，马上过来抬他上了三轮车，把他送往镇上的医院。

忍着剧痛，他放眼望去，稻浪汇成了一片金色的海洋，金色的尽头还有茂密的山林，霞光静静倾泻在山林上。这一次，他紧皱的眉头难得松了一些，嘴角露出一丝微笑，好似有风拂过了双眼。不知道是痛觉还是什么引起的，老陈偷偷地抹了抹眼角。他胸前的党员徽章，映衬着夕阳余晖，深深地镌刻下老陈如镰刀一样坚毅有力的灵魂。

阳桃树会长大，会开花，会结果。转眼几年过去了，村里的路更平整了，终于不会再使人磕磕绊绊了；老陈院子里挂着的老电灯，已经旧得又黑又脏，村里的路灯却越发明亮；新建设的果园，连片的柑橘树在山野间茁壮生长……

新年的鞭炮声过后，老陈粗拙的双手更加粗拙了。又一个夏天来了以后，他的汗又没歇过，腿上的疤痕还在，却敢动那几块排骨了。

阳桃叶随风摇曳，婆娑间，夕阳穿过，地上斑驳，隐隐约约有几个青果。路灯亮起，电动车上还是那个身影，穿梭在片片田野中。电车上的老陈哼着小曲，笑着。他身后的影子，越拉越长。

夜色渐浓，院子里的阳桃树在老电灯的照耀下，树影，也越拉越长。

（此文获 2022 年主题征文活动高中组一等奖）

（指导老师：李正阳）

采采芣苢 生生不息

□ 汕尾市城区新城中学 林紫桐

民生在勤，勤则不匮。从"夙兴夜寐，洒扫庭内"，到"昼出耘田夜绩麻"，我们的祖先从未停止过劳动。热爱劳动，一直都是中华民族的传统美德。老庄思想提到：道法自然。自然，就是丝丝细雨浇灌田野，簇簇秧苗扎根土地，声声吆喝此起彼伏。顺应天性，创造出的生活理应是幸福的、积极的。佛夫那格也说过："劳动的成果是所有果实中最甜美的。"劳动给予了我们幸福安康的生活，也就增添了世世代代永不止息的生机。

林紫桐

诗，是劳动的写实。"东门之池，可以沤麻。彼美淑姬，可与晤歌。"劳动之欢，在青年男女聚集浸麻泡葛的东门外护城河上，在温柔姑娘清甜入耳的欢歌中——"采采芣苢，薄言采之；采采芣苢，薄言有之。"劳动之乐，在男女老少高兴地呼喊着"采啊采芣苢"的欢笑中满载而归，摘收的车前草兜满了衣襟。劳动给我们带来了酸甜苦辣的人生体验，倘若没有劳动，又何以让淡然无味的生活熠熠生辉呢？"人间烟火气，最抚凡人心。"从袅袅升起的炊烟，到吱吱哑哑的织布声，再到风中微微摇晃的穗子，劳动丰富了我们的生活。劳动者，总有一种充实的幸福感。

弓，是劳动的姿态。一个个佝偻的身影错落定格在一片初生的秧苗中间，总能让我联想到弓的力量。耶鲁大学高才生秦玥飞踏泥泞俯身前行，在荆棘和田垄中拓荒，埋下的是种子，收获的是希望。雪域信使其美多吉，肩上扛起大山内外信息来往的信件，翻越雪山邮路30多年。他是雀儿山上流动的绿，他是皑皑雪被上前进的旗，雪山上蜿蜒绵亘的邮路是谱满音符的五线谱，坚强的多吉奏出了雪域高原上最深情古老的颂歌。"党的好干部"焦裕禄，凭着"绿我涓滴，会它千顷澄碧"的胆识气魄，专注于治沙，始终镇守在戈壁滩治沙第一线。荒山、铁锹、风沙、日晒……昔日的荒山，已松涛阵阵。他们从一而终，坚守在自己的劳动岗位上一点一点地发亮发光，用自己勤劳的双手，汇聚成足以照亮天空的不灭星火，成为人民劳动的精神榜样，建设并守护祖国珍贵的宝藏，正因为有他们的付出，才会有我们岁月静好的日子。

贲，是劳动的果实。"桃之夭夭，有贲其实。"满树桃果，是春风十里花开时的辛勤种植，才会有甘甜多汁的甜桃。"记茱萸、漫下菊花酒。"一盏清酒，是东篱下采菊累累，再加以精心酿造，才得甘醇清冽的美酒一醉。"春种一粒粟，秋收万颗子。"是早春之时，在布谷和白鹭来回奔忙间播种耕耘，绘成一幅繁忙热闹的春耕图。若没有"布谷飞飞劝早耕，春锄扑扑趁春晴"的劳作，又何来"苏湖熟，天下足"的富足生活？从古诗词中，我们也看到，劳动的画面是充满生机的，是幸福的。劳动早已内化为每个中华儿女的精神品质，实践于广大的社会主义建设当中。它是田畴里农民伯伯胼胝的双手；它是浩瀚黄河边上纤夫汗流浃背仍然坚挺的脊梁。习近平总书记说："撸起袖子加油干！"改革开放40多年来，我国广大劳动人民奋发向上，用自己的双手创造出财富。不怕吃苦、辛勤劳动已经成为中华民族"筚路蓝缕启山林"的动力源泉。

任何一个国家的崛起，任何一个民族的兴盛，任何一个时代的飞跃，都是由人民踏踏实实地劳动创造出来的。"青年有为，则国有为。"作为新时代的青少年，吾辈承接着时代的接力棒，更应发扬光大祖辈父辈的优良传统美德，不惧吃苦，不畏风霜。让我们开动新时代的列车，一路播撒智慧、浇灌汗水，在劳动之花的芬芳中，驰向更美好的春天！

（此文获 2022 年主题征文活动高中组一等奖）

（指导老师：张嘉鑫）

会"点名"的校车

□ 广州市番禺区市桥中心小学　韩道梁

韩道梁作为获奖学生代表
在 2023 年主题征文活动颁奖大会上发言

去年夏天，一则儿童意外在校车内死亡的新闻深深地震撼了我。在求知欲的驱动下，我上网一查，顿时感到胆战心惊！原来，小学生被遗忘在车内的伤亡悲剧时有发生，本应是最安全的交通工具，却因为人们疏忽大意，它变成了摧残祖国花朵的凶器！在悲伤之余，我开始思考，如何避免这种悲剧的发生呢？

在学校的人工智能科技课上，受老师讲解超声波传感器的启发，我突然灵光一闪，心想：能不能运用科技知识，去解决学生被遗留在校车上的问题呢？于是，在科技老师的指导下，我启动了"自动统计人数校车"的创造计划。

我设计的"自动统计人数校车"跟普通校车最大的区别，就是它能自动清点人数，即学生从前门上车，后门下车，车身外部两侧挂的 LED 大型液晶屏能够显示车内的实时人数，提醒带车老师和司机有没有学生遗留在车上。

想到这儿，我顿时激动不已。说干就干，首先，我用瓦楞纸板制成了校车模型，既环保又轻便，黄色车身非常醒目，还很有型；其次，我选择超声波传感器作为感应装置，它的检测功能非常精准；在运用米思齐（Mixly）语言进行编程时，我遇到了前所未有的认知困难，但繁杂的代码并没把我吓倒，海量的计算也没把我压垮。我默默把钱学森、孙家栋等科学家身上的精神放在心间，利用周末时间学习，花课余时间钻研，终于学懂弄通变量和函数，优化了算法。最后，我把超声波传感器分别安装到校车前门和后门，固定主控板和锂电池，在车外装上液晶屏。运行指令录入 Arduino 主控板后，即使汽车熄火，传感器和液晶屏仍会工作，不仅会发出警报，还会展示和播报车内遗留人数。于是，我设计的"自动统计人数校车"初步成型了！

在测试过程中，我又遇到了新的难题。超声波传感器每秒钟侦测几十次，人停留在侦测区，会导致变量值不停增加，容易重复计算。为了克服这个问题，我和爸爸一起跑图书馆查资料，和同学讨论得面红耳赤，和指导老师反复调试以致忘了吃午饭……功夫不负有心人，经过努力，传感器误判的问题终于得以解决。当学生上了校车，液晶屏上的数字增加1，当学生下车，液晶屏上的数字减少1，上车人数应该等于下车人数，只要显示屏数值为"0"，那就表明车内没有人了，从而防止学生遗留在车里。就这样，会"点名"的校车诞生了。我的汗水和泪水交织在一起。这次科创活动，让我充分体会到，"对科学兴趣的引导和培养要从娃娃抓起"的重大意义。我们中小学生要始终把习近平爷爷的嘱托铭记于心，不断让科技引领我成长！

在老师和同学们的鼓励下，我的校车作品开始参加有关科创比赛，并在不断完善中获得澳门国际创新发明展览铜奖！获奖那晚，我睡得特别香，会"点名"的校车忽然变身为守护神，正在逐一叫着校车上小朋友的名字，而我正乐呵呵地坐在其中……

（此文获2023年主题征文活动小学组一等奖）

（指导老师：张爱辉）

插着"翅膀"的田野

□ 潮州市饶平县第二中学实验学校　刘思琪

晚饭后，父亲突然说："我们将要迎来一位新成员。"我带着疑惑的眼神看向母亲。母亲看看我，又看看父亲，轻声地说："咱家承包的香米种植基地越来越大，每年所需的劳动力也在增加，成本自然也在上升，所以我们决定购买一架农业无人机，以减少劳力，降低成本。"我按捺不住喜悦，以前只是在电视上看到无人机，以后就可以亲眼看到无人机在家乡的田野上飞翔了。

刘思琪作为获奖学生代表在2023年主题征文活动颁奖大会上发言

周末放学回家，路过公路旁的稻田时，发现周边围着许多人，好像在研究着什么。我探着脑袋，又踮起脚尖，往里一看，原来是无人机。还未等我详细观察，一阵像直升机转动螺旋桨的声音响起，无人机飞到了稻田上空。随即，一团瀑布般的雾状农药垂直均匀地喷洒在稻田上，经过之处，稻苗泛起了阵阵波涛。不一会儿，无人机就来回飞了几转，一亩地就喷洒完了，只需两三分钟时间。相比于传统的人工打药模式，无人机喷洒农药具有速度快、成本低、匀称、效果好等特点。这种方法，大大减少人力成本，还提高了农药利用率。

而在此之前，家中的稻田全靠人工打药。我记得，每逢打药的日子，父亲与请来帮忙的叔叔阿姨们一起，早早起床，顶着草帽，戴着口罩，挽起裤腿，赤足走在泥地里。背着几十斤重的喷药箱，一天之内不知要在地里来回走多少步，在这期间，还要不断地往喷药箱里添加药水。烈日当空，不停的劳作使得他们大汗淋漓，汗水浸透了衣服，浸湿了头发。喷一次药要两三天时间，每喷完一次农药，父亲都会说身体就像散架似的，十分疲劳。如今的无人机解放了劳动力，降低了成本，也使我实实在在地见识到了科技在农业生产中发挥的重要作用，以及由此带来的高效和收益。

科技的进步使农民受益。爷爷奶奶辈种田，全部靠人和牛的配合才能完成耕作；而到了父亲这一代的农业生产，犁田用拖拉机，插秧用插秧机，收割用收割机……记得第一次收割机下田时，爷爷见我父亲脚上还穿着运动鞋，便说："回家换鞋去，容易脏。"父亲摇摇头，露出得意的笑容，说："不用。"等到父亲回家时，爷爷发现他儿子的鞋子并没有他想象中的脏。原来，父亲只是坐在收割机上，用不着下田。科技的进步，科技的使用，不但反映了两代人不同的工作方式与生活方式，更是两个时代落后与先进、守旧与创新的真实写照。

无人机不仅能用于播种、喷洒农药、施肥，还可用于拍照、录像、直播、测绘等，能够在发生自然灾害时进行救援，可在战场上立下赫赫战功。当然，我并不希望科技用于战争中，它应该用于和平，为人民谋幸福，增进人民福祉。

有一次喷药期间，我刚好放学回家，于是就向父亲请教了无人机的使用方法。按照父亲的指导，我在遥控器上输入喷洒稻田的指令后，无人机自动飞行在稻田上空，如同一只巨大的金丝雀，美丽得令人惊叹。我见过飞行表演的飞机拉彩烟时的壮观场面，那五颜六色的彩烟犹如七色彩虹，让人赏心悦目。此时的"彩烟"虽只有乳白色的，但它能除害虫、保丰收，说到底就是能给老百姓带来多彩的幸福生活。70多岁的爷爷看着无人机喷洒稻田的场面，惊喜地说："怎么也想不到种田人可以这么轻松，我们的田野真的插上了'翅膀'啦！"

操作无人机也许不难，但研制无人机、制造无人机就不是那么简单的事了。我们国产的大疆无人机走在世界前列，这是令我们感到十分自豪与骄傲的。作为一名中学生，现在的我还无法去研究、去制造无人机，但只要坚定信念，刻苦读书，认真学习好当下的知识，积极参加各项科技活动，不在追寻梦想的途中迷失自己，拥有自己坚实的翅膀，就能实现梦想。将来的我、将来的我们，一定能够创造出更为先进的无人机。

晚上，我做了个梦，我梦见我遥控着自己制造的"未来号"无人机，在家乡田野上飞翔、飞翔……

（此文获2023年主题征文活动初中组一等奖）

（指导老师：陆利平）

千斤重的奖杯

□ 揭阳市实验中学　黄雯雯

傍晚的风拂去燥热，天边绚烂的晚霞在书写夏的序章。回望，不知多少年月的点点滴滴在脑海中逐渐拼起，手中的奖杯似有千斤般沉重……

"飞机是一种能飞上天的交通工具，坐飞机可以去很远很远的地方，连外国也可以！"老师的这句话，对于小县城里没见过飞机的孩子们来说，无疑有着巨大的吸引力。

飞机是什么样的呢？是怎样飞上天的呢？人或许也能飞吧？小小的我带着好奇，开始各种"试飞"。被单、芭蕉叶、纸制的"翅膀"……从艳阳高照到夕阳西下，我尝试了各种各样的道具，但显然它们都不起作用。长辈们还因为我在小土坡跑上跑下而数落了我好几顿。

或许这听起来有些荒诞，但这是科技给我上的第一课——追梦路上总会有困难坎坷。

黄雯雯

上小学后，我明白了靠自己"飞天"只是梦里的事，便开始把浓厚的兴趣转向各式各样的智能机器人。

记得在某天放学和妈妈走在路上，我顺手接过一张传单，准备用来折纸飞机时，无意瞥了一眼——这不看还好，一看就不得了——上面竟写着"青少年智能机器人兴趣班"！灯光昏暗的小巷里，我的眼睛霎时一亮，一股热浪涌过头颅："妈妈！我要学！"

但毕竟报名全凭着一股冲动，后续烦琐的组装、复杂的程序让我晕头转向，我急起来就要哭，可是我又有股倔劲，不肯别人插手帮忙。母亲知道后对我说："别人愿意教给你，你就虚心学。这儿学一点，那儿学一点，你就会拥有很多很多知识，

百花齐放　187

变成很厉害很厉害的人了！"

听了妈妈的话，我开始虚心请教别人。三个月后，我终于能独立完成一套组装程序，拼出来的机器人也受到大家的一致夸赞。

虽然现在的我还没有变成很厉害很厉害的人，但科技给我上了第二课——虚心求教，是对自己百利而无一害的。

上了初中后，我参加了市里的比赛。

赛前的两个月，我每周要上三节科技课，要骑着自行车往返家里到机构的路，要抱着机器人到处跑，要在没有空调的实验室里趴在地上一遍遍尝试，要在崩溃、焦躁和想放弃的挣扎中继续敲键盘写程序，要一次次地举手向老师求教……

终于"熬"到了比赛的日子。

时间只有一个半小时，我负责拼装机器人，队友阿铭来写程序。我拼得慢，阿铭跟着急；我试验回来后，跟他反映程序的问题，我讲不清楚，他不理解，只能他自己去看……来来回回起了不少争执，节奏被打乱，时间也浪费了不少。第一轮比赛，我们就落下了三四百分，排名垫底。

第二轮比赛前的 15 分钟准备时间，我们都沉下气来，紧密而有序地合作，幸好最终我们发挥出色，逆转赛果，一跃排到了第三名。这是科技给我上的第三课——坚持就是胜利，团结能迎万事。

数不清这是第几次走在这条从机构回家的路。

这么多年的汗与泪，科技教给我的迎难而上、坚持不懈、虚心求教、团结协作，此刻都凝聚在手中的奖杯里，熠熠生辉。我轻轻掂一掂，似有千斤重。

天边最后一道光线躺在奖杯上，我仿佛又看见了那年小土坡上沐浴着夕阳奔跑的我。明日之我，将迎着东升之旭日迈步向前，在科技之光的引领下继续成长。

（此文获 2023 年主题征文活动初中组二等奖）

（指导老师：林明珠）

摘果神器诞生记

□ 潮州市枫溪区瓷都中学 陈晓轩

2023年4月13日，第38届广东省青少年科技创新大赛拉开帷幕，来自全省的科技创新小精英们荟萃于此，正紧张地调试设备，准备作品展示和论文答辩。作为选手的我此刻内心有几分自豪和激动，但更多的是临赛前的焦虑和忐忑。凝视着展台上陈列的作品，往事一幕幕袭上我的心头，思绪在过往中徜徉。

"嘘，可累死我了！"刚从果树上爬下来的我，长吁了一口气道，"您看看这采摘工作多危险，稍不留神，便会被树枝划伤手臂。刚才我还差点从树上掉下来呢！"一旁的果农王大叔递了一条毛巾给我，拍了拍我的肩膀说："小伙子，在树上干活，就得胆大心细，稍不注意，轻则损伤水果，重则自己受伤啊！"一

陈晓轩和摘果神器

天的水果采摘体验活动结束后，我萌生了一个想法——为果农们设计一台工作效率高、受伤风险低，还能节约成本的采摘装置。为了更有针对性地解决实际问题，我前往凤新街道，在果园里仔细观察了五天并做了问卷调查。结束后，我已在心中绘制起水果采摘装置的蓝图。

"这样子肯定不行，装置本身形成费力杠杆，前端工作装置太重会……"晨光初现，实验室中便已传来了我与同学争论的声音。那时的我，不知经历了多少个推倒重来的方案，不知被多少人否定过。渐渐地，我失去了前进的动力。窗外北风呼啸，晨霜未散，此刻的我，内心冰冷，仿佛有一种被冻住的感觉。

看着桌子上的项目资料，我脑中闪过了果农们劳作时的辛劳和对采摘装置的期盼，回想起实验以来的酸甜苦辣，心中有另一个声音在呐喊：你甘心放弃吗？甘心让之前的努力都付诸东流吗？你忍心看着果农们担负着安全风险工作吗？"不！我不愿放弃，为了不辜负果农们的期盼，我决不轻言放弃！"

为解决困扰我已久的工作周期过长及装置质量过大的问题，我更加卖力投入研究中：查阅资料、认真钻研、请教教师，运用物理学知识进行受力分析，反复计算实验结果……苦战攻关，问题终于迎刃而解。我利用圆的对称特性，将单偏心轮替换为双轮偏心轮，缩短了工作周期且不会影响剪动的开合角度，依托腰部的支撑装置承担部分受力，再使用长距离输送网带收集水果，简化了工作流程的同时，也解决了因水果积累而导致装置过重的问题。

夏日的中午，艳阳高照，热浪滔天，正如我的心一般炽热。实验室内，老旧的风扇正吱吱呀呀地卖力工作，早已汗流浃背的我，忍受着酷暑的折磨，正在奋力组装第三代产品。当用力地拧上了最后一颗螺丝时，我就迫不及待地进行了通电测试：电机运转正常，偏心轮转动正常，图传模块工作正常……"终于成功了！"看着眼前正常工作的装置，我按捺不住内心的激动喊了出来。我没有虚度这一年的课余时光！此后，水果采摘装置在果园里的数次实地操作中都获得了成功，果农们使用起来得心应手，啧啧称赞我造出了一个"摘果神器"，为他们架起了一座安全之桥。

此刻，朦胧的月色伴着春日的晚霞，窗外飘来阵阵花香，鸟儿啼鸣声声，一切是那样纯粹而美好。沉思间，评委的一声呼唤，将我的思绪拉回大赛的现场。经过评选，我的水果采摘装置荣膺本次青少年科技创新大赛二等奖和广东工业大学校长创新奖、专利申请奖两个专项奖。

这一路走来，我迷茫过，彷徨过，也失败过，但终获成功，收获了成长。我深刻认识到，人生万事须自为，不驰于空想，不骛于虚声，脚踏实地，虚心学习，刻苦钻研，方能不断进步。习近平总书记曾勉励青少年学生："希望你们保持对知识的渴望，保持对探索的兴趣，培育科学精神，刻苦学习，努力实践，带动更多青少年讲科学、爱科学、学科学、用科学，努力成长为祖国的栋梁之材，将来更好地为实现中华民族伟大复兴的中国梦贡献力量。"我辈青年当不负时代重托，牢记总书记的殷切期盼，将所学到的知识运用到生活实践中去，为实现中华民族伟大复兴矢志奋斗！

（此文获2023年主题征文活动高中组一等奖）

（指导老师：蔡梅玉）

05 媒体声音

五届主题征文活动，得到广大媒体的大力支持，不仅主办、承办、协办单位广泛进行宣传报道，各地级以上市及省级媒体平台，乃至国家级的各大媒体都不断为主题征文活动鼓与呼。"学习强国"学习平台、光明日报客户端、中国新闻网、广东文明网、广东广播电视台、南方+、《羊城晚报》、金羊网、羊城派客户端、《新快报》《广州日报》《深圳特区报》等主流媒体平台都对征文颁奖大会作了大篇幅的报道，使活动的影响力不断提升。媒体，以其磅礴之力，让主题征文活动在社会生活中激荡起层层波澜。

"腾飞新中国 辉煌七十年"2019年广东省少年儿童庆祝中华人民共和国成立70周年征文活动新闻报道选登

今年4月,省关工委联合《秋光》杂志社面向全省青少年开展"腾飞新中国 辉煌七十年"广东省少年儿童庆祝中华人民共和国成立70周年征文活动。自活动启动以来,全省各地少年儿童紧紧围绕征文主题踊跃投稿,用文字献上对中华人民共和国成立70周年的美好祝愿;各地关工组织、教育部门积极发动学生参加,征集活动开展得如火如荼。活动历时半年,共收到作品1.6万篇,评出一、二、三等奖及优秀作品共600篇,一等奖作品的指导老师获优秀指导老师奖,广州市、深圳市、汕头市关工委等17家单位获优秀组织工作奖。

获奖学生代表何韦漪、张悦、王越及获奖单位代表深圳市关工委分别在会上作了发言。学生们表示,将以获奖为新的起点,努力学习、砥砺品格、强健体魄,以实际行动传承和学习前辈们的奋斗精神,为祖国的繁荣昌盛、为中华民族的伟大复兴而奋斗。

——广东省关工委网站报道摘录

广东广播电视台新闻报道剪影

"中国梦·家风美"2020年广东省少年儿童践行社会主义核心价值观主题征文活动新闻报道选登

11月7日,"中国梦·家风美"广东省少年儿童征文活动颁奖大会在广州举行。

在热烈的掌声中,与会领导为获奖的学生代表、关工委代表、省小作家协会及学校代表颁发了荣誉证书。

会议指出,在全省青少年中开展"中国梦·家风美"少年儿童征文活动,是推动社会主义核心价值观教育具体化的重要举措,很有意义。这次征文活动,促进了家风美德的传承,培育了青少年的家国情怀,发挥了"文以载道,文道统一"的教育功能。

今后,省关工委将继续联合省作家协会、省教育系统关工委和《秋光》杂志社、《少男少女》杂志社,围绕社会主义核心价值观的基本内容,每年确定一个主题,持续在全省中小学生中开展征文活动,使之成为推动课堂教育和课外教育相结合、对中小学生进行社会主义核心价值观教育的有效形式和长效机制。

——羊城晚报·羊城派《家风是什么?如何培养家国情怀?广东这群孩子用文字表达爱》报道摘录

央视网视频报道剪影

广东频道 > 广东快讯

粤少年儿童征文活动颁奖大会在广州举行

2020-11-08 07:47:00 来源:南方日报　　　　　　　　原创版权禁止商业转载 授权>>

南方日报讯 （记者/陈理 通讯员/肖秀）11月7日，由省关工委、省作家协会、省教育系统关工委共同主办的"中国梦·家风美"广东省少年儿童征文活动颁奖大会在广州举行。据悉，本次活动按照小学、初中、高中三个组别，各评出一、二、三等奖及优秀奖作品共600篇。广州市关工委等30家单位获优秀组织工作奖。

据了解，征文活动自4月份启动，共收到作品78070篇，由资深作家、编辑和教育工作者组成评委会，对作品进行评审。学生作品获奖的同时，一、二、三等奖作品的指导老师亦获优秀指导老师奖。征文活动促进了家风美德的传承，培育了青少年的家国情怀，发挥了"文以载道，文道统一"的教育功能。接下来，省关工委将继续联合有关单位，每年确定一个主题，持续在全省中小学生中开展征文活动，使之成为推动课堂教育和课外教育相结合、对中小学生进行社会主义核心价值观教育的有效形式和长效机制。

编辑：官文清

央广网网站报道剪影

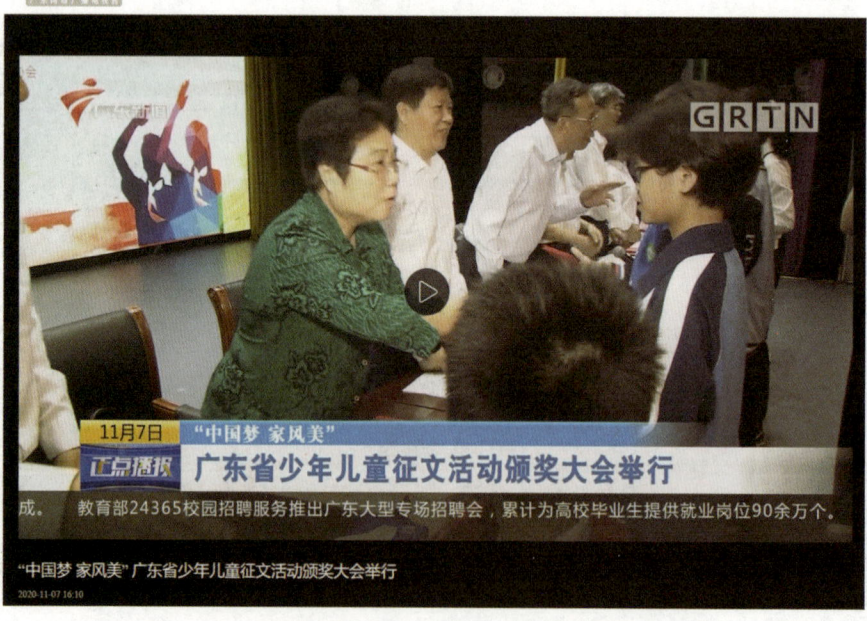

广东网络广播电视台·荔枝网报道颁奖大会盛况剪影

"用青春拥抱时代"2021年广东省少年儿童践行社会主义核心价值观主题征文活动新闻报道选登

11月13日，2021年广东省少年儿童践行社会主义核心价值观主题征文活动颁奖大会在广州举行。

今年的征文活动以"用青春拥抱时代"为主题。历时半年，各地关工委、教育部门、作协和学校精心组织、全力发动，共收到39.7万篇投稿。征文题材广泛，内容丰富，格调积极向上，充满正能量，展现了小作者们爱党爱国的真挚情怀和意气昂扬的青春自信。由资深作家、编辑和教育工作者组成评委会，对作品进行严格的评审，评出一、二、三等奖及优秀奖作品共620篇。广州市关工委等30家单位获优秀组织工作奖。

——光明日报客户端《2021年广东省少年儿童践行社会主义核心价值观主题征文活动颁奖大会举行》报道摘录

广东新闻联播报道剪影

青春为笔，书写新篇！广东这个征文活动600多位少年儿童获奖

记者 陈理 2021-11-14 19:38

近日，2021年广东省少年儿童践行社会主义核心价值观主题征文活动颁奖大会在广州举行。由资深作家、编辑和教育工作者组成的评委会对作品进行严格的评审，最终评出一、二、三等奖及优秀奖作品共620篇。现场还为广州市关工委等30家单位颁发优秀组织工作奖。

南方+报道剪影

羊城晚报报道颁奖大会盛况剪影

"劳动创造幸福"2022年广东省少年儿童践行社会主义核心价值观主题征文活动新闻报道选登

1月4日，2022年广东省少年儿童践行社会主义核心价值观主题征文活动总结大会在线上举行。省关工委主任林木声在大会上讲话，省教育系统关工委主任王玉学宣布征文评选结果，省作协党组成员、专职副主席苏毅作征文活动总结，省作协副主席、省小作家协会会长李国伟代表评委专家对作品进行了点评。

2022年的征文活动以"劳动创造幸福"为主题，于当年2月启动后，经过全省各级关工委、作家协会、教育部门的广泛宣传和积极发动，参加征文活动的青少年达108万人。征文作品题材广泛，内容丰富，展现了小作者们对劳动精神的深入思考、对劳动体验的真情表达以及对劳动创造幸福的深刻感悟。由专业作家、教育专家和资深编辑组成的专业评审队伍，评出一、二、三等奖及优秀奖共620篇，以及优秀指导教师和优秀组织奖等奖项。

会上，获奖学生代表及优秀组织奖单位代表分别发表获奖感言。学生们表示，参加这次征文活动，不仅通过书写劳动之美深刻体会到劳动精神，更加坚定了勇当新时代奋斗者的理想信念。全面建设社会主义现代化国家新征程已开启，作为新时代的青少年，将牢记使命，接过时代的接力棒，续写劳动的赞歌，用青春绘就奋斗的华章。

——中国新闻网《超百万人南粤少年书写"劳动创造幸福" 620篇作品获奖》报道摘录

光明日报客户端报道剪影

广东文明网报道剪影

中国关心下一代工作委员会网站报道剪影

用劳动书写幸福童年|全省主题征文总结表彰大会举行

2023-01-04 13:15:14

今日上午9时许，2022年广东省少年儿童践行社会主义核心价值观主题征文活动总结大会在线上举行。

省关工委主任林木声在大会上讲话，省教育系统关工委主任王玉学宣布征文评选结果，省作协党组成员、专职副主席苏毅作征文活动总结，省作协副主席、省小作家协会会长李国伟代表评委专家对作品进行了点评。

广州日报报道剪影

视频 | 南粤少年用劳动书写幸福童年

新快报　2023-01-04 17:31

2022年广东省少年儿童践行社会主义核心价值观主题征文活动总结大会于1月4日在线上举行。省关工委主任林木声在大会上讲话，省教育系统关工委主任王玉学宣布征文评选结果，省作协党组成员、专职副主席苏毅作征文活动总结，省作协副主席、省小作家协会会长李国伟代表评委专家对作品进行了点评。

新快报报道剪影

"科技引领我成长"2023年广东省少年儿童践行社会主义核心价值观主题征文活动新闻报道选登

11月11日，2023年广东省少年儿童践行社会主义核心价值观主题征文活动颁奖大会在广州举行。据悉，从作品中可以看出，同学们不仅有丰富的科学知识储备，还有灵动的想象力和创新思维。许多同学已经投身到科学实践中，不少还获得市级、省级甚至国家级科技创新大赛的大奖，身体力行地诠释了"科技引领我成长"的主题。

学生们表示，通过本次征文活动，不仅感受了科技的魅力，更坚定了为科技进步而努力的信念、为开拓创新而奋斗的决心。新时代青少年拥有实现抱负的时代机遇，更应自强不息、奋发图强，将成长融入科技兴国的伟大事业中。据悉，此次征文活动以"科技引领我成长"为主题，2月启动以来，各地关工委、教育部门、作家协会和学校积极发动、扎实推进，93.6万少年儿童踊跃参与。

——深圳特区报《点赞！这些少年获省级荣誉》报道摘录

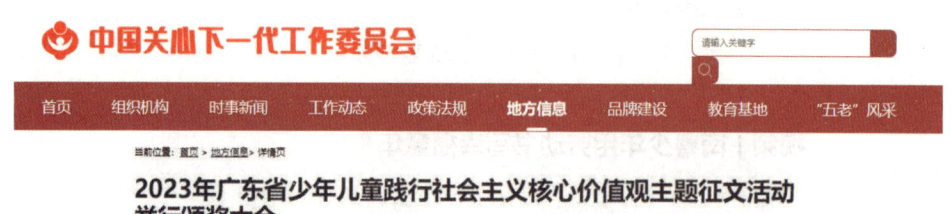

中国关心下一代工作委员会网站报道颁奖大会剪影

2023年广东省少年儿童践行社会主义核心价值观主题征文活动举行颁奖大会

科技引领成长 创新点亮梦想

来源：羊城晚报　2023年11月12日　版次：A02　栏目：　作者：罗仕、肖秀

羊城晚报讯，记者罗仕、通讯员肖秀报道：11日，2023年广东省少年儿童践行社会主义核心价值观主题征文活动颁奖大会在广州举行。省关工委名誉主任张帼英、主任林木声、副主任郑红，省作家协会党组书记、专职副主席张培忠，羊城晚报报业集团（羊城晚报社）党委书记、社长杜传贵，省关工委副主任黄小玲，省教育系统关工委主任王玉学，省委老干部局副局长江仁华，省作家协会党组成员、专职副主席苏毅出席大会并为获奖学生代表和优秀组织奖单位代表颁奖。

会上，受省关工委主任林木声委托，张培忠代表主办单位讲话。他指出，今年是省关工委、省作家协会、省教育系统关工委连续第五年联合举办广东省少年儿童践行社会主义核心价值观主题征文活动。征文活动以文学形式面向少年儿童开展常态化的社会主义核心价值观教育，已形成以文化人、以文育人的有效形式和长效机制，取得显著成效。今年的征文主题旨在鼓励少年儿童挖掘生活中的科技素材进行文学写作，潜移默化、润物无声地弘扬创新意识，涵养科技学风，增强科技素质。征文作品主题鲜明，内容丰富，风格多样，彰显了广东少年儿童的文学才情、科技素养、创新潜质，展现了广东校园文学新风貌。经过评审，一批优秀作品、文学新苗脱颖而出，其中的佼佼者不断成长，将成为新时代广东文学的后备军。他强调，要通过征文活动，坚持培根铸魂，积极引导童心向党；弘扬科学家精神，用心助力科教兴国；聚焦后继有人，做好关心下一代工作，使征文活动成为叫得响的工作品牌、小作家的培育园地和青少年接受教育的崭新平台。希望社会各界重视参与少年儿童培育事业，当好少年儿童成长的引路人、少年

羊城晚报报道颁奖大会盛况剪影

南方日报刊登颁奖大会报道剪影

科技引领成长 创新点亮梦想——2023年广东省少年儿童践行社会主义核心价值观主题征文活动举行颁奖大会

地方平台发布内容

广东学习平台
2023-11-12

＋订阅

11月11日，2023年广东省少年儿童践行社会主义核心价值观主题征文活动颁奖大会在广州举行。省关工委主任张帼英，省关工委执行主任林木声，省关工委副主任郑红，省作家协会党组书记、专职副主席张培忠，羊城晚报报业集团（羊城晚报社）党委书记、社长杜传贵，省关工委副主任黄小玲，省教育系统关工委主任王玉学，省委老干部局副局长江仁华，省作家协会党组成员、专职副主席苏毅出席大会并为获奖学生代表和获优秀组织奖单位代表颁奖。《秋光》杂志总编辑鹿麟主持大会。各地级以上市关工委负责人、获奖学生代表及家长等180多人参加大会。

"学习强国"·广东学习平台刊登报道剪影

2024年6月5日 周三

| 新闻 | 评奖 | 粤评粤好 | 网络文学 | 会员系统 | 机
| 服务 | 专题 | 公告下载 | 报刊中心 | 粤读粤精彩 |

首页 > 新闻 > 新闻资讯

科技引领成长 创新点亮梦想 ——2023年广东省少年儿童践行社会主义核心价值观主题征文活动举行颁奖大会

更新时间：2023-11-13　　来源：广东作家网

11月11日，2023年广东省少年儿童践行社会主义核心价值观主题征文活动颁奖大会在广州举行。省关工委名誉主任张帼英、主任林木声、副主任郑红，省作家协会党组书记、专职副主席张培忠，羊城晚报报业集团（羊城晚报社）党委书记、社长杜传贵，省关工委副主任黄小玲，省教育系统关工委主任王玉学，省委老干部局副局长江仁华，省作家协会党组成员、专职副主席苏毅出席大会并为获奖学生代表和优秀组织奖单位代表颁奖。《秋光》杂志总编辑鹿麟主持大会。各地级以上市关工委负责人、获奖学生代表及家长等180多人参加大会。

广东省作家协会网站刊登报道剪影

06 大地花开

　　为了推动主题征文活动深入开展，主办单位决定出版一本以报告文学的形式反映征文活动概貌、典型人物和故事、活动价值和亮点的图书，对2019年至2023年五年来的征文活动进行阶段性总结，并邀请作家高小莉进行采访创作。

　　作家高小莉笔下的《大地花开》主题鲜明、叙事宏大、内容丰富，真实再现了自2019年开启的广东省少年儿童践行社会主义核心价值观主题征文活动的全过程，讲述了一场场征文活动中精彩的瞬间和感人的故事，展现了希望的播种、收获的耕耘、万紫千红的少年风采、润物无声的社会大爱，以及社会各界力量组合成的繁花似锦。

　　全书共27万字，本文是《大地花开》精简版。

大地花开（精简版）

□ 高小莉

播种希望

2019年国庆前夕，即将迎来新中国成立70周年大庆的广州市，张灯结彩，满城喜庆。

"爷爷，我想跟您一起拍照，可以吗？"

"奶奶，我可以跟您合影吗？"

同学们围上来，笑容灿烂，眼神里透出崇敬的光亮，浑身洋溢出热情和纯真。爷爷奶奶们满头银丝，一脸慈祥，乐呵呵地被孩子们簇拥着，牵着手，挽着胳膊，有说有笑。那情景，真像是追星现场。

一位妈妈拉着老师的手，激动地说："为了孩子，您付出了很多。遇见您，我的孩子很幸运！"呼唤孩子，拉着老师的手，一起合影。"这是个难忘的时刻，谢谢您，老师！"孩子真诚地对老师说。老师目光投向背景墙上的大字，又看看在场的所有人，感慨地说："何止是我！你看这么多人，大家都是为了孩子！"

有一位老奶奶，看得出来，十分喜爱孩子们。谁拉着她拍照，她都不拒绝，朴素的衣着，亲切的笑容，温和的话语，暖暖的，让人亲近、舒坦。老奶奶勉励孩子们："你们很棒，继续努力！"

后来，有人问一个小男孩，知道那个奶奶是谁吗？小男孩响亮地回答："张奶奶。"今天在场的爷爷奶奶们，都是参与征文的策划者、组织者、执行者，至于爷爷奶奶们是哪个级别的领导，孩子们说不上来。

孩子们口中的张奶奶，就是张帼英，时任广东省关心下一代工作委员会主任。

大大的背景墙引人注目："腾飞新中国　辉煌七十年"。这是2019年9月28日，广东省老干部活动中心，首届广东省少年儿童践行社会主义核心价值观主题征文活动颁奖大会现场。

地处中国大陆最南端的广东省，东邻福建，北接江西、湖南，西连广西，南邻南海，珠江口东西两侧分别与香港、澳门特别行政区接壤，西南部雷州半岛隔琼州海峡与海南省相望。

广东，这片古老的土地，《吕氏春秋》称"百越"，《史记》称"南越"，《汉书》称"南粤"，"越"与"粤"通，简称"粤"，泛指岭南一带。先民们很早就在这片土地上生活、劳动、繁衍，并逐渐形成了独特的岭南文化。

首先是语言。粤方言、客家方言、闽方言三种主要方言，既保留了丰富的古汉语特点，又各有特色。除此之外，粤北、粤东还有瑶语、壮语、畲语及粤北土语。在这样的方言环境里，以普通话为标准的中文写作，广东人显然不占便利。

2021年第7次全国人口普查，广东常住人口1.26亿，连续14年居全国首位。2022年，广东省在校中小学生1851.1万。

2016年9月9日，习近平总书记在北京市八一学校考察时的讲话中指出：中小学生是青少年的主体，是国家的未来和希望。同学们都要自觉加强道德养成，从小就让社会主义核心价值观的种子在心中生根发芽，把国家、人民、民族装在心中。

关心下一代的工作，能不能创新一种方式？2019年第一届征文得到的强烈反响，引起了时任省关工委执行主任林木声的思考。有着中国经济第一大省美誉的广东，改革开放事业蓬勃发展，人民的生活越来越好，青少年的健康成长有着良好的机遇和条件，但也面临着诸多挑战。比如社会思潮的影响、西方文化的冲击、互联网的渗透和扩张，以及社会治理的漏洞和薄弱环节等导致青少年失足失范的问题增多。处在"两个一百年"奋斗目标的历史交汇点上，意味着当代青少年承担着更重的责任，强国建设、民族复兴目标的实现，需要他们坚定不移听党话、跟党走，自觉肩负起历史责任，在新征程上接续奋斗，用实际行动创造无愧于新时代的新业绩。征文活动，学校、老师、家长、学生都欢迎，非常有意义，可以探索把征文做成一个系列、一个品牌，从而推动价值观教育不断深化，助力青少年提高写作水平。经过深思熟虑，一幅征文设计图景渐渐浮现。

用征文的方式，陪伴、引导青少年健康成长。工作提到议事日程，经过多轮讨论，从大方向到小细节，从合作伙伴到具体分工，桩桩件件，落到实处。

一场历时五年的征文活动，在全省中小学全面铺开。2019年至2023年，直接参与的少年儿童超过250万人次，间接参与人数不可估量。该征文活动由广东省关心下一代工作委员会、广东省作家协会、广东省教育系统关工委联合主办，羊城晚报报业集团《秋光》杂志社承办、广东省作家协会《少男少女》杂志社协办。光看这阵容，可见其受重视程度和权威性、专业化。

林木声接任省关工委主任后，一如既往把征文活动抓在手上。他多次召集三家主办单位的负责人，反复调研论证，探索行之有效的工作方案。关系到青少年的事都是大事，每年征文主题设计，他亲自参与筹划、讨论、选定。林木声与副主任黄小玲、吴子刚等一起，既运筹帷幄，又亲力亲为，既把握全盘，又关注重点；省教育系统关工委主任王玉学，带领副主任张紫露、秘书长蔡春逢等，把征文跟"朝阳读书"活动结合起来，在全省层层布置落实；省作家协会党组书记、专职副主席张培忠，把征文活动作为省作家协会的重要工作，认为这是个发现文学新苗、培养文学新人的好机会，要求各地作家协会在辅导、评审、刊发等方面要高度重视，一路绿灯；省作家协会党组成员、专职副主席苏毅主管《少男少女》杂志，亲临一线，协调指导。

作为两大重要战场的《秋光》杂志社和《少男少女》杂志社，前一个团队在总编辑鹿麟的带领下，迎难而上，干得有声有色。他们的上级领导羊城晚报报业集团（羊城晚报社）党委书记、社长杜传贵特别强调，一定要把这项工作干好，干出成绩。后一个团队由社长曾庆丰带队，小伙伴们各尽其能，工作稳健扎实。

一石激起千层浪，全省21个地市行动起来了。为了青少年，一起努力！

繁花似锦

金秋十月，大美岭南。乘着大雁的翅膀，从珠江边的广州塔起飞，先往东，闪亮的东江韩江，逶迤连绵的山脉，星罗棋布的人家；转头向北，北江奔腾，城郭隐隐，丹霞地貌、喀斯特地貌巧夺天工；再往西去，南海潮涌，百舸争流，田野金黄，丰收在望；盘旋迂回，一路向南，一个个现代化都市，一群群摩天建筑，人间奇迹，令人叹为观止。

调整一下焦距，近一点，再近一点，画面渐渐清晰。小河上的石板桥，房屋前的荔枝树，走廊里读书的少年，操场上做实验的师生，一个个场景，生动真实。

闪亮的青春

什么是理想？什么是奉献？什么叫青春热血？什么叫忠诚报国？当今的年轻一代，生逢繁华盛世，长在和平年代，东西方文化交融空前活跃，不同的价值观时刻在碰撞，世界犹如一个万花筒，令人炫目。理想？有的人认为是获取财富。奉献？有的人认为等价交换才是价值。青春热血？有的人觉得及时享乐、醉生梦死才能证明曾经年轻过。忠诚报国？有的人理解为又不用上战场杀敌，报国的机会都没有！

初中生林诗琦对着"用青春拥抱时代"这个主题，苦思冥想好几天，也无从下笔。她在网上查资料，看别人怎么写，总是觉得不合适，而且太空泛。妈妈提醒她，你去问你外公，他会给你答案。林诗琦心生疑惑，在她看来，年过八旬的外公怎么看都是一个平凡的老人，能有什么故事呢？妈妈说过，外公一直在新疆，退休以后才回到老家澄海。她印象最深的是外公的手——右手的食指和中指弯曲变形而且萎缩，她小时候常常玩外公的手指，问为什么会这样，外公呵呵直乐，逗她说："外公这是钩财手。"

林诗琦坦诚地跟外公说写作文的事，请外公讲年轻时的故事。外公说那些都很平常，也没什么可说的。林诗琦不罢休，一有空就去找外公，几次三番之后，有点不高兴地对外公埋怨："阿公，您就讲讲呗！要不然我都没法写作文。"终于，在稻花飘香的一个周末，从外公断断续续的讲述中，外公一生的故事在林诗琦脑子里拼接出了一个完整的脉络。

1965年,刚从华南农业大学毕业的外公,怀着一腔热血,响应党和祖国的号召,到边疆去,支援边疆建设。外公是学农业技术的,边疆特别需要这样的人才。临出发前,他才把消息告诉家人。无论家里人怎么劝,怎么伤心,他依然义无反顾地踏上了远去的列车。等为他送别的亲人赶到车站,列车早已远去。好男儿志在四方,祖国一声召唤,当义无反顾,奋不顾身!外公和那时代的热血青年一起,迢迢万里路,跨过平原,越过高山,穿越茫茫戈壁,跋涉苍凉大漠,从南海之滨的广东奔赴中国距离海洋最远的地方——新疆。在新疆伊犁,他是最基层的一名农业技术员,冰雪中,朔风里,他毫不畏惧,用实际行动,践行着为祖国奉献青春的誓言。

一次意外,外公受了伤。因为正在做一个实验,放不下手头的工作,只对伤处做简单的处理。等到工作告一段落,才发现伤口已经恶化。错过了最佳时机,当地最好的医生也没能治好他的伤,他右手的两个手指也就永远恢复不到原来的样子。外公说,大家都在拼命工作,轻伤不下火线,一点小伤残算不了什么。支援边疆,建设边疆,有多少人献出了宝贵的生命!像他这样的大学生有很多,都是大城市的大学生,响应祖国号召,背起背包就出发。那时候的人很单纯,什么也不想,反正国家需要到哪里就到哪里,革命理想高于天。

数据统计,1961—1966年,上海、北京、天津、武汉、浙江、江苏等省市有12.7万名青年参加了新疆生产建设兵团,仅上海市就达9.6万人,他们成为新疆兵团各条战线的一批骨干力量。

听了外公的故事,林诗琦久久不能平静,脑子里千头万绪,无从下笔。激荡的青春,火热的情怀,无私的奉献,崇高的理想,外公做到了!而自己生长在现在这个时代,全中国人民都在为建设社会主义强国而奋斗,自己能做什么?该做什么?这些问题第一次引起了她的思考。开始的时候只是为了写作文,没想到,看上去默默无闻的外公,有过多么闪亮的青春啊!最打动人的,是理想,是信念,是作为一名中国青年应该有的报国热情。

——他就是我的外公。外公的"钩财手"见证了他三十多年无悔的奉献!外公只是千千万万个边疆建设者中的一个,如沧海一粟。但正是这千千万万个边疆建设者的共同努力,他们所汇集成的巨大力量,造就了我们今天伟大的祖国!而他们的努力,源于他们心中共同的信念——对祖国的热爱。

林诗琦的《外公的钩财手》在"用青春拥抱时代"2021年征文活动中获得初中组一等奖,她是汕头市澄海实验学校的学生。

惊天动地的事

连南瑶族自治县三排镇油岭瑶寨。村道上,远远出现了一个奔跑的少年。他跨过小溪,转过稻田,金灿灿的夕阳涂抹在他的身上。他的脸上,泛着幸福的光。他像风一样奔跑，才能抒发内心的激动。一个特大的喜讯捂在他的口袋，像一只生猛的山鸡蠢蠢欲动。

依山而建的吊脚楼，从山下延伸到山顶。上山的石板路高高低低，少年跳跃得比兔子还快。那个喜讯在口袋里再也捂不住，他拿在手上，高高扬起，一边跑一边喊："我得奖了，妈！我得奖了！"妈妈从屋后的菜园子里走出来，问他："喊什么呢？吓人！"少年哈哈哈一阵笑道："我得奖了，我真的得奖了！"把红本本递给妈妈。

妈妈一看，本子上真的写着儿子唐光煜的名字。几个月来，儿子在做的那件事，真的实现了？忙喊出孩子父亲。父亲开始不信，看了又看，大红印章盖着"连南瑶族自治县关心下一代工作委员会""连南瑶族自治县教育局"。

父亲的嘴巴咧开，惊喜让他的眼睛发亮。他拍了拍儿子的肩膀，转身就往外走。又吩咐妻子："快，杀鸡。我去买鱼，买肉，咱家今天就是过年！"

唐光煜是顺德希望小学的学生，老师发布"劳动创造幸福"主题征文的消息，他主动请求参战，这让老师和全班同学都特别意外，他可从来没有这样主动过。

唐光煜真的开始写作文，而且铆足了劲，完全是不达目的不罢休的架势。有人取笑他，写一行字像挖一块地那么艰难，作文都没有写过，还想得奖？唐光煜不气馁，坚决不放弃。经过"艰苦卓绝"的努力，他完成了作文。他内心肯定是有想法的，但是他不说。

直到2023年8月，他接到通知到县教育局，有一位省里来的作家要采访他。穿着节日盛装的唐光煜，脸上是阳光的颜色，笑容山花般灿烂。他反复说：没想到我能得奖，但这件事情我一定要去做，从小到大我都没有做过一件事情来证明自己。我得奖了，我对自己有信心了，我觉得以后我认真努力去做一件事是可以做好的。我从来没见过我爸妈为我这么高兴过，好像我从那一天开始长大了。

这是一次洗礼，也是成人礼。

夜空中闪耀的星星

每一个见过田耀星的人，都忍不住感慨命运的不公。田耀星有一副甜美的嗓子，能朗诵会演讲，有灿烂的笑容和开朗的性格。她读书用功，作文写得好。这样一个天真可爱的女孩，却犹如天使折断了翅膀。2012年出生的她，天生没有视力，从来没有见过这个世界的色彩。

妈妈耐心地引导，手把手地教，田耀星掌握了不少生活技能。看过很多医生，都说她这种状况是不可逆转的。田耀星也接受了，她要更加努力，多掌握一些生活技能，将来能够自理，为社会做一些力所能及的贡献。《勤劳创造 幸福自来》写的就是她如何学习做家务的亲身经历。作文是用盲文写的，她的老师万方玲帮她翻译打印出来，参加广东省少年儿童践行社会主义核心价值观主题征文活动。她高兴得蹦蹦跳跳，这个机会对她太难得了！

可是，命运的齿轮再一次碾压了她，带着尖锐的啸叫，令人不寒而栗。2022年10月，星星被确诊为慢性肾衰竭，情况很严重，医生病危通知书都下了。这意味着一个残酷的现实：即使活下来，往后的生命过程，她将与病魔一轮又一轮地进行残酷抗争。

连续几个月的腹膜透析手术治疗，身强力壮的人都难以承受，何况如此柔弱的一个花骨朵儿？令人难以置信的是，星星坚持下来了。也是在这时候，一个特大的喜讯传来——她的作文获得了一等奖。仿佛是一剂特效药，她感觉自己好多了，让妈妈把她的书搬来，她要读书。

珠海市特殊教育学校对田耀星倍加呵护，珠海市关工委的领导得知情况后，多次上门看望慰问，奖状和奖金亲自交到她的手上，告诉她全省参加征文的人有100多万，小学组获一等奖的只有10多个。能得到这个奖，证明她非常了不起！小星星拉着关工委老爷爷的手，激动不已。"真的吗？我是在做梦吗？"小脸蛋笑开了花。

生命惟其短暂，才更要拼尽全力地绽放，犹如浩瀚夜空中小小的星辰，闪耀出非凡的光；生命如此脆弱，犹如风雨中摇摆的小小花朵，期待有更多的人伸出手，撑起一片蓝天。

据广东省教育厅统计数据，2021年全省共有特殊教育学校150所，在校生（含随班就读学生及送教上门学生）7.12万人。

两个逐梦少年

《赞当下日新月异，展未来翻天覆地》这篇作文，李昀晓反复揣摩，修改了很多次。起初写了一个故事：她回到外婆家，表哥带她参观科学养鸡场。写完后总觉得意犹未尽。李辰光老师启发她：一个故事不够，可以写两个、三个，试试看。她脑洞大开，视野一下子开阔起来，来了一个大跳跃，从江西的养鸡场到了深圳公交站，再来一个转折，思维一下子飞到青海湖边的光伏发电。这三个场景看似风马牛不相及，但现代科技的主题把它们关联在一起，多角度多场景，文章内容丰富多彩。

去年的征文活动，李昀晓以《在生活中感悟 在学习中成长——我眼中的三种劳动精神》获得小学组省一等奖，她问自己：今年还想得奖吗？按理说应该"见好就收"，但李昀晓不是为了得奖才想参加，她觉得参加这个比赛非常有意义。意外惊喜是作文获得了"科技引领我成长"2023年广东省少年儿童践行社会主义核心价值观主题征文活动小学组省二等奖。

成长的路上，向光而行，天地广阔，风光旖旎。

周日的中午，阳光炽热，蓝天白云，三角梅开得正好。深圳罗湖区翠园中学的高择鑫坐在书桌前，一会儿看着电脑，一会儿望望窗外，显得十分焦虑苦闷。平常写作文好像没有这么难熬，他脑子里明明有很多素材，但就是无从下笔。他的方向是理工科，兴趣特长也是科学类的。但是他从小养成阅读习惯，被文学深深吸引，用文字表达自己的内心是他无意中找到的一种方式，而且这种方式很美妙。他的作文在班上算不错，也得过奖。得知广东省少年儿童践行社会主义核心价值观主题征文活动，他明白机会来之不易，要做就要尽力做好。

　　两个小时后，高择鑫还是没有找到突破口。他懊恼地关闭了界面，写作业去了。写完作业，也无心做别的，脑子里全是作文，心想我就不相信我突破不了。写了一段，不满意，删除；再写，再删除，怎么写都不尽如人意，折腾几个小时，标题下还是一片空白。到窗前去发呆，见三角梅的叶子下，垂挂着一个虫蛹，在风中轻轻晃动，很是丑陋。他心烦气躁，想拿根树枝把它打下来。转念一想，算了，它又没惹自己。

　　接下来的三周时间，高择鑫都是在这种焦虑中备受折磨的。万事开头难，写文章尤其如此。妈妈说："你这么焦虑痛苦，说明你正在触动心灵，将写出跟以往不同的好作品，就像你小时候每次发烧过后，都会长高一点。"他开始冷静下来，深入思考。到了最后交稿期限，高择鑫打开心扉，思如泉涌，笔走龙蛇，竟然一气呵成。令他意想不到的是，他的作品《朝乾夕惕，易一声长鸣》获2023年高中组省级一等奖。

　　无意间，他看见了那只丑陋的虫蛹，已经破茧成蝶。他若有所思——成长就是一次又一次地冲破黑暗，破茧成蝶吧。

科创小达人

　　2023年11月11日，广州珠江宾馆。"科技引领我成长"2023年广东省少年儿童践行社会主义核心价值观主题征文活动颁奖大会，小学组获奖代表韩道梁上台发言：大家好！我是广州市番禺区市桥中心小学的学生韩道梁，下面我朗读本次参赛作文《会"点名"的校车》。穿校服的少年落落大方，阳光自信，朗读声情并茂，吸引了全场的目光。家长们暗暗叫好，同学们羡慕不已。

　　"科技引领我成长"的颁奖现场，有作家、记者对他进行采访，他侃侃而谈："我爱好广泛，阅读、写作、编程、体育等都积极参与，拿过不少奖项，专注于无人驾驶等科技创作。在我擅长的科创活动中，运用人工智能知识改善生活中一些实际问题，让我最有成就感，比如，会'点名'的校车等！"

　　读万卷书，行万里路是韩道梁家的共识。鲜活的文字既来源于书籍，例如漫画、科幻（童话）、推理等等，也来源于实践，例如旅游和比赛活动等。他这次的参赛作品，就受阅读柠檬夸克写的《藏在太阳里的诺贝尔奖》的启发，以及今年暑假，他跟同学们一起代表学校去浙江乌镇参加"互联网+"无人驾驶全国总决赛的经历，截至目前，韩道梁已参加过30多场科技类竞赛，这都让他妙笔生花，素材多多。

　　在问到参加征文活动有什么收获时，他说："让我进一步碰撞了创新思维，磨炼了动手能力，提升了学习的动力，激励我勇攀科学高峰。"至于科学理想，他调皮地说，"太多了，一下子说不完。大概就是运用科技让神舟载人飞船早日登陆火星，无人驾驶汽车安全有秩序，让地球环境恢复生态平衡等。"

颁奖现场来了很多领导，爷爷奶奶们为他们颁奖，并给予热情的鼓励。韩道梁妈妈说："真的太感谢省关工委等主办方了，搭建的这个平台太好了！孩子真正得到了锻炼，收获了成长。很希望这样的活动继续办下去。"

全家总动员

粤东，潮州市饶平县三饶镇。张朝阳昨晚连夜从深圳赶回家，今早要带着三个孩子去潮州市。大女儿张丹婷2021年参加广东省少年儿童践行社会主义核心价值观征文活动，得了省三等奖，全家人甭提多高兴了。听说有几十万人参加，在省里拿奖可了不得。张丹婷成了家里的明星，爷爷奶奶脸上乐开了花，爸妈给了奖励，全家人还专门吃大餐庆祝。妹妹和弟弟羡慕得不行，马上变成小迷弟、小迷妹，一有空就追着姐姐，让姐姐讲怎么写作文。

今年，张丹婷的妹妹也跟姐姐一起参加比赛。潮州市关工委召集参加比赛的学生，请经验丰富的作家、语文老师统一辅导。弟弟一定要跟着去，说自己明年就四年级了，要跟两个姐姐一起参加。张朝阳心里欢喜，天刚亮就带着三个孩子出发了。

课堂上，三个孩子和父亲一起听课，听得认真，讨论得热烈。今年的征文主题是"劳动创造幸福"，张丹婷的《村医》写了作为乡村医生的爷爷为村民排忧解难的故事。"几十年来，在无数的日日夜夜，身材瘦削的爷爷手拿黑布雨伞，肩背红十字医药箱，风里来雨里去，行走在去往山村病家的路上。"为了写爷爷，张丹婷走进了爷爷的故事，在理解和感动中，也觉得自己懂事了许多。她的写作想法得到了老师的肯定，给了她建议。后来，老作家邱喜桂还专门给她提出了修改意见，让她提高了写作水平。

一篇作文牵动了全家人的心，一起倾听、学习，一起领会、成长，老少齐参与，全家总动员。张朝阳说："我挣多少钱也比不上我的孩子们学好走正道让我高兴！"

写日记的女孩

粤西，云浮市郁南县。尽管改革开放已经40多年，但因多方原因，距离省城200多公里的山区县，虽然已经脱贫，却依然是经济欠发达地区。跟大多数山区农村一样，青壮年劳务输出，农村大多数都是老人小孩，留守儿童是个普遍现象。郁南县西江中学的叶颖宜就是其中一位。

公安部调查显示两个"大多数"：全国未成年人受侵害及自身犯罪的案例大多数在农村，其中大多数又是留守儿童。调查还显示：80%的农村留守儿童存在或轻或重的心理障碍。中国社会调查所公布的调查还显示：超过半数的父母明显感觉到孩子留守后变得沉默、孤僻；三成的父母知道孩子交了不良朋友，经常惹是生非。留守儿童在生活、心理、人身安全、成长教育等方面出现的问题已经日益引起社会的关注。

培根说："奇迹多是从逆境中出现的。"高尔基、苏东坡、史铁生等都是在逆境中坚守信念、百折不挠，终成大家。但其中所经历的万般辛苦，往往欲说还休。

父母缺席了叶颖宜的童年，从小跟爷爷奶奶一起生活的她，经历了生活的磨炼。这世上有一种方式叫作写日记，这对于孤独的人，简直就是一种救赎。一篇一篇写，一本一本写，到后来有了意气相投的姐妹，可以互相分享笔记，交流写作。不知不觉，她练得一手好字，写就一手好文章。老师、同学对她好，照顾她，鼓励她。她越来越自信、开朗，后来，还成了一名热心的志愿者，阳光积极，热爱生活。

"劳动创造幸福"的征文启事，她认真看了不下10遍，在完全领会以后进行构思。她以"劳动，幸福的奥秘"为题，写下了爷爷、父亲、"我"三代人劳动的故事。为了写作文，她请奶奶讲家史，在父亲回家时，专门请父亲讲这么多年在外做建筑工的故事。倾听交流中，她渐渐懂得尊重父母的做法，理解父母的不易了。他们都是劳动者，用毕生的努力，为家人、为孩子付出，创造着人生的价值。她的理解，也让父亲很欣慰。曾经萦绕心头的迷雾，烟消云散。

指导老师田雪情认为选题不错，启发她在故事的结构、层次，人物的丰富性上进行修改完善。她在写作上很有天赋，一点就亮。这个机会对她太重要了！她不急着交稿，而是反复修改，直到自己满意为止。

叶颖宜获得征文活动初中组省级一等奖，郁南县关工委、教育局的领导到学校来，跟校领导一起在国旗下给她颁奖。全校的学生向她行注目礼。她心潮澎湃，那一刻，成为她人生的高光时刻。

车间来了个小不点

广东常住人口1260万，其中有近3000万是来自全国各地的务工者。可以说这几千万的外来务工者，跟广东人民一起创造了中国经济第一省。

全国外来人口占比前十名的城市，排名前四依次是东莞、深圳、中山、佛山。排名第一的东莞市，常住人口1053万人，户籍人口只有278万人，外来人口高达775万人，占比高达73%；外来人口占比第三的中山市，人口只有446万人，但外来人口占了247万人，占比也高达55%。

浩浩荡荡的外来务工者队伍中，就有陈心怡的父母，他们来自四川省内江市，落脚在广东省中山市大涌镇岚田村。2004年闯广东之时，他们还是个小青年，转眼将近二十载春秋，他们在这里奉献青春和热血，在这里结婚生子、成家立业，女儿陈心怡上学时，赶上积分入户政策，陈心怡上了岚田中心小学。

大涌镇两大品牌：红木家具和制衣。父母在厂里上班，加班加点，通常晚上10

点后才能回到家。后来父亲做了快递站，每天几乎都是凌晨2点才回家。辛苦打工的目的就是多挣钱，让下一代不用这么辛苦。比挣钱更重要的事情是孩子，读书是孩子唯一的出路——这是当今社会不争的事实。凡是孩子需要的学习用具、书本，父母都毫不犹豫买来。这样家庭的孩子往往十分懂事，懂事得让人心疼。他们懂得父母艰辛，自己完成作业，小小年纪就能自己收拾家务。

要写"劳动创造幸福"，陈心怡听爸爸妈妈讲劳动，意犹未尽。台风天不用上学，妈妈带她到制衣厂去体验一下。看着妈妈把一块布料做成一条精美的裤子，太神奇了。心怡想学，在妈妈的指导下，没多久竟然学会了。小不点聪明伶俐，乖巧懂事，动手能力还很强，车间的阿姨们都夸赞她，妈妈也很自豪。语文老师梁晓琪稍加指点，心怡心领神会。亲身体验就是不一样，心怡的《制衣厂体验记》获得2022年征文活动小学组一等奖。

好像夜空中一束亮光，照亮了这个家庭。漫长的岁月，虽然他乡已成故乡，但是心里总是不那么踏实。孩子没有被差别对待，而是享有同等的权利，甚至得到更多的关爱，让人心里升起暖意。心怡出生在大涌镇，她对大涌镇比她的父母有归属感。于她而言，中山，就是家。

真实最有力量

素有"岭南佳胜地，瀛洲古蓬莱"之称的潮州市饶平县，别称饶邑。明成化十三年（1477年）始置饶平县，县治设于三饶，1953年1月县治迁驻黄冈镇。三饶作为饶平县治长达475年，如今是三饶镇政府驻地。三饶镇有着深厚的历史文化积淀，三饶古城的历史文物古迹众多且保存相对完好。城中的道韵楼、文明塔、双流寺、望海三庵、孔子文庙、城隍庙、打破鼓、琴峰书院等一大批名胜古迹和自然景观遍布古城。沿着穿境而过的闽粤公路干线往东走，一不小心就到了福建省平和县。三饶境内的道韵楼是迄今为止被发现的中国最大的土楼，也是目前中国发现的最大八角形土楼。道韵楼建于明末清初，是明代的古建筑，有着400多年的历史，正中门楼，上书有"道韵楼"三个大字，为邑人明南京礼部尚书黄锦题写。

距离道韵楼两公里开外的溪西村，典型的潮汕村落，绿竹掩映，溪水环绕，自然、古朴。刘思琪落笔：在这灵山秀水之中，出产一种香气浓郁的大米，种植历史已近500年，人称之为"三饶香米"，有"一家做饭七家香"之美誉。早在1915年"巴拿马万国博览会"上，送展的三饶香米便夺得了金牌奖。话锋一转：可是这种香米存在致命的缺点：易倒伏，产量低，且一年只有晚造才能种植。父亲回乡时，全村只剩下一户人家还在种植，面积还不到一亩。父亲说，香米是家乡人的一笔财富，他不希望香米在他眼前失传。

这篇题为"父亲的香米梦"的文，刘思琪以父亲为主角，写当兵归来的父亲，研究、改良种植香米，经过不懈的努力，终获成功，带领乡亲们奔康致富。刘思琪的作文也获得"劳动创造幸福"2022年广东省少年儿童践行社会主义核心价值观主题征文活动三等奖。

为了写这篇作文，她跟父亲、爷爷、母亲以及乡亲们有了更多的接触，了解香米种植的过程，体会春种秋收的幸福。假期，她也会跟着父母下地，学习劳动技能。后来有一天，家里来了一位新成员——大疆无人机。父亲告诉她，准备用无人机喷洒农药。

"一阵像直升机螺旋桨的声音响起，无人机飞行在稻田上空，随即一条瀑布般的雾状农药垂直均匀喷洒在稻田上，所经过之处的稻苗泛起了阵阵波涛。一会儿，无人机来回飞了几转，一亩地就喷洒完了，只需二三分钟时间。相比于传统的人工打药模式，无人机喷洒农药具有速度快、成本低、匀称、效果好等特点，它大大减少人力成本还提高了农药利用率。"

刘思琪产生了浓厚的兴趣，对无人机跃跃欲试。她把在爸爸的指导下，学习操控无人机的过程记录了下来："我在遥控器上输入喷洒稻田的指令后，无人机自动起飞在稻田上空，如同一只巨大的金丝雀，美丽而令人惊叹。我见过飞行表演的飞机拉彩烟的壮观场面，那五颜六色的彩烟犹如七彩祥虹，此时的'彩烟'虽只是乳白色的，但它能除害虫，保丰收，说到底能给老百姓带来多彩的幸福生活。七十多岁的爷爷看着无人机喷洒稻田的场面，惊喜地说：'怎么也想不到种田人可以这么轻松，我们的田野真的插上了翅膀啦！'"

不好高骛远，不矫揉造作，而是撸起袖子，戴起草帽，亲身参与实践，写下切身体会。刘思琪这篇《插着"翅膀"的田野》在"科技引领我成长"2023年广东省少年儿童践行社会主义核心价值观主题征文活动中获得初中组一等奖。

从畏惧写作文到喜欢，从找不到题材到发现生活中好题材无所不在。刘思琪学会了用心观察，把自己融入生活。2023年征文活动颁奖典礼上，刘思琪作为初中组获奖代表上台发言。她的父亲刘维才带领全家人整整齐齐坐在台下，为她鼓掌，为她流下热泪。被媒体称为"守住500年古稻的孤勇者"的刘维才，获奖无数，但是他说："我获再多奖，也比不上我女儿获得这个奖让我高兴！感谢主办方提供这么好的平台！"

老区的小讲解员

粤东，惠州市惠阳区叶挺将军纪念园。骄阳似火，热浪扑面，前来纪念园参观学习的游客络绎不绝。一位小小讲解员，黝黑的脸庞，壮实的个头，汗水湿透了衣衫。他娓娓道来，讲到生动之处，绘声绘色。好些年了，他一有时间就去义务讲解，成了传承将军精神、赓续红色基因的出色小讲解员。

这个小讲解员陈浩宇，红色惠州的红色后代，从小就听外婆家的太爷爷、抗战老兵陶新元讲抗战打鬼子的故事，特别崇拜太爷爷这样顶天立地的男子汉，他立志当一名军人。他不唱流行曲而唱军歌，2019年10月28日播出的央视"非常6+1"节目中，他一身戎装，唱一首《好男儿就是要当兵》，童声稚气，却豪迈铿锵。

陈浩宇的父母都是教师，他们是陈浩宇的启蒙老师。德育为先，全面发展，是他们的教育理念。陈浩宇得了很多荣誉，其中2020年被评为"南粤最美少年"、广东省"十佳普法小使者"，2021年被评为广东省优秀少先队员。

2022年，13岁的陈浩宇考上了创办于1901年的惠阳高级中学，也是这一年，他的作文《小小摊位，大大价值》在"劳动创造幸福"主题征文活动中获得初中组一等奖。为了写这篇作文，爸爸建议他亲身体验劳动。他摆小摊卖玩具，从早晨到晚上，切身感受劳动的辛苦，文章写得有血有肉，真实自然。

初中是住校的。从小在父母的呵护中，突然要独立生活，家和亲人在30公里之外，陈浩宇是如何适应的？有一种神秘的力量，陈浩宇秘而不宣。

陈浩宇在日记中写道："我排着超长的队伍给母亲打电话，电话接通后，我思绪万千，却感觉无从说起。排在身后等待的同学又总是催我快点，我就只能轻描淡写地报喜不报忧了。挂掉电话，心里还是空空的，随即想家的情绪又令心头沉甸甸。

"第二天一早，班主任递给我一封信，说是我妈妈托她打印，转交给我的。打开信笺，看到'浩浩'小名，我的眼泪就忍不住了。原来我的所有情绪，妈妈都感受到了。她连夜给我写信……"

自此，他每周都能收到妈妈的来信。无论多忙，他都尽量抽空给妈妈回信。生活、学习，喜悦、困惑，还有孤独和委屈，在妈妈的理解和鼓励下，风清月朗。他渐渐悟到古人写信的妙处。写信也是练笔，让文笔越来越流畅。虽然相隔两地，但是父母的陪伴始终在身边，亲情的温暖一直在心里。

他喜欢在一个安静的地方，读母亲的来信。不仅沐浴在爱的阳光里，还真切感受到母亲的一片苦心、为人父母的不易。他逐渐懂得感恩，成长岁月里开出的花朵，美丽动人。得奖后妈妈来信表扬他，说爸爸妈妈和妹妹都很高兴，勉励他再接再厉。他在回信中写道："我会永远记住我来自叶挺将军的故乡，要传承叶挺将军的精神，做一个努力向上的阳光少年。"

打开一扇窗

9岁的小英是小学三年级的学生，家住在阳春市八甲镇一个小山村。村里几十户人家，大多是老人小孩，年轻力壮的都出门挣钱去了。挣到钱的在城里买房子，把孩子也接了去。没有挣到钱的，老人小孩还在原来的老屋里，逢重大节日，回家三五天也就走了。村里常年都是寂静的，寂静得只听见屋后风过树林的声响，池塘里鸭子的叫声，还有唤醒清晨的嘹亮鸡鸣。

小英不清楚父母有没有挣到钱，家里没有建新房，父母也很少回来。他们希望她是个儿子,但她是个女儿。女儿又不传宗接代,粗生粗养就行,吃饱穿暖就好。愿意读书就让她读,能读多少,全交给老师了。

家里还有个小叔,小时候落下残疾,不能正常走路和说话,日常生活也要靠人照顾。爷爷奶奶对小英是疼爱的,但是爷爷奶奶体弱多病,自己种一些菜,养一些鸡鸭,好的还要拿到镇上的集市去卖。跟别人家外出打工的爸爸妈妈不一样,小英的爸爸妈妈很少回家,她甚至都想不起来爸爸妈妈的样子。后来她听说,她有了个弟弟。

小英十分想念爸爸妈妈,她很小的时候,爸爸妈妈回来过一次。她记得那一天,山坡上的蒲公英一片雪白,她高兴地奔跑回家。那蒲公英随风飞扬,像一把把小小的伞,好看极了。后来,她常常去看那一片蒲公英,长出新叶了,开出黄花了,结了白色的种子,然后被风吹散了,不见了。然而,爸爸妈妈没有回来。

别的小伙伴有的各式各样的玩具、五颜六色的绘本,她不曾拥有过;别人家孩子描述的旋转木马、过山车、大电影,她想象不出来;手机、电脑她没有,家里甚至没有电视机。她仿佛是被路过的小鸟随便扔下的一粒草籽,在大山的褶皱里生根,拘谨地生长。她在人前抬不起头来,自卑又自责。她觉得自己一定是太丑了,太没用了,才会被嫌弃,所以她整天低着头,沉默寡言。

家到学校大约 8 公里,每天清晨,吃过奶奶做的早餐后,爷爷用电动车送她去学校。爷爷说:"你就好好读书,书读好了,有出息了,去东莞,找你爸妈。"

读书,打开了通往新世界的大门。

八甲镇中心小学,原名八甲圩镇小学,创办于清朝光绪三十二年(1906 年)。1979 年改名为八甲镇中心小学,坐落在八甲圩镇中心。服务范围四平方公里,学生来源于八甲圩镇的户籍人口,以及罗城、徐屋、澄垌等就近圩镇的农村人口。最远的村寨距离学校 23 公里左右。2023 年,在校学生将近 3000 人。群山环绕,鹅凰嶂下,白水河旁,这座看上去是当地最好建筑物的八甲镇中心小学,宽阔、宁静、清幽,大门前"和而不同,美美与共"八个大字尤为显眼。"培养健康、自信、阳光、勇敢、有礼貌的学生,是我们的目标。"校长黄好全如是说。

有一天,小英接触了文学。学校的"春苗文学社"创办于 2016 年,几个语文老师凑在一起,把全校爱好文学的学生集中起来,每周四下午讲一堂课,主题是阅读、写作,文学社社员的优秀作品刊登在《春苗文苑》。

地处阳春市西南部的八甲镇属山区镇,境内最高峰鹅凰嶂海拔 1337.6 米。据 2021 年统计,全镇总户数 2.17 万户,户籍人口 8.6 万人。

就是这样一个小镇,却有一个特殊的群体:诗人。鹅凰诗社成立于 2018 年,社员 110 人。社长杨清泰是个小店店主,社员来自各行各业,不少是农民。他们的诗歌上过省级甚至国家级的报刊,在圈中小有名气。鹅凰诗社联合春苗文学社,为培养文学新苗共同努力。

在老师的鼓励下,小英成了文学社社员。老师发现,这个言语不多的学生,写作很有灵气，于是给了她更多的关注和帮助。小英慢慢喜欢上了写作，她的作品还上了省里的刊物，她的脸上开始有了阳光。后来，当老师说省里有征文活动，小英也跟同学们一起参加了。

打开一扇窗，她看见了光。

2021年2月25日，习近平总书记在全国脱贫攻坚总结表彰大会上庄严宣告："经过全党全国各族人民共同努力，在迎来中国共产党成立一百周年的重要时刻，我国脱贫攻坚战取得了全面胜利。"到2020年，我国现行标准下农村贫困人口全部实现脱贫、贫困县全部摘帽、区域性整体贫困得到解决。这是人类减贫史上的伟大奇迹！

两个一百年举世瞩目。第一个一百年，到中国共产党成立100年时全面建成小康社会；第二个一百年，到中华人民共和国成立100年时建成富强民主文明和谐的社会主义现代化国家。

中共中央、国务院印发《关于实现巩固拓展脱贫攻坚成果同乡村振兴有效衔接的意见》指出，打赢脱贫攻坚战、全面建成小康社会后，要进一步巩固拓展脱贫攻坚成果，接续推动脱贫地区发展和乡村全面振兴。根据《意见》精神，结合广东省乡村振兴新形势新任务新特点，广东省委、省政府决定开展乡村振兴驻镇帮镇扶村工作。

综合地域、面积、脱贫人口数量和农村人口数量、经济实力等因素，把全省1127个乡镇分为三类：

1. 将粤东、粤西、粤北地区12市和肇庆市901个乡镇中，综合实力相对较弱的600个乡镇列为重点帮扶镇；

2. 综合实力相对较强的301个乡镇列为巩固提升镇；

3. 珠三角7市所辖226个乡镇列为先行示范镇。

根据省委、省政府工作部署，由省委老干部局、中石化广州分公司、广州美术学院三家单位组建的驻镇帮镇扶村工作队，于2021年7月1日正式进驻阳春市八甲镇。

两年后，帮镇扶村工作取得了重大进展。工作队加大政策扶持，赋能产业振兴，紧紧围绕"八大产业"，重点抓好写实"鱼、米、蛋、瓜、药"的文章，逐步构建规模优势、技术优势、品牌优势。八甲镇的"水晶鲷鱼""小生花蛋"很快打响市场。

小英的村里，有人开始养水晶鲷鱼了。有一天，小英听见爷爷在电话里跟爸爸说："现在外头挣钱也不容易，要不回家来养鱼吧。"

小英甜甜地笑了。

2023年4月10日至13日，中共中央总书记、国家主席、中央军委主席习近平在广东考察时强调，全体人民共同富裕是中国式现代化的本质特征，区域协调发展是实现共同富裕的必然要求。广东要下功夫解决区域发展不平衡问题，加快推进交通等基础设施的区域互联互通，带动和推进粤东、粤西、粤北地区更好承接珠三角地区的产业有序转移。

润物无声

有这么一个群体，人生新起点从退休开始。不用天天坐班，但是有忙不完的事，他们就是关工委的"五老"——老干部、老战士、老专家、老教师、老模范。"五老"是关工委的根基，在教育引导和关爱保护青少年等方面发光发热，不亦乐乎。自1990年中国关心下一代工作委员会成立以来，"五老"发挥了积极作用，成效显著。

征文的推进落实，"五老"是先锋战士。学校的课堂上，丰收的果园里；崎岖的山路上，村庄的老树前；清晨的霞光中，深夜的灯光下……南粤大地，他们的身影无所不在。

广州某医院病房。夜已经深了，病床上的妻子安静地睡了。妻子的病情还算稳定，就是每过一段时间，就要到广州的医院透析治疗。前些天学生的征文全部交上来了，省里交稿的时间逼近，他得抓紧时间看完，挑出优秀作文。病床的灯光很微弱，笔记本电脑屏幕有些刺眼，他把老花镜擦了又擦。不一会，他的脸上绽开笑意，长舒了一口气，有一种心愿达成的欣慰。

上一年没有在省里拿到好的奖项，起初有点不服气，待把优秀获奖作文全部读了一遍，心服口服之余暗下决心：今年要拿到奖项。并且说干就干，他一所一所学校跑，给学生们找差距讲写作，跟老师们反复沟通探讨。他写作有经验，发表出版过不少作品。看来努力没有白费，今年的水平跟去年明显不一样。妻子一觉醒来，提醒他天都快亮了。他轻声说："我不困，我要把作文都看完。"他叫李成雄，是茂石化关工委副主任。

盛夏时节，廉江市河唇镇风梢村的黄皮果熟了。这一天，果园来了一帮学生，他们簇拥着几位老者，河唇镇关工委主任赖玉隆，风梢村老支书吴增富和吴润泉，镇关工委"五老"、原语文教师曹锡权，这几位老者今天的目的就是来听故事的。在二楼的露台上，目光所及都是茂密成林的果树，铺展开来，延伸而去，点缀其中的房屋若隐若现。年近九旬的老支书吴增富指着眼前硕果累累的果园，讲述风梢村人自20世纪80年代中期开始，几辈人经过几十年艰苦奋斗，种黄皮果劳动致富的故事。吴增富就是带头人，每一步走来的艰辛和喜悦他了如指掌，他讲得生动朴实，学生们被深深吸引和感动。随后，曹锡权又给同学们讲写作课。

组织这次活动的赖玉隆可谓用心良苦，起因是风梢小学的学生吴华静参加征文的作品《黄皮果致富风梢村》，赖玉隆看了第一稿，提出修改意见；第二稿再看，还是未尽人意。看得出来学生了解不多，理解不透。果园现场讲故事之后，吴华静很快拿出了第三稿。赖玉隆读了好几遍，心里暗暗高兴。这篇作文后来在省里获了二等奖。

晚饭后，爷孙俩喝茶看电视。电视里正在播报新闻：潮州市枫溪区瓷都中学陈晓轩荣获广东省青少年科技创新大赛二等奖、广东工业大学校长创新奖、专利申请奖。爷爷击掌叫好，噌地一下起身拿起电话，讲电话的声音盖过了电视。电话那头的潮州市关工委主任陈耿之也十分高兴，连说这是个好题材。爷爷又打给潮州市小作家协会主席余史炎，约好明天和陈耿之一起前往瓷都中学。他抑制不住兴奋说："这跟今年的征文主题太吻合了，'科技引领我成长'，他这个又是亲身经历，一定能写出好文章！"

第二天一早，三个人兴高采烈到了瓷都中学。校长说："你们来得正好，我们想到一起了！陈秘书长，您可真是有心人啊！"陈耿之笑着说："我们陈秘书长，每时每刻都记着关工委的工作。"陈建中听了，挺不好意思的。果然不负众望。陈晓轩的《摘果神器诞生记》获得高中组省一等奖。

毗邻湖南的粤北连州，冬天也是极冷的，雾凇、冰挂现象随处可见。梁建辉穿着棉夹克，拎着公文包，匆匆走在路上。他个头不高，脚步轻快，显得蛮干练。刚才跟市委、市政府领导汇报了关工委的工作，得到了充分肯定和支持，备受鼓舞，他趁热打铁去教育局，商量下一年度征文的具体做法。教育局一直很支持配合，每年的工作进展都比较顺利。关工委的工作凭的是高度的热情，多走动，多联系，多动手，亲力亲为。都说梁建辉人缘好，会做工作，而他的法宝就是踏踏实实做事，用诚意、用行动去影响他人。越来越多的人加入队伍，一起关心青少年的成长，他们中有民营企业家、有热心市民，包括了各行各业的人，所以出现踊跃奖励征文获奖者的场面也不足为奇了。

"为青少年成长的事，就是好事。"每当听到有人这样说，关工委主任梁建辉都很欣慰。

遂溪县遂城第四小学，林彬去了很多次。每年征文布置后是必去的，跟校长、老师和同学们坐一坐，聊一聊，鼓励同学们踊跃参加。学校对这个征文活动格外重视，动员四年级以上的学生参与。同学们很努力，也层层过关，送到省里，但基本都名落孙山。林彬总是安慰他们："继续努力，重在参与。"话虽这么说，其实他跟师生们一样期待惊喜。

当好一个关工委主任确实不容易，冲锋陷阵、日晒雨淋倒没什么，"全国关心下一代工作先进工作者"称号已经是证明。然而，孩子们写作文怎样才能写好，这是一门学问。既然有奖项，就是个目标，孩子们对获奖的期待也是动力。老师和同学们跟他已经很熟悉了，他还没来得及说出安慰的话，他们倒先乐呵起来说："林主任，没关系！明年我们还参加。有了榜样，找到了差距，也受到了锻炼！惭愧的是，辜负了林主任对我们的关心。"林彬真诚地说："我也在学习！我们是一起学习，一起成长！"

有云：老骥伏枥，志在千里。

耕耘收获

如果说通过一篇征文改变人生，好像有些过度；通过参与一次征文，用心投入，切身体验，无论得奖与否，都得到锻炼，并有所收获、有所成长，这样说比较客观。

但是事实上，在长达半年的调研中，还是不乏一次征文让人生发生重大改变的案例。比如克服心理障碍，增强自信，走出自卑；又比如原来对父母不理解，家庭关系紧张，以作文为契机，沟通理解，打开心结，增进了家庭和谐。

征文工作的推进是自上而下，层层落实的。关工委、作家协会、教育系统，三条线并行。作家协会有作家，可以给予专业的指导；教育系统直接对口学校，及时推进；关工委系统一个完整的体系，从省里一直到最基层，几乎无所不在。有青少年的地方就有关工委的"五老"，关工委是为青少年服务的，工作宗旨是一切为了青少年的健康成长。如何正确关心、陪伴、帮助、引导青少年成长，这是一门大学问。不仅要主动适应新时代发展要求，还要根据当地实际情况，制订行之有效的工作方案。

广东省少年儿童践行社会主义核心价值观主题征文活动，就是经过思考、调研并付诸实践的重大举措，这从独具匠心的每年主题设计上可见一斑。第一届"腾飞新中国 辉煌七十年"的主题着眼点是"国"，第二届"中国梦·家风美"的主题着眼点是"家"。2021年，是建党100周年，习近平总书记宣布我们实现了第一个百年奋斗目标，在中华大地上全面建成了小康社会，历史性地解决了绝对贫困问题，正在意气风发向着全面建成社会主义现代化强国的第二个百年奋斗目标迈进。在这样的历史背景下，注定当代青少年必须有更多的担当和作为。第三届征文确定以"用青春拥抱时代"为主题，正是反映时代与责任……

征文活动的目的，是推动社会主义核心价值观教育具体化，助力学校的思政教育和语文教育，促进关工委工作的改革创新，宣示以大爱之心陪伴青少年成长的理念，发现文学幼苗。

征文活动坚持挖井式推进，是每年都组织开展的主题系列活动；具有整体设计，每个年度的征文主题都是按照社会主义核心价值观的基本内容和内在逻辑提出的；进行广泛的社会动员，是集合各方力量进行爱心传递的实践活动。

关工委不是发号施令的，而是温暖陪伴的。大爱之心，悲悯情怀，身体力行中，凝聚起越来越多的正能量。各级党政部门的领导、各级关工委的"五老"、各地作家协会的作家、教育部门和学校的老师、媒体的记者编辑、学生家里的长辈，以及志愿者、民营企业家等等，都热情参与，奉献爱心。善意和大爱，真的能润物无声地影响更多的人，像潮水一般漫延开去，形成浩荡之势，汇聚成海。

省关工委主任林木声指出："我们的愿景是通过学校、家庭、社会相结合，把主题征文活动打造成为关工委叫得响的工作品牌、小作家的培育园地和青少年接受教育的崭新平台。经过5年的实践，征文活动取得了初步成果，积累了许多经验，这使活动的不断深化有了更多的根据。这项活动将继续下去。"

每一朵花都有独特的形状和色彩，未能一一描摹。这里聚焦其中的几朵，已经可以窥见万紫千红。有这么一个群体，在春天播种希望，用心浇灌，用爱呵护，付出心血和汗水，迎来大地花开。

附 录

"腾飞新中国 辉煌七十年"2019年广东省少年儿童庆祝中华人民共和国成立70周年征文活动获奖名单

一等奖

高中组

王　越	钟勇添	林乐琪	肖雨桐	蔡昔玲

初中组

郑方儒	林筱潼	陈昱含	张　悦	陈茵桐
林天乐	李淑慧	许伟芬	张仪萍	杨颖姗

小学组

罗悦齐	何韦漪	高艺嘉	张溥原	李彦萱
陈欣垌	张达炜	董靖皓	呼延和佾	林　媛
程诗悦	林金惠	吕　澄	黄俊宁	邓诗茗

二等奖

高中组

梁光宗	陈雨柔	玛尔哈巴	徐素芹	何慧欣
王依凡	彭嘉仪	张嘉美	刘美琳	陈嘉嘉

初中组

吴泳薇	林聂卓伊	吴慧中	唐敏琪	陈培茹
魏莹莹	苏子淳	罗　凯	莫骐宁	毛舒涵

张安祺	李　洋	黄乙珊	洪惠芹	杨庆港
刘佳聪	方星懿	马健翎	李宣莹	林宝烨
黄子毓	殷一睿	钱俊烨	郑梓乐	梁妙凤
李胤汉	纪银英	毛舒琼	莫　凡	李贵勇

小学组

张梓桐	李语诗	叶奕皓	陈子墨	张络凡
肖睿谦	文麦祺	管沁和	唐展雍	王翼晨
嘉　音	张明阳	吴嘉翘	李敏晖	郑烨楷
林思彤	黄庆阳	黄　莹	艾忆彤	曹怀景
练艺浩	陈徐锐	陈肖烁	张子赫	冯楚涵
蒋　倩	梁婉怡	杨昱楠	高　燊	黄嘉妍

三等奖

高中组

胡馨儿	农雪晴	马蜀雨	陈　琳	黄海琳
蔡伊唯	林　钢	曾炫博	肖宇萱	陈思思
何芳芳	黄诗诗	叶彩霞	陈　晨	傅连枫
王思瑶	徐肇聪	余柔静	黄铱琳	彭君韬
郭校嘉	王艺琳	朱芸颖	谢姝菡	王金凤
高远扬	梁浩锋	叶　星	黄静玲	朱紫洋

初中组

陈烨堃	李雨霏	刘家乐	欧阳鑫品	林昊晖
夏辰熙	周煜祁	陈诗婷	余睿涵	吴玉芝
罗锦盛	吴肇峰	曾献浩	吕若洋	郭　雷
陈静纯	周梓恩	宋珊珊	陈蕙如	付　钰
文明霞	李可心	刘　语	杨宇惠	潘思羽
李　粤	陈炫羽	李思婧	朱昊辰	沈美璇

郑维玉　　蔡树岚　　郑宏睿　　萧晓悦　　陈烁仪
姜宇琪　　黄浠璐　　黄锐鑫　　吴晓彤　　张建锋
杨　梅　　杨　意　　彭浩瀚　　颜抒佳　　林嘉楠
林真希　　黄彦颖　　李洁宸　　梁　晨　　赵雨萧
钟雨阳　　苏亭宇　　卓予蔚　　石君岚　　叶少鹏
李子琪　　周玉珊　　曾海怡　　蔡颖昕　　曾顶杰
钟可怡　　成美玲　　范家欣　　林　映　　蔡　虹
陈依琳　　陈　欣　　郭冰仪　　詹创裕　　李子姗

小学组
徐一鸣　　钟景屹　　伍帅帆　　邓兆欣　　徐子涵
王筱萱　　李雨潼　　尹赓扬　　吕轶瞳　　吴泫颖
陈汝荞　　史可翰　　陈昱奇　　刘威阳　　吕铭一
李梓皓　　贺禹悦　　江睿好　　叶黎娅　　陈哲涵
张熠彬　　黄晓彤　　傅思涵　　徐晓灵　　钟雯筠
胡　婧　　言　瑜　　洪鸣秋　　刘嘉蕴　　唐睿锴
行雨昕　　贺映璟　　胡恩如　　曾子清　　张梓楠
王汉臻　　杨紫嫣　　张庭烨　　霍晨宇　　谭梓奕
徐祥梅　　第梦浠　　陈　诺　　李海欣　　李耀程
林焊楠　　陈悦渲　　杨晴雅　　黄秋柔　　杨知瑾
赖泉羽　　廖辛然　　林纪希　　吴桐瑞　　江念恩
蔡汶宏　　彭钡洁　　王艾琳　　谢润萱　　赖云皓
陈材知　　潘柏安　　李宇轩　　黄念惠　　孙启维
许凯纶　　卢晓桐　　李梓凌　　袁铭泽　　邱奕霖
黄建睿　　陈秋言　　梁倪雪　　符诗晴　　温家康
李倩君　　候云齐　　陈敬雯　　张馨云　　严丹彤
王湘宜　　林秀滢　　潘恺晴　　饶李乐　　张浚生
罗文澄　　李　睿　　梁智雅　　姚　瑶　　卢宣霖
刘其罡　　吴春晓　　冯思瑜　　黄醴淇　　陈善敏
蒙　媛　　俞　冰　　王　哲　　陈浩翔　　陈　可

"中国梦·家风美"
2020年广东省少年儿童践行社会主义核心价值观主题征文活动获奖名单

一等奖

高中组

巴桑玉珍	王润南	黄　丽	邹雨欣	梁旭东
潘丽洁	钟婉琳	沈靖期		

初中组

胡可然	谭国扬	杨凯雯	蒋欣宜	邹子瑜
周宇陶	冯心蕊	莫锦霞	张诗雨	王宇菲

小学组

曹孝彧	胡智博	熊思齐	黄俏蕊	钟知晓
张智涵	张笔怡	莫欣怡	许艺璇	洪海鑫
张佑林	曾奕玮			

二等奖

高中组

蓝晶晶	刘子诺	蔡燕鑫	欧凤娣	游咏琪
刘桂娟	彭梦婉	李汶洋	梁婉滢	梁煜豪
刘海慧	刘若瑜	吴绮敏	黄　惠	曾炫博
蔡卓珈	方钦灏	廖小萍	陈嘉瑶	
美合日阿依·艾斯凯尔				

初中组

许安然	曾彩钰	郑忆芬	郑莹彤	周子晴
陈婧炀	龙玺宇	林颖恺	黄裕桐	古悦蓉

吴佩琳	彭雨萍	林怡贝	黄滟晴	梁峥彦
张　晶	梁旭婷	黄昱潾	唐　煜	陈梓纯
张婷纯	王亦琳	王梓涵	梁海燕	蓝天悦

小学组

宁海博	杨昊铮	黄艺涵	李文睿	申子涵
周凌萱	曾珏莹	廖幸然	陈翰轩	吴雨桐
黄　奕	钟行果	陈俊宇	江晓琳	陈欣彤
李　赞	夏可欣	罗子心	黄河睿	刘鸿溪
陈俊言	余梦遥	李语诗	彭歌雨	邓皓天

三等奖

高中组

符一诺	唐晓妍	谭明岳	黄家维	杨　佳
黄荣涛	龚紫明	邓晓芬	陈樱漫	杜禺含
翁　盈	黄嘉欣	李傅佳琦	林瑞婷	林琪琪
苏子菲	谢棂馨	邓　旭	罗惠云	李诗悦
邓梓钰	刘科言	杨欣怡	张斯雅	彭迎曦
黄乙亨	李　莹	曾俊良	杨俊哲	吴星玙
钟咏荷	施樱妍	苏秋雨	许珊珊	许希怡
赖小慧	吕欣晖	陈乐怡	陈丽芳	罗莉芬
黄彩燕	王丽满	罗艺铃	钟冰婷	林佳仪
戴　卫	陈奕奕	董智麟	苏靖茹	
阿卜杜萨拉木·乌热依木				

初中组

苏希蕾	雷雅戈	王翠婷	张　晨	朱盈盈
钟思宇	杨馥羽	陈思娴	陈思颖	蒋馨妍
倪　南	陈紫悠	蔡思钰	江依凡	叶　潼

郑　涵	庄乔寒	余子瑜	陈家慧	黄乐怡
何美婷	唐娟萍	刘皖粤	温文雅	刘馨月
黄雨晴	黄锦施	梁晓懿	赖可馨	刘可欣
黄诗桐	邱泽威	杨辰懿	黄天华	谢　桐
黄一诺	黄丽丽	曾舒琪	张帅瑾熙	刘佳滢
庄俊颖	刘楚阳	巫卓宁	韦佳钰	殷一睿
雷　蒙	张凯汶	黄诗华	陈映晔	陈卓宁
唐佩泠	莫梦菲	裴思敏	梁海晴	郭颖怡
余　菲	聂婷芳	刘城浚	范雪莹	陈锦涵
谢　薇	崔安滢	何国杰	林筱昕	张文睿
彭于桐	周子淇	陈书香	梁乐瞳	黎晓彤

小学组

夏翁祺	王承翰	吴彦桐	林培钰	乔煜祺
邵哲熙	陈悦铭	黄颖希	陈嘉睿	刘璐炀
唐晨予	黎家祥	程蕾如	胡轶凡	李彦宏
陈珺妍	招宇轩	向　尚	姜乐菲	郭宇玲
黄佳怡	赵宝琳	林　悦	欧阳莹谚	张育豪
廖　泩	刘雅琪	张梓琳	李筱逸	黄俊瑜
刘登月	李翊彤	洪煜昕	彭梓桐	施婷婷
沈恩宇	董蕾欣	杨昕彤	吴止境	黄筱蕾
李昔桐	梁苑君	梁靖枫	甄淑怡	许悦杨
李汶蓉	潘昱衡	钟倩茹	韦开情	胡珈鸣
谭载誉	曹欣然	陈楷卿	马慧霖	颜　珂
邵紫媚	赵润东	何　睿	张译元	罗敏怡
黄煜磊	刘松睿	黄栩欣	陈芷乔	吴胤希
黄梓涵	陈家烨	陈耿博	张欣桐	何剑锋
林子晴	徐子涵	龚以诚	卢重嘉	熊天祺
陈誉恒	吴雨桐	李昱萱	林子乔	聂贺翔

"用青春拥抱时代"
2021年广东省少年儿童践行社会主义核心价值观主题征文活动获奖名单

一等奖

高中组

张勤越	叶子诚	石 莉	范彩圆	吴凯凌

初中组

邱思涵	林诗琦	徐宝轩	鲜宇轩	赵 赢
詹嘉敏	陈慧琳	张子帅	余文乐	陈 涵

小学组

李书怡	李禹辰	靳毅恒	林子涵	张居楠
潘禹尧	朱雨婷	李思奇	文 铭	黄彦君
黄 添	覃显雯	黄栩淇	陈昱东	曾怡萱

二等奖

高中组

马 丽	范峻赫	植 晟	朱芷欣	陈伟仁
钟文艺	林宇轩	叶映帆	杨子嫣	张绮华

初中组

李晓彤	郑雅丹	罗子杰	陈靖予	陈诗昂
李悦航	何婧瑜	谢采怡	李守斌	吉美萱
彭榆芯	陈卓宏	徐彩如	彭依琳	罗少琪

| 苏湘楠 | 蔡明昕 | 冯婷婷 | 梁乐瞳 | 古恒华 |
| 吴翼扬 | 谭小瑜 | 翁梓煌 | 徐泽淳 | 姚舒棋 |

小学组

罗芯悦	黄悦橦	易梓萱	唐健腾	桂梓桓
申楚源	孙 斌	任树深	王浩宇	周政涛
唐进谦	卢诗涵	朱 琳	吴晨妤	章煦墨
马腾辉	李子木	王子杰	马春至	廖 骏
陈春霖	严 哲	陈思志	符庆雯	杨琬瑜
李 伟	罗卓莹	陈肖潼	王奇瀚	陈以简
林婉柔	庄梓楠	余细铭	林铭杰	叶芷潼

三等奖

高中组

冯昕玥	廖胡鑫皓	黄洁怡	日 松	陈颖欣
丘 键	陈雨心	罗晴伊	刘美汕	黎子淳
李淑慧	戴晓茹	林伊晴	黄 伟	薛丹童
郑珂瑜	苏泽康	符馨仪	戴雅欣	廖桓兴
詹舒雅	吕嘉恩	陈洁茹	唐晓晴	沙彩凤
曾炫博	张丹婷	刘苏瑶	黎子炫	
苏比依努尔·图尔荪				

初中组

钟欣言	梁蕴丝	吴子怡	邓尧嘉	谭湘琴
陈雪儿	卢雅琪	杨 瑾	王馨祎	蒋文真
张佳微	陆晓雪	贺翊雯	董欣欣	黄嘉文
周晏宇	龙玺宇	范丽菲	李炜杰	周钰娴
邱心怡	李涓榕	邓君如	贾子宜	梁 瑾
李星源	李炳坤	冯铭轩	钟方婷	麦紫茵

陈洁婷	朱妙音	洪泽道	许华艳	郑嬉婷
黄子君	朱唯唯	莫安祺	黄何笑	陈奕安
陈昱臻	何燊艳	张　铭	许福乾	林　彤
吴靖彤	陈嘉华	何金秀	莫宏盈	郭凤连
李韵茜	骆芯宜	郑锶洳	程　淮	梁晓晖
汤天宇	王安淇	温芷滢	唐嘉熙	邹丽珠
邓乐琪	吴铱可	吴坤莹	翁雨锹	李梓妍
陈扬扬	李梓渝	练馨瑶	聂碧莹	何韦漪

小学组

贺琳珺	曾子博	詹垇林	杨承俊	董伟贺
蔡润嘉	曾煜轩	张之暄	姚子涵	吴正然
冯怡然	贾舒涵	龙姝君	王子乔	何可馨
凌燕霜	郭宸熙	古依馨	林　玥	陈羽童
钟逸东	马越盛	吴淑娟	黄莉雅	张扬翰
邵　萱	宋洺嫣	冯奕丹	梁婧蕾	周斯瑶
沓彦德	甘　美	林诗露	罗嘉雨	张梓琳
肖文睿	林　梁	冯科苡	范正楷	朱泓旭
周逸果	凌语晨	杨佩仪	卢　捷	袁小棉
郑晴文	余裕东	江浩宇	阳晨曦	韩聪恺
马　静	冯　涛	杨嘉钰	侯凯弟	肖煜彬
许一诺	曹雅怡	劳欣妍	吕　皓	黄艺桐
李钧泳	陈芊羽	赖宝仪	程丹泳	廖泽坤
陈嘉兴	翁象晟	王澜凝	廖梓瀚	黄舒媛
黄昱鸿	梁炜恒	尤韦乔	梁靖苑	余诗睿
吴　瑕	区芮平	杨子玉	杨慧仪	朱逸晨
王可欣	卢铠潼	邱满畅	王柠樾	陈金淳
李艺帆	麦汕铭	刘泽林	黄佳韩	郭思潼
周思妍	陈静雅	陈妍希	蒙卢小牛	傅祉钧
李玥忻	张李泽	汤璚安	谢　昕	李清茹

"劳动创造幸福"
2022年广东省少年儿童践行社会主义核心价值观主题征文活动获奖名单

一等奖

高中组

林诗艺	林紫桐	江伊雯	郭秋弟	陈嘉雄

初中组

陈浩宇	叶紫怡	黄思颖	石钰儒	叶淑桦
黄楚稀	麦雯诗	黄腾巍	江惠玲	叶颖宜

小学组

梁盈玮	李昀晓	陈晓怡	田耀星	于以墨
范铠恺	唐孝阳	陈心怡	刘浠琳	梁 汝
邓 莜	陈可儿	卢昊闻	刘南烨	贺文骏

二等奖

高中组

卢杏爱	肖铭涛	徐梓钧	范彩美	郑依沿
詹惠琳	陆芳婷	李诗晴	林舒琴	郑熙纯

初中组

苏绮茵	高家聪	陈韦桦	何晴晴	邱诗涵
林敏珊	陈晓红	徐睿汀	郭拥玲	严莉淇
王紫涵	欧佳怡	何诗怡	吕咏甜	谢忠校
钟洁桦	林子姗	陈金珠	李和谐	周筱微

| 谭芷娴 | 周子淇 | 蔡永旺 | 林佳慧 | 陈　钘 |

小学组

麦柏然	冯唯宁	陈语墨	刘悦兮	陈星儒
王熙越	林沐阳	冷　月	黎峻豪	乔文皓
唐沐琳	何思静	林文涛	雷诗琴	谢宇威
彭一轩	刘筱彤	郭家荣	王梓荞	刘俊昕
刘芷攸	王　钰	吴华静	庞　榜	孙善为
葛裕琛	黎敬钏	何昊民	李佳琳	陈一妍
王子毅	卢重嘉	唐思颖	史丹琳	钟易彤

三等奖

高中组

邓栩真	郭容瑄	曾丹娜	潘睿莘	刘晶欣
谢佩颖	毛舒涵	阿如石巫	谈俊萱	袁锦莹
叶佳鑫	李思琪	高妙娟	林国钜	罗涵文
苏嘉瑶	黄滟晴	何伟骏	戴明芯	岑宝儿
黄榆峰	蔡怡玉	陈文龙	朱堃怡	何依雯
梁永安	蔡晴帆	辛兆同	张丹婷	张晓君

初中组

黎佩琳	冯嘉瑶	安雨萱	黄靖之	严浩轩
孟千寻	夏思雨	孙毓潞	邓可欣	黄子茵
杨蕊瑜	彭榆芯	蓝嘉怡	彭宇宙	罗玮芬
王暄妍	张芮扬	黄钰雯	赖嘉仪	李　琦
陈思宇	罗静怡	吴祎曼	陈雨纯	田　原
邓钰馨	朱劭卿	张汶铢	刘懿莹	卢元浩
张博涵	冯雅文	谭一言	文艺锦	冯靖茹
范文淇	刘　娜	林亦桃	陈晓桐	黄绩耀

蔡明昕	林莲珍	陈腊芝	叶雨涵	陈毅昶
杨镇睿	王思雅	钟元怡	谢慧欣	周 碟
陈紫莹	何 源	黄杰华	沈钰羚	林子欢
张彦青	刘思琪	冯徐妍	黄榕灵	李卓佑
谢天佑	彭洋洋	邹晓盈	卓敏婷	陈 实
李维源	黄圣锴	汪牧舸	刘西米	周思羽

小学组

许多多	李林粤	陈亮羽	张梓晴	李晓静
李沛桐	邹誉璟	张欣湉	麦家恺	梁 宇
曹喜盈	张奕帆	黄俊陶	葛 涵	申楚源
陈子祺	熊可伊	倪沐泽	颜兰蘅	陈 诺
王雪琪	钟坤陶	姚子涵	赵霭嘉	魏若熙
张宝艺	冯炜喆	林潆菡	杜欢语	许昊珩
陈子欢	林葆怡	丘一然	麦宝婷	王妤涵
龚慧钰	高芷君	谢诗睿	龚俊铖	席思祺
李雨辰	杨瑞蒲	钟妤涵	邓析聪	曾菲瑜
吴晨妤	罗源恒	欧阳静琳	庄可颖	叶钰可
陈品仲	蔡伊婷	庄景焜	许捷讯	罗盛瀚
贺锦芸	冼一洋	胡博洋	赖佳君	吴奕希
王 欣	黄汇平	陈颖雯	龙可馨	梁璟燊
梁纡瑶	劳春晴	王源铮	冯 研	王若汐
徐霖轩	金政烨	钟正森	黄俊轩	周昕樾
潘世楠	杨骐恺	陈云君	林惠欣	温启森
曾浩凯	彭琬童	谢思远	陈康妮	陈浩然
张若琳	谢艺莹	苏于晴	曾品为	林妍霓
庄语熙	蔡思铖	洪一方	潘承禹	陈芷颐
陈誉鸣	曾叶旸	包九渊	曾景博	李向恺

"科技引领我成长"
2023年广东省少年儿童践行社会主义核心价值观主题征文活动获奖名单

一等奖

高中组

| 高择鑫 | 曾　琳 | 郑诗颖 | 黎欢月 | 陈晓轩 |

初中组

| 刘紫彤 | 陈梓扬 | 王文樟 | 冯琬然 | 李荣杰 |
| 林亦桃 | 庞皓月 | 林怡钰 | 邱柏睿 | 刘思琪 |

小学组

王晟睿	李承和	刘雨嘉	关骏朗	卢宸浩
张焕新	钟政宇	谭　译	黎静雅	夏子豪
黄洢晴	黄铭浠	蒲许媛	韩道梁	曾昱嘉

二等奖

高中组

| 吴冰媛 | 江　珊 | 林楷涵 | 陈卓尔 | 庄义鸿 |
| 严俊楷 | 王小慧 | 黄海莹 | 莫凯欣 | 谢铭仪 |

初中组

黄安楠	杨友茗	陈悠悠	曾　茜	温凌锋
邝奕心	范昊昕	颜诗茵	余佳凝	詹承睿
陈　曦	何映恬	邓宇皓	李文浩	郑晓桐

何逸飞	陀　洁	钟家文	王紫凝	李　祺
刘博佳	陈炀炀	陈思佳	李锡耿	黄雯雯

小学组

李善珩	洪劲恺	谭乐可	丁照夕	冯宇轩
韩宜洁	朱昱帆	李昀晓	李书瑶	江泽熹
余栩桐	连轩畅	吴子健	彭相智	何欣潼
冯颍昕	徐泳燊	付思萱	陈昊泽	邓俊垚
钟洪强	葛珈伊	秦士垚	张芷菱	张　言
文　铭	袁心意	谢日灿	周楚淇	赖祈睿
邓锦瑜	黄骐睿	蔡钊博	张润玚	高逸晨

三等奖

高中组

江　帆	陈桦烨	张　馨	刘天尧	张晓怡
黄裕然	夏思凯	林冰琳	古　诺	贝杏琛
黄楚铭	巫家满	卢雨雀	杨雨晗	方文婷
赖天阳	曾　琳	范铃绚	朱小贝	罗涵文
翁晓琳	莫婉菁	陈思曼	曾德意	谢　韵
陈红丹	吴杰宁	陈芷錡	陈凤珍	陈治华

初中组

冯子墨	黄熙雯	侯雨桐	郭思瑶	戴若尧
刘家诒	谢璎珞	胡家铭	邱治都	陈艺宏
吴亿钖	成子瑶	梁嘉妍	段晨希	吕浩洋
霍嘉熙	高思贝	李俊亭	何紫仪	董文韬
俞康辉	李彦博	刘佳慧	谢鑫鑫	罗丹雯
陈浩宇	张晓楠	韦瑾芬	黄耀榆	袁梓玥
曾梓坚	叶锦烨	郑倩鳗	梁梓欣	李奕朗

胡熙然	王芯怡	陈靖希	黄咏燊	梁一涵
杜智胜	邝涵睿	关智洋	陈家琪	甘京意
罗茵琪	黄梓熙	刘子瑜	杨嘉欣	江恩瑜
邓媛元	蔡羽菲	庞金兰	陈伊宁	李凤萍
曾钰清	梁艳晴	林泓廷	李洁琳	石烨琛
邓雅昕	何昊民	刘依颖	张佳琪	陈艺丹
吴安淇	刘至晖	苏焓越	陈妙杏	谭 青

小学组

李维隽	甘珞霖	陈 璋	刘蔡呈昊	童心妍
郑恺妍	张锐彬	黄嘉杰	陈思诚	邹烁垚
张晋碹	邓懿宸	潘澜山	叶钧墨	李 直
闵祖一	黄 灏	董致宇	谢昕颐	王婉婷
陈铭晋	张桐桐	丘晴柔	张智恺	连斯彤
许曦予	李佳琪	邓诗琪	孙煜宸	余欣妍
裴婧涵	李韶瑾	陈青羽	黄子岚	张 淏
吕锦霖	余 攸	刘元涛	陆思颖	张心怡
吴一菡	唐语彤	瞿羽垠	周子荷	屈炜杰
罗 佳	李偲语	曾俊宁	陈子轩	肖智桐
张梦梵	张子涵	苏紫涵	李仁杰	钱沁蕊
陈梓轩	郑咏轩	朱涵之	李昭峻	刘雨萱
谭雅心	谭峻浩	吴俐瑶	王宇韬	蓝 河
麦可昕	王浩宇	洪语燕	吴琳琳	赖俊昊
黄诗晴	叶景瑶	黄国豪	陈炜翔	林远致
梁翰宁	聂辰曦	潘俊沅	温 捷	陈 昊
陈思敏	丘 皓	黄晓宁	叶 儿	丁晨晞
陈艾童	陆沐熙	李梓瀚	朱睿敏	张栩翔
曾梓灏	郑 媛	廖洁婷	严靖琪	黄子恒
钟思淇	陈奕霆	温玮民	林玮烨	薛芷希

后 记

　　根据省关工委、省作家协会、省教育系统关工委的决定，我们编写了《大爱陪伴成长——广东省少年儿童践行社会主义核心价值观主题征文活动巡礼》一书。

　　本书在编写过程中，得到了全省各地关工委、作家协会、教育部门、有关学校以及很多领导、专家、教师、学生、媒体工作者的大力支持与协助。特别是《秋光》杂志社，为本书的编写提供了许多宝贵的资料和意见。我们在这里向有关单位和有关同志表示衷心的感谢！

　　囿于时间和水平，本书编写中难免存在疏漏和不足，敬请读者批评指正。

《少男少女》杂志社
2024 年 6 月